Übungsbuch

Mit Erfolg zum
Deutsch-Test für den Beruf B2

von

Margret Rodi
Regine Grosser
Sarah Fleer

Alles Digitale zu diesem Buch kann auf der Lernplattform **allango** von Ernst Klett Sprachen abgerufen werden. So geht's:

 QR-Code scannen oder **www.allango.net** aufrufen | Buchtitel oder ISBN in der Suche eingeben und auf das Buchcover klicken | Zum Inhalt navigieren, direkt abrufen oder speichern

Zu diesem Buch auf allango verfügbar: **Audios**

Ernst Klett Sprachen
Stuttgart

Mit Erfolg zum
Deutsch-Test für den Beruf B2
Übungsbuch

1. Auflage   7 | 2026

Alle Drucke dieser Auflage sind unverändert und können im Unterricht nebeneinander verwendet werden. Die letzte Zahl bezeichnet das Jahr des Druckes. Das Werk und seine Teile sind urheberrechtlich geschützt. Jede Nutzung in anderen als den gesetzlich zugelassenen Fällen bedarf der vorherigen schriftlichen Einwilligung des Verlags.

© Ernst Klett Sprachen GmbH, Rotebühlstraße 77, 70178 Stuttgart; 2021
Alle Rechte vorbehalten. Die Nutzung der Inhalte für Text- und Data-Mining ist ausdrücklich vorbehalten und daher untersagt.
www.klett-sprachen.de

Autorinnen: Margret Rodi, Regine Grosser, Sarah Fleer
Redaktion: Stefanie Plisch de Vega
Gestaltung und Satz: Satzkasten, Stuttgart
Umschlaggestaltung: Sabine Kaufmann
Druck und Bindung: Salzland Druck, Staßfurt

Printed in Germany
978-3-12-676831-3

Inhalt

Vorwort	4
Die Prüfung im Überblick	5
Kommentierter Modelltest	9
Lesen Teil 1	10
Lesen Teil 2	13
Lesen Teil 3	16
Lesen Teil 4	20
Lesen und Schreiben	24
Hören Teil 1	28
Hören Teil 2	31
Hören Teil 3	33
Hören Teil 4	36
Hören und Schreiben	38
Sprachbausteine Teil 1	40
Sprachbausteine Teil 2	42
Schreiben	45
Sprechen Teil 1	48
Sprechen Teil 2	50
Sprechen Teil 3	51
Fertigkeitentraining	53
Lesen Teil 1	54
Lesen Teil 2	58
Lesen Teil 3	62
Lesen Teil 4	66
Lesen und Schreiben	69
Hören Teil 1	74
Hören Teil 2	77
Hören Teil 3	79
Hören Teil 4	82
Hören und Schreiben	83

Sprachbausteine Teil 1	87
Sprachbausteine Teil 2	89
Schreiben	91
Sprechen Teil 1	95
Sprechen Teil 2	101
Sprechen Teil 3	103
Wortschatz	107
Branchen und Berufe	108
Arbeitssuche	109
Bewerbung	110
Abteilungen und Aufgaben	112
Arbeitszeit	114
Arbeitsschutz	116
Computer und Internet	118
Probleme und Lösungen	119
Beschwerden	120
Geschäftsbriefe	123
Gespräche führen	127
Berufliche Bildung	130
Sich selbstständig machen	131
Grammatik	133
Präpositionen	134
Konnektoren	136
Textzusammenhang	140
Lösungen	144
Transkriptionen	154

Vorwort

Liebe Lernende, liebe Kursleitende,

mit diesem Übungsbuch können Sie sich bzw. Ihre Teilnehmenden im Berufssprachkurs B2 gezielt auf die verbindliche Abschlussprüfung *Deutsch-Test für den Beruf B2* vorbereiten.

Das Übungsbuch „Mit Erfolg zum Deutsch-Test für den Beruf B2" bietet Ihnen:

- Einen kommentierten Modelltest, der sich konsequent an den Vorgaben für die Prüfung orientiert und in kleinen Schritten alle notwendigen Hinweise und Hilfestellungen gibt:
  – Was ist wichtig bei diesem Prüfungsteil?
  – Welche Aufgaben hat dieser Prüfungsteil?
  – Wie gehen Sie bei der Lösung der Aufgaben am besten vor?
  Die kommentierten Lösungen zu jeder Aufgabe helfen Ihnen, den jeweiligen Lösungsweg nachzuvollziehen.
  Zu allen drei Teilen der mündlichen Prüfung können Sie ein Beispiel mit authentischen Prüfungsteilnehmenden hören.

- Ein Fertigkeitentraining zu allen Prüfungsteilen, in dem Sie hilfreiche Strategien zum Lösen anhand von prüfungsähnlichen Aufgaben üben.

- Je einen Übungsteil zum Wortschatz in prüfungsrelevanten Handlungsfeldern und zur Grammatik.

Alle Inhalte orientieren sich an den Anforderungen der Niveaustufe B2 des Gemeinsamen Europäischen Referenzrahmens (GER) und am *Lernzielkatalog für die Spezialberufssprachkurse A2 und B1* sowie für die *Basisberufssprachkurse B2 und C1* des Bundesministeriums für Migration und Flüchtlinge (BAMF) und des Bundesministeriums für Arbeit und Soziales (BMAS).
Passende Modelltests finden Sie im zugehörigen Testbuch „Mit Erfolg zum Deutsch-Test für den Beruf B2" (ISBN: 978-3-12-676832-0).

Eine gute Vorbereitung und viel Erfolg bei der Prüfung wünschen Ihnen

die Autorinnen und der Verlag!

Die Prüfung im Überblick

Die Prüfung *Deutsch-Test für den Beruf B2* richtet sich an Zugewanderte, die an einem Basisberufssprachkurs B2 (nach § 45a AufenthG) teilgenommen haben. In diesem Kurs werden die Lernenden auf die Aufnahme einer qualifizierten beruflichen Tätigkeit oder eine Ausbildung in Deutschland vorbereitet. Der *Deutsch-Test für den Beruf B2* ist die verbindliche Abschlussprüfung für diese Kurse. In der Prüfung werden berufsfeldübergreifende Kenntnisse der deutschen Sprache auf dem Niveau B2 des Gemeinsamen Europäischen Referenzrahmens (GER) in den Bereichen Lesen, Lesen und Schreiben, Hören, Hören und Schreiben, Schreiben und Sprechen festgestellt. Geprüft werden die sprachlich-kommunikativen Kompetenzen im arbeitsweltlichen Kontext, die für sprachlich angemessenes Handeln im Arbeitsalltag notwendig sind.

Wie ist die Prüfung aufgebaut?

Die Prüfung *Deutsch-Test für den Beruf B2* besteht aus sechs Subtests zu verschiedenen Fertigkeiten. Eine Besonderheit dieser Prüfung sind die Teile, die rezeptive und produktive Fertigkeiten verbinden: *Lesen und Schreiben* sowie *Hören und Schreiben*.

Lesen	45 Minuten	Schriftliche Prüfung
Lesen und Schreiben	20 Minuten	
Hören	20 Minuten	
Hören und Schreiben	5 Minuten	
Sprachbausteine / Schreiben	35 Minuten	
Sprechen	ca. 16 Minuten	Mündliche Prüfung

Welche Prüfungsaufgaben gibt es? Was müssen Sie tun?

Lesen / Lesen und Schreiben

Diese beiden Subtests gehören zusammen. *Lesen* hat 4 Teile (Aufgabe 1–18), *Lesen und Schreiben* hat 2 Teile (Aufgabe 19–21). Sie müssen alle 21 Aufgaben in 65 Minuten bearbeiten und Ihre Lösungen auf den Antwortbögen markieren.

Prüfungsteil	Aufgabe	insgesamt 65 Minuten
Lesen Teil 1	Zusammenfassungen von 8 Artikeln mit Informationen aus dem Arbeitsmarkt lesen und 5 Personen den passenden Artikel zuordnen	45 Min.
Lesen Teil 2	2 Texte mit Einweisungen und Unterweisungen in einer Willkommensmappe verstehen und dazu 2 Richtig/Falsch-Aufgaben und 2 Multiple-Choice-Aufgaben lösen	
Lesen Teil 3	in einem Forum 4 Fragen zu Rahmenbedingungen der Arbeit sowie 6 Antworten / Tipps dazu verstehen und zuordnen	
Lesen Teil 4	in einem Protokoll Aufgaben und Aufgabenverteilung nachvollziehen, dazu 5 Multiple-Choice-Aufgaben lösen	
Lesen und Schreiben	– in E-Mails Beschwerden und Anweisungen verstehen, dazu 2 Multiple-Choice-Aufgaben lösen – mit einer E-Mail auf die Beschwerde reagieren	20 Min.

Die Prüfung im Überblick

Hören / Hören und Schreiben

Diese beiden Subtests gehören zusammen. *Hören* hat 4 Teile und insgesamt 19 Aufgaben (Aufgabe 22–40), *Hören und Schreiben* umfasst die Aufgaben 41–45. Die Lösungen für *Hören* Teil 1 bis 4 markieren Sie auf einer anderen Seite als die Lösungen für *Hören und Schreiben*. Der Subtest beginnt, wenn die/der Prüfende die Höraufnahmen startet. Die Höraufnahmen laufen nacheinander ab und Sie lösen alle Aufgaben hintereinander. Denken Sie daran, Ihre Antworten auf dem entsprechenden Antwortbogen zu markieren.

Prüfungsteil	Aufgabe	🕐 insgesamt ca. 25 Minuten	
Hören Teil 1	3 Gespräche zu Arbeitsabläufen, Problemen und Vorschlägen verstehen, dazu 3 Richtig/Falsch-Aufgaben und 3 Multiple-Choice-Aufgaben lösen		ca. 20 Min.
Hören Teil 2	in 4 Gesprächen Argumentationen verstehen, jedem Gespräch aus 6 Sätzen den jeweils passenden zuordnen		
Hören Teil 3	zu einer Präsentation mit betriebsbezogenen Informationen 4 Multiple-Choice-Aufgaben lösen		
Hören Teil 4	in 5 telefonischen Mitteilungen Anliegen und Bitten erfassen, dazu 5 Multiple-Choice-Aufgaben lösen		
Hören und Schreiben	– zu einer Mitteilung von einem Kunden 1 Multiple-Choice-Aufgabe lösen – eine Telefonnotiz mit dem Namen, der Telefonnummer sowie weiteren Informationen und was zu erledigen ist ergänzen		ca. 5 Min.

Sprachbausteine und Schreiben

Diese beiden Subtests gehören zusammen. *Sprachbausteine* hat zwei Teile und 12 Aufgaben (Aufgabe 46–57). Für *Schreiben* (Aufgabe 58) können Sie zwischen zwei Themen, A oder B, wählen. Sie können zuerst Notizen im Aufgabenheft machen, aber es wird nur bewertet, was Sie auf den Antwortbogen schreiben. Sie können entscheiden, in welcher Reihenfolge Sie die Aufgaben bearbeiten.

Prüfungsteil	Aufgabe	🕐 insgesamt 35 Minuten	
Sprachbausteine Teil 1	eine E-Mail, z.B. eine Rückfrage zu einer Bewerbung, mit 6 Lücken lesen und aus 10 Wörtern das jeweils passende zuordnen		
Sprachbausteine Teil 2	einen Geschäftsbrief mit 6 Lücken lesen und aus je 3 Möglichkeiten für jede Lücke den passenden Ausdruck auswählen		35 Min.
Schreiben	für das Forum der Firma einen Beitrag zu einem Thema schreiben		

Sprechen

Dieser Subtest hat drei Teile. Sie haben direkt vor der Prüfung keine Vorbereitungszeit.
In der mündlichen Prüfung sind zwei Prüfende anwesend. Ein/e Prüfende/r leitet das Gespräch und stellt in Teil 1B Anschlussfragen, die/der andere bittet Sie in Teil 1C, einen Aspekt aus den Antworten der Prüfungspartnerin/des Prüfungspartners auf die Fragen in Teil 1B zu erläutern.
In Teil 2 und Teil 3 sprechen Sie direkt mit Ihrer Prüfungspartnerin/Ihrem Prüfungspartner.

Prüfungsteil	Aufgabe	🕐 insgesamt ca. 16 Minuten
Sprechen Teil 1A	ein Thema aus zwei wählen und darüber sprechen	ca. 2 Minuten pro TN
Sprechen Teil 1B	Anschlussfragen zum Thema beantworten	ca. 2 Minuten pro TN
Sprechen Teil 1C	einen Aspekt der Antworten der/des anderen TN erläutern	ca. ½ Minute pro TN
Sprechen Teil 2	wie mit einer Kollegin/einem Kollegen in der Pause über zwei Themen sprechen	ca. 3 Minuten
Sprechen Teil 3	eine Situation / Problem am Arbeitsplatz verstehen und zusammen Lösungswege diskutieren	ca. 4 Minuten

Wie läuft die Prüfung ab?

Die schriftliche Prüfung dauert insgesamt 125 Minuten und es gibt zwischen *Lesen / Lesen und Schreiben*, *Hören / Hören und Schreiben* und *Sprachbausteine / Schreiben* keine Pause.

In der schriftlichen Prüfung bekommen Sie ein Heft mit einem Bogen für Ihre persönlichen Daten sowie den Antwortbögen für alle Teile. Sie müssen Ihre Daten auf mehreren Seiten eintragen. Erst wenn alle Teilnehmenden damit fertig sind, werden die Aufgabenhefte mit allen Aufgaben ausgeteilt und die Prüfung beginnt mit *Lesen / Lesen und Schreiben*.

Die schriftliche und die mündliche Prüfung können am selben Tag oder an verschiedenen Tagen abgelegt werden.

Direkt vor der mündlichen Prüfung haben Sie keine Vorbereitungszeit. Die mündliche Prüfung wird in der Regel als Paarprüfung abgelegt und dauert ca. 16 Minuten.

Hinweis:
In dieser Prüfung bekommen Sie jeweils am Ende der Subtests nicht zusätzlich Zeit, um Ihre Lösungen auf den Antwortbogen zu übertragen. Bewertet werden nur die Lösungen, die Sie auf dem Antwortbogen markiert bzw. geschrieben haben.

 Sie können Ihre Lösungen zuerst auf dem Aufgabenblatt notieren. Legen Sie den Antwortbogen aber am besten neben das Aufgabenblatt und markieren Sie Ihre Lösungen auch gleich dort, dann vergessen Sie keine Lösung.

Für jeden Subtest gibt es eine vorgeschriebene Dauer, die für alle Teilnehmenden gleich ist. Deshalb fängt jeder Subtest der schriftlichen Prüfung für alle Teilnehmenden zur selben Zeit an und endet auch für alle Teilnehmer zur selben Zeit. Am Ende der Subtests sammeln die Prüfenden von allen den Antwortbogen für den entsprechenden Subteil ein.

Hinweis:
Im Aufgabenheft sind die Aufgaben für alle Subtests der schriftlichen Prüfung enthalten. Schlagen Sie immer nur die Aufgaben des Subtests auf, der gerade geprüft wird. Sehen Sie sich z.B. nicht die Aufgaben für *Schreiben* an, wenn Sie schneller mit *Lesen / Lesen und Schreiben* fertig sind. Das gilt als Täuschungsversuch und hat zur Folge, dass Sie aus der Prüfung ausgeschlossen werden, d.h. Ihre Prüfung wird nicht bewertet. Dasselbe gilt für die Verwendung von Hilfsmitteln: Sie dürfen in der gesamten Prüfung keine Hilfsmittel (Wörterbücher, Smartphone etc.) benutzen.

Die Prüfung im Überblick

Wie viele Punkte gibt es?

Für jede Fertigkeit können maximal 60 Punkte erreicht werden, insgesamt also maximal 240 Punkte:

Fertigkeit	Prüfungsteile	Aufgaben	Punkte pro Aufgabe	Punkte
Lesen	Lesen Teil 1 bis 4 Lesen (und Schreiben)	Aufgabe 1 bis 18 Aufgabe 19 und 20	3 x 20	60
Hören	Hören Teil 1 bis 5 Hören (und Schreiben)	Aufgabe 22 bis 40 Aufgabe 41	3 x 20	60
Schreiben	(Lesen und) Schreiben (Hören und) Schreiben Sprachbausteine 1 Sprachbausteine 2 Schreiben	Aufgabe 21 Aufgabe 42 bis 45 Aufgabe 46 bis 51 Aufgaben 52 bis 57 Aufgabe 58	7* 6 3 (0,5 x 6) 3 (0,5 x 6) 14*	33 *(+ 27 durch aufgaben-übergreifende Bewertung nach Kriterium II-IV)
Sprechen		Sprechen 1A Sprechen 1B Sprechen 1C Sprechen 2 Sprechen 3	5 5 2 8 10	30 (+ 30 durch aufgaben-übergreifende Bewertung nach Kriterium II-IV)
				240

In Aufgabe 21 (*Lesen und Schreiben*), Aufgabe 58 *Schreiben* und allen drei Teilen *Sprechen* werden die Leistungen nach vier Kriterien bewertet. Beim Kriterium I geht es um die inhaltliche Angemessenheit und die kommunikative Aufgabenbewältigung. Jeder Teil wird einzeln bewertet (Punktzahl siehe oben in der Tabelle). Die Kriterien II-IV beziehen sich auf die sprachliche Angemessenheit und werden aufgabenübergreifend angewendet. Aufgabe 21 (*Lesen und Schreiben*) sowie Aufgabe 58 (*Schreiben*) werden nach ihrer kommunikativen Gestaltung (Kriterium II) bewertet, also inwieweit der Text klar verständlich ist, und ob Satzteile und Sätze sinnvoll verknüpft sind; nach ihrer formalen Richtigkeit (Kriterium III), also der Korrektheit der verwendeten sprachlichen Strukturen, der Rechtschreibung und Zeichensetzung sowie nach dem Spektrum der sprachlichen Mittel (Kriterium IV), also der Vielfalt des verwendeten Wortschatzes, der Variation der Formulierungen und der Komplexität der Sätze. Über diese Kriterien können für Aufgabe 21 und 58 zusätzlich maximal 27 Punkte erreicht werden.

Bei allen drei Teilen *Sprechen* wird als Kriterium II die Aussprache und Intonation bewertet. Kriterium III ist die formale Richtigkeit, Kriterium IV das Spektrum sprachlicher Mittel. Über diese Kriterien können für alle drei Teile *Sprechen* zusätzlich maximal 30 Punkte erreicht werden.

Mit wie vielen Punkten besteht man?

Um den *Deutsch-Test für den Beruf B2* zu bestehen, müssen Sie mindestens 144 Punkte (60 % der Gesamtpunktzahl 240) erreichen. In mindestens drei der vier Fertigkeiten (Lesen, Hören, Schreiben, Sprechen) müssen Sie dafür 36 oder mehr Punkte erreichen. Nur in einem Teil dürfen Sie weniger Punkte erreichen, aber nicht weniger als 24 Punkte. Diese eine schwächere Leistung müssen Sie durch mehr Punkte in einem anderen Teil ausgleichen, um zu bestehen.

Kommentierter Modelltest

Kommentierter Modelltest   Lesen Teil 1

 Für die Teile Lesen 1 bis Lesen 4 haben Sie insgesamt 45 Minuten Zeit.
Für *Lesen Teil 1* sollten Sie maximal 10 Minuten einplanen.

Wichtig:
- Sie lesen fünf Aussagen zu Personen, die sich für bestimmte Informationen zum Arbeitsmarkt interessieren, und acht kurze Texte, die wie in einem Inhaltsverzeichnis einer Zeitschrift die Artikel zusammenfassen.
- Sie lösen fünf Zuordnungsaufgaben.
- Zu jeder Person passt nur ein Artikel, drei Artikel bleiben übrig.
- Für jede richtige Lösung auf dem Antwortbogen gibt es 3 Punkte, insgesamt also maximal 15 Punkte.

So könnte das Aufgabenblatt aussehen:

Lesen Teil 1

Sie lesen online in einer Wirtschaftszeitung und möchten Ihren Freunden einige Artikel schicken. Entscheiden Sie, welcher Artikel a–h zu welcher Person 1–5 passt.

Markieren Sie Ihre Lösungen auf dem Antwortbogen.

1 Clara plant, einen eigenen Laden zu eröffnen.

2 Simon will lernen, wie man Webseiten programmiert.

3 Mariana überlegt, die Stelle zu wechseln.

4 Nader möchte nach seinem Schulabschluss erste Berufserfahrungen sammeln.

5 Leah fragt sich, ob sie zu wenig verdient.

a **Fertig mit der Schule – was jetzt?**
Wer vor einer Ausbildung oder einem Studium zuerst einmal herausfinden möchte, welcher Beruf gut zur eigenen Persönlichkeit passt, kann bei einem Praktikum in einem größeren Betrieb gleich verschiedene Berufe kennenlernen. Lesen Sie hier den Erfahrungsbericht unserer derzeitigen Praktikantin.
mehr ...

b **In wenigen Schritten zum eigenen Internetauftritt**
Ohne Selbstdarstellung im World Wide Web kommt man heutzutage im Arbeitsleben nicht weit, ganz egal in welcher . Aber vor allem junge Unternehmer*innen können sich oft keine teuren externen Profis leisten und gestalten und erstellen ihre Webseiten selbst. Wir haben deshalb für Sie entsprechende Anleitungen bewertet.
mehr ...

c **Entspannt durch den Büroalltag**
Wer kennt das nicht? Sie sitzen den ganzen Tag am Computer und schon vormittags schmerzen die Schultern, der Nacken und der Rücken. Das muss nicht sein! Mit unserem zehnminütigen Gymnastikprogramm kommen Sie gut durch den Bürotag!
mehr ...

d **Vom Traum zur Gründung**
Die Erfolgsautorin Tatjana Vollmer beschreibt in ihrem neuesten Buch, wie Sie sich erfolgreich selbstständig machen können. Von der Geschäftsidee über den Businessplan und die Finanzierung bis zum passenden Internetauftritt: Hier bekommen Sie wertvolle Tipps, worauf Sie wirklich achten müssen!
mehr ...

e **Gründer raus aus der Schuldenfalle**
Ihre Firma hat weniger Aufträge als erwartet und Sie können Ihre Verbindlichkeiten wie Kredite oder die Gewerbemiete für Ihre Geschäftsräume nicht mehr bezahlen? Unsere Finanzberaterin Constanze Hansen gibt Tipps, wie Sie die Finanzen Ihres Unternehmens wieder in den Griff bekommen können.
mehr ...

f **Gleicher Lohn für gleiche Arbeit –**
so sollte es eigentlich sein, aber oft sieht die Realität in Deutschland noch anders aus. Häufig verdienen Frauen mit denselben Abschlüssen und Qualifikationen weniger als ihre männlichen Kollegen. Warum das so ist und was man dagegen tun kann, erfahren Sie hier.
mehr ...

g **Die Jobs der Zukunft**
Die Digitalisierung verändert unser Arbeitsleben zunehmend. In unserer Hintergrundreportage stellen wir Ihnen in diesem Zusammenhang neu entstehende Berufsfelder vor und fragen uns, wie die Menschen in 20 Jahren arbeiten werden.
mehr ...

h **Wie zufrieden sind Sie mit Ihrer Arbeit?**
Für alle, die sich fragen, ob sie nach neuen beruflichen Herausforderungen suchen sollten, hat unsere Arbeitspsychologin Sandra Hauser einen Fragebogen entwickelt. Dieser erleichtert die Entscheidung, ob man besser bleibt oder doch lieber geht.
mehr ...

Kommentierter Modelltest   Lesen Teil 1

So geht's:

1 Lesen Sie die Aufgaben 1–5. Unterstreichen Sie dabei Schlüsselwörter, die wesentlich für die Situationen sind. Beispiel: *1 Clara plant, einen eigenen Laden zu eröffnen.*

2 Überfliegen Sie Artikel a, das heißt, lesen Sie die Überschrift und den Text ganz schnell durch und suchen Sie ähnliche Ausdrücke für die Schlüsselwörter in Aufgabe 1. Wenn Sie keine finden, es in dem Artikel also nicht um Selbstständigkeit, Gründung oder Ähnliches geht, lesen Sie den nächsten Artikel.

3 Das machen Sie so lange, bis ein Artikel passt. In Artikel d lesen Sie schon in der Überschrift: *Vom Traum zur Gründung.* Am Ende des ersten Satzes steht: *wie Sie sich erfolgreich selbständig machen können.* Artikel d passt also zu Aufgabe 1. Notieren Sie 1 neben Artikel d.

4 Überfliegen Sie zur Sicherheit auch noch die anderen Artikel. In Artikel e finden Sie gleich in der Überschrift auch das Wort *Gründer*. Aber wenn Sie weiterlesen, merken Sie, dass es um Finanzen und nicht um die Eröffnung eines Ladens geht. Deshalb passt dieser Artikel nicht zu Aufgabe 1.

5 Wenn Sie sicher sind, dass Ihre Lösung richtig ist, können Sie Text d durchstreichen. Er kann zu keiner anderen Aufgabe mehr passen.

6 Gehen Sie für die Aufgaben 2–5 genauso vor: Mit den Schlüsselwörtern im Kopf schnell in den Artikeln nach ähnlichen Ausdrücken suchen, kontrollieren, ob es im Text wirklich um diese Situation geht und dann die Lösung notieren bzw. gleich auf dem Antwortbogen markieren.

7 Lösen Sie jetzt die Aufgaben 2–5. In der Prüfung müssen Sie alle Lösungen auf dem Antwortbogen markieren. Für die Aufgaben 2–5 können Sie Ihre Lösungen hier markieren:

Lesen

Teil 1

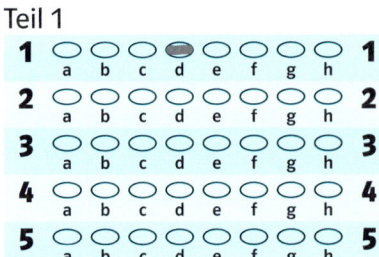

➔ Mehr? Im Fertigkeitentraining finden Sie ab S. 54 Aufgaben und Tipps zu Lesen Teil 1.

Sind Ihre Lösungen richtig?

2 b In Artikel b kommen mehrere Wörter für *Webseite* vor und es geht um eine *Anleitung*, wie man solche Seiten erstellen kann.

3 h Sie lesen *eine neue berufliche Herausforderung, ob man besser bleibt oder lieber geht* – das passt zu Mariana, die überlegt, die Stelle zu wechseln.

4 a Nader hat die Schule beendet, *nach seinem Schulabschluss* passt zu *vor einer Ausbildung oder einem Studium*; *erste Berufserfahrungen sammeln kann man gut bei einem Praktikum.*

5 f Sie lesen *Lohn, häufig verdienen Frauen … weniger* sowie mögliche Gründe dafür und Maßnahmen dagegen. Hier kann Leah also erfahren, ob sie tatsächlich zu wenig verdient.

Kommentierter Modelltest Lesen Teil 2

 Achten Sie auf die Zeit: Länger als 10 Minuten sollten Sie für diesen Teil nicht brauchen.

Wichtig:

- Sie bekommen zwei Texte mit Informationen, die man als (neue/r) Mitarbeiterin oder Mitarbeiter in einem Betrieb bekommen kann.
- Sie lösen zu jedem Text eine Richtig/Falsch-Aufgabe und eine Multiple-Choice-Aufgabe, insgesamt also 4 Aufgaben.
- Für jede richtige Lösung gibt es 3 Punkte, insgesamt also maximal 12 Punkte.

So könnte das Aufgabenblatt aussehen:

Lesen Teil 2

Lesen Sie die Texte und die Aufgaben 6–9. Ist die Aussage dazu richtig oder falsch und welche Antwort (a, b oder c) passt am besten?

Markieren Sie Ihre Lösungen auf dem Antwortbogen.

Text 1

Willkommensmappe für neue Mitarbeiterinnen und Mitarbeiter

....

Gesundheitsvorsorge

Ihre Gesundheit liegt uns am Herzen! Deshalb bieten wir verschiedene Kurse an. Vormittags können Sie einmal pro Woche an der Rückengymnastik teilnehmen. Es gibt eine Anfänger- und eine Fortgeschrittenengruppe. Kontaktieren Sie unseren Trainer, Herrn Mattus, und vereinbaren Sie eine Probestunde. Danach wird er Sie in die passende Gruppe einteilen.
Des Weiteren haben Sie die Möglichkeit, an einem Achtsamkeitstraining teilzunehmen. Da die Kursinhalte hier aufeinander aufbauen, gibt es feste Gruppen, und es ist eine Anmeldung erforderlich. Die aktuelle Ansprechpartnerin ist Frau Gadoni. Beide Angebote können Sie in Ihrer Arbeitszeit wahrnehmen!
Außerhalb der Arbeitszeit bieten wir mehrere offene Gruppen an.
Einmal im Monat bekommen Sie in der Kantine Ernährungstipps mit aktuellen Rezepten. Außerdem existieren eine Laufgruppe und eine Radwandergruppe. Details zu Terminen und Treffpunkten finden Sie im Intranet. Aus versicherungstechnischen Gründen sind diese Angebote Angehörigen unserer Firma vorbehalten.
Sie können gerne auch eine neue Gruppe gründen. Kontaktieren Sie dazu Herrn Siebert.

....

6 Die Rückenkurse finden in festen Gruppen statt.
   richtig/falsch?

7 Zu den offenen Angeboten
   a bekommt man aktuelle Informationen bei Frau Gadoni.
   b kann man auch Freunde oder Familienmitglieder mitbringen.
   c kann man auch selbst etwas beitragen.

Text 2

Willkommensmappe für neue Mitarbeiterinnen und Mitarbeiter
....

Umgang mit Diversität

Bei uns arbeiten rund 250 Personen aus über 20 verschiedenen Ländern – und darauf sind wir stolz! Unser Motto ist: „Je vielfältiger desto besser!" Wir sind bemüht, jede einzelne Person mit ihren besonderen Bedürfnissen wahrzunehmen und zu unterstützen.

Hierzu ein paar Beispiele: Sie können an religiösen Feiertagen, die in Deutschland keine gesetzlichen Feiertage sind, freibekommen, wenn Sie die Arbeitszeit nachholen. Stellen Sie dafür bitte mindestens 2 Wochen vorher schriftlich einen Antrag bei Ihrem oder Ihrer direkten Vorgesetzten.
Im zweiten Stock unserer Firma steht Ihnen ein interreligiöser Andachtsraum zur Verfügung, den Sie in Arbeitspausen nutzen können.

Für Personen, die Deutsch nicht als Muttersprache sprechen, finanzieren wir Deutschkurse sowie Kommunikations- und Schreibtrainings.
Mit Personen, die sich um kleine Kinder oder pflegebedürftige Angehörige kümmern, suchen wir gemeinsam nach flexiblen Arbeitszeitmodellen.

Falls Sie besondere körperliche Herausforderungen haben, unterstützen wir Sie individuell. Besprechen Sie bitte alles zunächst mit Ihrem oder Ihrer direkten Vorgesetzten.
Und wenn Sie der Meinung sind, dass Sie – aus welchen Gründen auch immer – benachteiligt werden, kontaktieren Sie bitte unsere Gleichbehandlungsbeauftragte Sophia Gebert.
....

8 Die Firma berücksichtigt die verschiedenen Bedürfnisse der Mitarbeiter.
richtig/falsch?

9 Wenn man sich diskriminiert fühlt, soll man
    a an einem Kommunikationstraining teilnehmen.
    b sich an Frau Gebert wenden.
    c sich schriftlich bei der Teamleitung beschweren.

Kommentierter Modelltest　　Lesen Teil 2

So geht's:

1　Lesen Sie zuerst Aufgabe 6 und 7. Unterstreichen Sie dabei Schlüsselwörter, die wesentlich für die Aussagen sind. Beispiel: *6 Die Rückenkurse finden in festen Gruppen statt.*

2　Überfliegen Sie Text 1 und suchen Sie gezielt Informationen zu den Schlüsselwörtern von Aufgabe 6. Entscheiden Sie dann, ob die Aussage der Aufgabe mit dem, was Sie im Text dazu lesen, übereinstimmt. Nur dann markieren Sie richtig als Lösung.
Sie lesen im ersten Absatz: *Rückengymnastik, Anfänger- und Fortgeschrittenengruppe* und *Kontaktieren Sie unseren Trainer, Herrn Mattus, … wird er Sie in die passende Gruppe einteilen*. Daraus können Sie schließen, dass es feste Gruppen gibt. Aufgabe 6 ist also richtig. Markieren Sie Ihre Lösung auf dem Aufgabenblatt.

3　Gehen Sie für Aufgabe 7 auch so vor: Unterstreichen Sie Schlüsselwörter und suchen Sie dann im Text gezielt nach passenden Informationen. In der Aufgabe geht es um *offene Angebote*, im Text finden Sie im dritten Absatz nach dem Stichwort *offene Gruppe* passende Informationen dazu.
Antwort a passt nicht, *denn aktuelle Informationen* zu den *Terminen und Treffpunkten der* offenen Gruppen findet man im *Intranet*, nicht bei Frau Gadoni. Antwort b … *Freunde oder Familienmitglieder mitbringen* passt auch nicht, denn im Text lesen Sie, dass *diese Angebote Angehörigen unserer Firma vorbehalten* sind. Wenn zwei Antworten eindeutig nicht passen, kann nur die dritte Antwort richtig sein. Überprüfen Sie trotzdem, was dazu im Text steht. Kann man zu den offenen Angeboten selbst etwas beitragen? Ja, denn im Text lesen Sie: *Sie können gerne auch eine neue Gruppe gründen*. Markieren Sie also c als die passende Antwort.

4　Gehen Sie für die Aufgaben 8 und 9 genauso vor: Die Aufgaben lesen, mit den Schlüsselwörtern im Kopf im Texten nach ähnlichen Ausdrücken und der passenden Textstelle suchen und vergleichen, ob die Information im Text mit dem übereinstimmt, was die Antwort aussagt.
In der Prüfung müssen Sie alle Lösungen auf dem Antwortbogen markieren. Für die Aufgaben 8 und 9 können Sie Ihre Lösungen hier markieren:

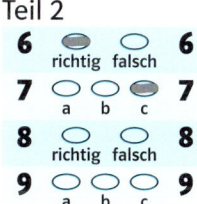

→ Mehr? Im Fertigkeitentraining finden Sie ab S. 58 Aufgaben und Tipps zu Lesen Teil 2.

Sind Ihre Lösungen richtig?

8 richtig　Sie lesen im erste Abschnitt im Text: *Je vielfältiger desto besser! Wir sind bemüht, jede einzelne Person mit ihren besonderen Bedürfnissen wahrzunehmen und zu unterstützen.* Dann lesen Sie verschiedene Beispiele dafür, wie die Firma das umsetzt.

9 b　Am Ende des Textes lesen Sie: *Und wenn Sie der Meinung sind, dass … benachteiligt werden, kontaktieren Sie … Sophia Gebert. Wenn man sich diskriminiert fühlt, kann man sich an Frau Gebert wenden*, Antwort b passt.

Kommentierter Modelltest Lesen Teil 3

 Auch für diesen Teil sollten Sie nicht länger als 10 Minuten brauchen.

Wichtig:

- Sie lesen vier Fragen zu Arbeitsbedingungen, die Personen in einem Forum stellen.
- Dazu gibt es sechs Texte mit Tipps, die Sie zuordnen müssen.
- Zu einer Frage passt kein Tipp (dafür müssen Sie x auf dem Antwortbogen markieren).
- Für jede richtige Lösung gibt es 3 Punkte, insgesamt also maximal 12 Punkte.

So könnte das Aufgabenblatt aussehen:

Lesen Teil 3

Lesen Sie die Fragen 10–13. Lesen Sie die Texte a–f. Welche Frage passt zu welchem Tipp? Markieren Sie Ihre Lösungen auf dem Antwortbogen.

Für eine Frage gibt es keinen passenden Tipp. Markieren Sie dafür ein x auf dem Antwortbogen.

10

Franz
Meine Firma hat Dienstkleidung eingeführt: Für die Männer Anzüge, die Frauen können zwischen Hosenanzug oder Kostüm wählen. Das soll zum Unternehmensimage beitragen – nur leider sind Anzüge nicht mein Stil. Kann mir gekündigt werden, wenn ich es ablehne, diese Anzüge zu tragen?

11

Isabelle
Hallo, ich würde gerne wissen, wer die Arbeitsschutzkleidung bezahlen muss: Ich arbeite in einem Labor und muss laut Arbeitsvertrag welche tragen. Die Schutzbrille und die Einmalhandschuhe werden vor Ort gestellt, die Kittel und Schuhe muss ich aber aus eigener Tasche bezahlen. Auf meine Frage, ob das korrekt ist, wurde mir mit „Ja" geantwortet, ich solle die Kosten dafür bei der Steuer angeben.

12

Andrés
Ich bin Leiter des Serviceteams in einem bayerischen Lokal und muss wie alle Angestellten als Dienstkleidung eine Lederhose und ein kariertes Hemd tragen, die Frauen ein Dirndl. Wir schwitzen bei der Arbeit und ich brauche jeden Tag sogar ein bis zwei frische Hemden. Unser Arbeitgeber will, dass wir die Kleidung selbst bezahlen. Ich finde das nicht ok. Meine Frage: Müssen mein Team und ich das akzeptieren?

13

Tobias
Wer kann mir helfen? Ich arbeite als Altenpfleger bei einem häuslichen Pflegedienst. Wir können bei der Arbeit unsere private Kleidung tragen. Meine Frage ist, ob ich den Kaufpreis und die Kosten für die Instandhaltung und das Waschen meiner Kleidung bei der Steuer angeben kann? Wäre super, wenn ich dafür Geld zurückbekommen könnte.

Tipps für Arbeitnehmerinnen und Arbeitnehmer

Wael, vor einer Stunde
Dienstkleidung soll für ein einheitliches Aussehen des Teams sorgen und so das Image des Unternehmens repräsentieren. Die Arbeitsschutzkleidung, z.B. in einem Labor, schützt den Träger und die Umwelt. Was hast du gegen weiße Kittel in einer Praxis? Das gehört doch zum Beruf.

Sabrina, vor neun Stunden
Arbeitgeber dürfen ihren Angestellten die Arbeitskleidung vorschreiben. Man muss zwischen „Dienstkleidung" und „Arbeitsschutzkleidung" unterscheiden. Ihre Frage bezieht sich aber auf die „Dienstkleidung", die Sie theoretisch auch privat tragen könnten, auch wenn viele das nicht machen. Der Arbeitgeber kann hier verlangen, dass Sie dafür selbst aufkommen.

Gerhard, vor einem Tag
Klare Antwort: Ja! Das Interesse des Arbeitgebers an der angemessenen Kleidung seiner Mitarbeiter wiegt schwerer als Ihr Interesse, sich individuell zu kleiden. Wenn Sie sich weigern, die Dienstkleidung zu tragen, kann es Ihnen passieren, dass Sie nach zwei Abmahnungen Ihren Job verlieren.

Matteo, vor acht Stunden
Arbeitsschutzkleidung ist eine persönliche Schutzkleidung zur Verhütung von Arbeitsunfällen und Berufskrankheiten. Dein Arbeitgeber ist verpflichtet, darauf zu achten, dass die Kleidung immer den neuesten Standards entspricht. Schau mal hier rein: www.arbeitsschutzgesetz.org/arbeitsschutzkleidung

Chiara, vor zwei Stunden
Arbeitsbekleidung muss typisch und als Arbeitsbekleidung erkennbar sein. Auch wenn der Arbeitgeber Kleidung wie Anzüge, Kostüme oder weiße Hemden, die man auch privat tragen könnte, vorschreibt – diese werden steuerlich weder beim Kauf, noch bei der Reparatur oder der Reinigung anerkannt. Das wird also wohl leider nichts mit der Rückzahlung.

Tina, vor fünf Minuten
Ich finde das Tragen von Berufskleidung sehr sinnvoll. In einem Baumarkt kann ich so erkennen, wer Angestellter und wer Kunde oder Kundin ist. Auch in einem Krankenhaus kann ich durch die einheitliche Berufskleidung erkennen, wer zum Personal gehört.

Kommentierter Modelltest   Lesen Teil 3

So geht's:

1   Lesen Sie die Fragen und überlegen Sie, um welches Thema es hauptsächlich geht. Manchmal gibt Ihnen auch die Überschrift über den Tipps einen Hinweis darauf.
Hier geht es generell um Kleidung im Beruf. Die Personen haben Fragen zu verschiedenen Aspekten des Themas: Kosten, Verpflichtung zum Tragen, Steuer.

2   Konzentrieren Sie sich auf die erste Aufgabe: Lesen Sie genau, was die Person schreibt und welche konkrete Frage sie hat. Unterstreichen Sie Schlüsselwörter. Für Aufgabe 10 sind das: *Dienstkleidung eingeführt, die Männer Anzüge, leider ... nicht mein Stil. Kann mir gekündigt werden, wenn ich ... ablehne?*

3   Überfliegen Sie dann die Tipps: In welchen geht es um Dienstkleidung? In Tipp a, b und c lesen Sie sogar das Wort *Dienstkleidung*. Aber nur Tipp c gibt eine Antwort auf die Frage, die Franz in Aufgabe 10 stellt, nämlich: *Kann mir gekündigt werden, wenn ich* (die Dienstkleidung) *ablehne?* Darauf antwortet Gerhard in Tipp c: *Wenn Sie sich weigern, die Dienstkleidung zu tragen, kann es Ihnen passieren, dass Sie nach zwei Abmahnungen Ihren Job verlieren* (= gekündigt werden). Markieren Sie c als Lösung für Aufgabe 10. Wenn Sie ganz sicher sind, können Sie den Tipp durchstreichen. Er kann nicht mehr zu einer anderen Frage passen.

4   Gehen Sie für die Aufgaben 11 bis 13 auch so vor: Frage lesen, Schlüsselwörter unterstreichen und die konkrete Frage der Person verstehen. Die (noch nicht zugeordneten) Tipps überfliegen und die genauer lesen, die ähnliche Schlüsselwörter haben. Dann entscheiden, welcher Tipp tatsächlich auf die Frage antwortet.

5   Markieren Sie in der Prüfung immer eine Antwort auf dem Antwortbogen, auch, wenn Sie sich nicht ganz sicher sind. Vergessen Sie nicht, dass zu einer Aufgabe kein Tipp passt und Sie dafür x als Lösung markieren müssen. Für die Aufgaben 11 bis 13 können Sie Ihre Lösungen hier markieren:

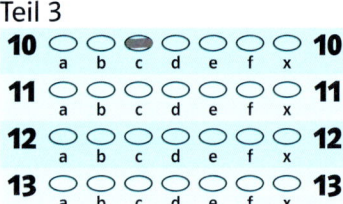

🡒 Mehr? Im Fertigkeitentraining finden Sie ab S. 62 Aufgaben und Tipps zu Lesen Teil 3.

Kommentierter Modelltest — Lesen Teil 3

Sind Ihre Lösungen richtig?

11 x Isabelle, will wissen, ob es richtig ist, dass sie ihre Arbeitsschutzkleidung selbst bezahlen muss. Ihr Arbeitgeber hat gesagt, sie soll die Ausgaben bei der Steuer angeben. Dazu gibt kein Tipp eine Antwort. In Tipp e lesen Sie zwar, dass privat tragbare Arbeitskleidung *steuerlich nicht anerkannt wird*, Isabelle hat aber nach Arbeitsschutzkleidung gefragt. Tipp e passt auch klar zu einer anderen Aufgabe.

12 b Andrés will wissen, ob er seine Dienstkleidung selbst bezahlen muss. Tipp b gibt die Antwort: *Der Arbeitgeber kann ... verlangen, dass Sie dafür (= die Arbeitskleidung) selbst aufkommen (= sie bezahlen).*

13 e Tobias kann private Kleidung bei der Arbeit tragen und fragt, ob er dafür über die Steuer Geld zurückbekommt, also private Kleidung als Arbeitskleidung angeben kann. Tipp e gibt die Antwort: *Arbeitskleidung muss ... als Arbeitskleidung erkennbar sein,* wenn man diese aber privat tragen kann, wird sie *steuerlich weder beim Kauf, noch bei der Reparatur oder der Reinigung anerkannt.* Für private Kleidung bekommt man also auch kein Geld über die Steuer zurück.

Kommentierter Modelltest — Lesen Teil 4

 Planen Sie für diesen Teil ca. 15 Minuten ein.

Wichtig:

- Sie lesen ein Protokoll mit Informationen zu Aufgaben und Abläufen innerhalb eines Betriebs.
- Sie lösen dazu fünf Multiple-Choice-Aufgaben.
- Für jede richtige Antwort gibt es 3 Punkte, insgesamt also maximal 15 Punkte.

So könnte das Aufgabenblatt aussehen:

Lesen Teil 4

Lesen Sie das Protokoll und die Aufgaben 14–18. Welche Antwort (a, b oder c) passt am besten? Markieren Sie Ihre Lösungen auf dem Antwortbogen.

Protokoll

7. Mai 20.., 8:30–9:30 Uhr
Ort: Besprechungszimmer 2, Max-Reiter-Weg 4, 95139 Süßheim

Anwesende:
Max Quirin (MQ, Geschäftsführung), Sara Nakamura (SN, Leitung Produktion), Günter Lorenz (GL, Leitung Qualitätskontrolle), Paula Raabe (PR, Leitung Einkauf), Tassilo Wüst (TW, Leitung Verkauf), Marie Steinberg (MS, Leitung Finanzen), Dirk Pätsch (DP, Leitung Personal), Klaus Schranz (KS, Leitung Marketing)
Gast: Nieva Escarda (NE, Praktikantin)
Protokollant: Günter Lorenz

Tagesordnungspunkte
1 Begrüßung, Termine und Genehmigung des letzten Protokolls
2 Personelles
3 Aktuelle Lage in der Produktion
4 Stand Produktionsstätte II
5 Berichte
6 Sonstiges

TOP 1 Begrüßung, Termine und Genehmigung des letzten Protokolls
MQ begrüßt alle Anwesenden, lobt das pünktliche und vollständige Erscheinen und kündigt an, dass die Sitzung wegen eines wichtigen Außentermins heute auf keinen Fall länger als bis 09:30 Uhr dauern kann. Nach Diskussion zweier Termine wird die nächste Sitzung auf den 21. Mai, 8:30 Uhr bis 10:30 Uhr gelegt. Das Protokoll der letzten Sitzung wird nach einer kurzen Diskussion genehmigt.

TOP 2 Personelles
DP stellt Frau Escarda vor, die neue Halbjahrespraktikantin. NE studiert Betriebswirtschaft und stammt ursprünglich von den Philippinen, wo sie mehrere Jahre in einem Hotel als Rezeptionistin tätig war. In den nächsten Wochen soll sie alle Abteilungen kennenlernen und macht dafür anschließend an die Sitzung mit der jeweiligen Leitung Zeiten aus.

TOP 3 Aktuelle Lage in der Produktion
SN stellt fest, dass wegen des im Vergleich zum letzten Jahr erfreulich hohen Auftragsvolumens dieses Jahr schon ab KW 25 mit der Produktion der Lebkuchen und sonstigen saisonalen Waren begonnen werden muss. PR ergänzt, dass die Zulieferer alle erforderlichen Zutaten in ausreichender Menge zugesagt haben und die entsprechenden Bestellungen schon getätigt worden sind, sodass die Ware rechtzeitig angeliefert werden kann. DP berichtet, dass er für diese Produktionsphase bei der Zeitarbeitsfirma *flexibelhelp*, mit der wir seit Jahren gut zusammenarbeiten, fünf Aushilfskräfte angefordert hat.

TOP 4 Stand Produktionsstätte II
MQ berichtet über die Erweiterungspläne der Firma. Die zweite Produktionsstätte wird nun doch nicht in Süßheim angemietet werden, da hier die Gewerbemieten zu hoch sind. Damit kann auch der ursprünglich geplante Eröffnungstermin in einem halben Jahr nicht gehalten werden. MQ hat einen Immobilienmakler beauftragt, die Lage im benachbarten Thüringen zu prüfen, da dort die Mieten deutlich niedriger liegen. Es wird aber auf jeden Fall ein Standort in weniger als 30 km Entfernung gesucht.

TOP 5 Berichte
KS zeigt das Werbevideo, das produziert wurde, um wieder vermehrt auch jüngere Zielgruppen für unsere Produkte zu interessieren. Es bekam großen Beifall und wird ab nächste Woche online über verschiedene Kanäle ausgestrahlt werden. Außerdem ist KS auf der Suche nach einem Influencer, der Werbung für unseren Adventskalender macht. Details dazu dann in der nächsten Sitzung.

TOP 6 Sonstiges
Abschließend gibt MQ bekannt, dass unsere externen freien Mitarbeiter*innen dieses Jahr anstelle eines Lebkuchenpakets aus unserer Produktion elektronische Grußkarten bekommen werden. Diese enthalten die Mitteilung, dass das Geld für Projekte in den Kakaoanbaugebieten unserer Zulieferer gespendet wird. Diese Projekte fördern insbesondere die Ausbildung von Mädchen. Er kündigt im Sinne einer langfristigen Terminplanung außerdem vorab schon einmal an, dass die Weihnachtsfeier wie üblich am letzten Freitag vor Heiligabend stattfindet und die Firma auch dieses Jahr zwischen dem 24.12. und dem 1.1. geschlossen bleiben wird.

14 Die Sitzung heute
   a dauert zwei Stunden.
   b muss pünktlich enden.
   c wurde zweimal verschoben.

15 Die Praktikantin
   a hat noch keine Berufserfahrung.
   b spricht im Anschluss Termine ab.
   c wird in der Personalabteilung arbeiten.

16 Die Produktion der Saisonartikel
   a erfolgt mit zusätzlichem Personal.
   b hat bereits pünktlich begonnen.
   c verzögert sich wegen fehlender Zutaten.

17 Die neue Produktionsstätte
   a geht in 6 Monaten in Betrieb.
   b kann bis zu 30 km entfernt liegen.
   c wird voraussichtlich in Thüringen gebaut.

18 Der Geschäftsführer
   a erläutert den Dienstplan zwischen Weihnachten und Neujahr.
   b informiert über die Weihnachtsaktion.
   c will anstelle der Feier Geld spenden.

Kommentierter Modelltest   Lesen Teil 4

So geht's:

1 Lesen Sie die erste Aufgabe und unterstreichen Sie dabei Schlüsselwörter, die wesentlich für die Aussagen sind. Beispiel:

    14 Die <u>Sitzung heute</u>
        a <u>dauert zwei Stunden</u>.
        b muss <u>pünktlich enden</u>.
        c wurde <u>zweimal verschoben</u>.

2 Überfliegen Sie dann die Tagesordnungspunkte (TOP) und überlegen Sie, wo im Protokoll, unter welchem TOP, Sie die Informationen finden können. Suchen Sie dann für jede Aufgabe gezielt nach Informationen zu den Schlüsselwörtern und entscheiden Sie, welche Antwort am besten passt.
Wenn Sie unter TOP 1 die Informationen zur ersten Aufgabe nicht finden, lesen Sie auch den Anfang des Protokolls. Für Aufgabe 14 ist b die passende Lösung, denn in TOP 1 steht, dass die Sitzung heute *auf keinen Fall länger als bis 09:30 Uhr dauern kann*. Das bedeutet: *Die Sitzung heute muss pünktlich enden.*

3 Gehen Sie für die Aufgaben 15–18 genauso vor: Zuerst die Aufgabe lesen, mit den Schlüsselwörtern im Kopf schnell unter den TOPs nach ähnlichen Ausdrücken suchen, genau lesen, was dort steht und entscheiden, welche Antwort am besten passt. Meistens lesen Sie Informationen zu allen drei Antworten, aber nur eine Antwort passt.
Die Aufgaben folgen der Reihenfolge der TOPs, d. h. die Informationen für Aufgabe 15 finden Sie weiter hinten im Protokoll als die Informationen für Aufgabe 14 etc. Lesen Sie die Namen und die Abkürzungen oben im Protokoll nur, wenn Sie sie für die Lösung der Aufgaben brauchen.

4 Lösen Sie jetzt die Aufgaben 15–18. In der Prüfung müssen Sie alle Lösungen auf dem Antwortbogen markieren. Für die Aufgaben 15–18 können Sie Ihre Lösungen hier markieren:

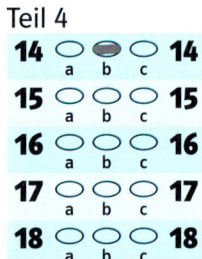

➔ Mehr? Im Fertigkeitentraining finden Sie ab S. 66 Aufgaben und Tipps zu Lesen Teil 4.

Sind Ihre Lösungen richtig?

15 b *Die Praktikantin spricht im Anschluss Termine ab.*
Die Informationen finden Sie unter TOP 2. Antwort a passt nicht, denn die Praktikantin hat schon einmal in einem Hotel gearbeitet, sie hat also schon Berufserfahrung. Antwort b passt, denn Sie lesen: *… und macht dafür anschließend an die Sitzung mit der jeweiligen Leitung Zeiten aus.* Das bedeutet, die Praktikantin spricht im Anschluss Termine ab. Antwort c passt nicht, denn die Praktikantin soll *in den nächsten Wochen alle anderen Abteilungen kennenlernen*, nicht nur die Personalabteilung.

16 a *Die Produktion der Saisonartikel erfolgt mit zusätzlichem Personal.*
Die Informationen finden Sie unter TOP 3. Antwort a passt, denn es wurden *fünf Aushilfskräfte angefordert*. Antwort b passt nicht, weil erst *ab KW 25 mit der Produktion (…) begonnen werden muss*, also noch nicht produziert wird. Antwort c passt nicht, weil *die Ware rechtzeitig angeliefert werden kann*.

17 b *Die neue Produktionsstätte kann bis zu 30 km entfernt liegen.*
Die Informationen finden Sie unter TOP 4: *Es wird … ein Standort in weniger als 30 km Entfernung gesucht* – das bedeutet dasselbe wie Antwort b: *Die neue Produktionsstätte kann bis zu 30 km entfernt liegen.* Antwort a passt nicht, denn Sie lesen, dass *der ursprünglich geplante Eröffnungstermin in einem halben Jahr nicht gehalten werden* kann. Antwort c passt nicht, denn Sie lesen: *MQ hat einen Immobilienmakler beauftragt, die Lage im benachbarten Thüringen zu prüfen, da dort die Mieten deutlich niedriger liegen.* Thüringen ist richtig, aber das Unternehmen möchte mieten, nicht bauen.

18 b *Der Geschäftsführer informiert über die Weihnachtsaktion.*
Die Informationen finden Sie unter TOP 6 und ganz oben im Protokoll unter *Anwesende*. Dort können Sie sehen, dass MQ die Abkürzung für den Geschäftsführer ist. Sie können die Aufgabe aber auch ohne diese Information lösen. Antwort a passt nicht, denn zwischen dem 24.12. und dem 1.1., also zwischen Weihnachten und Neujahr, ist die Firma geschlossen. Dann braucht man auch keinen Dienstplan. Antwort b passt, denn Sie lesen: *dass unsere externen freien Mitarbeiter*innen dieses Jahr anstelle eines Lebkuchenpakets aus unserer Produktion elektronische Grußkarten bekommen werden. Diese enthalten die Mitteilung, dass das Geld für Projekte in den Kakaoanbaugebieten unserer Zulieferer gespendet wird.* Der Geschäftsführer informiert hier also über die Weihnachtsaktion. Hier lesen Sie auch, dass Geld *anstelle eines Lebkuchenpakets* gespendet wird, nicht anstelle der Weihnachtsfeier. Weiter hinten lesen Sie: *dass die Weihnachtsfeier wie üblich am letzten Freitag vor Heiligabend stattfindet* – Antwort c passt also nicht.

Kommentierter Modelltest   Lesen und Schreiben

 Für diesen Teil haben Sie 20 Minuten Zeit.

Wichtig:

- Sie lesen zwei E-Mails: Die obere ist eine E-Mail Ihrer Teamleitung mit der Bitte, auf die Beschwerde einer Kundin oder eines Kunden zu reagieren. Die untere Mail ist die Kundenmail.
- Sie müssen zu der E-Mail der Kundin / des Kunden zwei Multiple-Choice-Aufgaben lösen (Lesen).
- Sie müssen der Kundin / dem Kunden eine E-Mail als Antwort auf die Beschwerde schreiben (Schreiben). Dafür finden Sie Punkte in der Mail der Teamleitung und müssen sich passende Antworten ausdenken.
- Achtung: Ihre Lösungen für die Aufgaben 19 und 20 markieren Sie auf dem Antwortbogen für den Teil *Lesen*. Ihre E-Mail für Aufgabe 21 schreiben Sie auf einen anderen Antwortbogen.
- Für die Multiple-Choice-Aufgaben gibt es je 3 Punkte, insgesamt also maximal 6 Punkte.
- Für Ihre E-Mail gibt es maximal 7 Punkte dafür, wie Sie die Aufgabe umsetzen. Außerdem wird Ihre E-Mail zusammen mit Ihrem Forumsbeitrag für den Teil Schreiben nach verschiedenen weiteren Kriterien bewertet (siehe S. 8).

So könnte das Aufgabenblatt aussehen:

Lesen und Schreiben

Ihre Teamleitung leitet Ihnen die E-Mail von einer Kundin weiter und bittet Sie zu antworten.

Erhalten: heute 11:40 Uhr
Von: Petra Speichert
An: ...

Betreff: FW Beschwerde: Hochzeitsbuffet am 20.08.

Hallo,

die unten stehende Mail habe ich gerade bekommen. Bitte kümmern Sie sich darum und antworten Sie der Kundin höflich. Ich möchte nicht, dass Frau McEvoy uns eine schlechte Bewertung im Internet gibt. Sie können der Kundin ruhig schreiben, warum es bei dem Hochzeitsbuffet Probleme gab.
Ganz wichtig: Bitte schreiben Sie der Kundin auch, was wir ihr als Ausgleich für die Unannehmlichkeiten vorschlagen.

Vielen Dank und mit Grüßen
Petra Speichert
Teamleiterin

Gesendet: heute 11:22 Uhr
Von: Donna McEvoy
An: Petra Speichert

Betreff: Beschwerde Hochzeitsbuffet am 20.08.

Sehr geehrte Frau Speichert,

wir hatten für unsere Hochzeit am 20.08. bei Ihnen das Hochzeitsbuffet Premium (Mittagessen, 25 Personen) bestellt. Das Buffet sollte bis 12 Uhr geliefert und bis 12:30 Uhr aufgebaut sein. Ebenfalls sollten Sie für verschiedene Getränke zum Abschluss des Essens (Kaffee, Espresso etc.) sorgen.

Leider ist alles schiefgegangen: Das Buffet war um 12:35 Uhr noch nicht da und wir konnten erst um halb zwei mit dem Essen beginnen. Als die Hochzeitstorte um 15 Uhr serviert wurde, waren alle noch satt. Ihr Essen war nicht schlecht, aber Sie haben uns einen Tag, den wir lange im Voraus und mit Liebe geplant hatten, fast verdorben. Wir haben bereits eine hohe Anzahlung geleistet und erwarten jetzt, dass Sie uns mit dem noch offenen Betrag entgegenkommen. Nur eine Entschuldigung reicht nicht aus!

Grüße
Donna McEvoy

Welche Lösung (a, b oder c) passt am besten? Markieren Sie auf dem Antwortbogen.

19 Frau McEvoy beschwert sich, dass
    a das falsche Buffet geliefert wurde.
    b das Essen nicht geschmeckt hat.
    c das Essen zu spät kam.

20 Die Firma soll
    a auf die Anzahlung verzichten.
    b die Rechnung mindern.
    c Geld zurückbezahlen.

21 *Schreiben Sie eine E-Mail an die Kundin. Setzen Sie dabei alle Punkte Ihrer Teamleitung um.*

Achten Sie darauf, dass Sie der Kundin gegenüber eine angemessene Sprache verwenden (Anrede, Höflichkeit, formelle Sprache etc.)

Hinweis: In der Prüfung haben Sie auf dem Aufgabenblatt Platz für Notizen. Ihre E-Mail müssen Sie dann direkt auf den Antwortbogen schreiben. Die Lösungen für die Aufgaben 19 und 20 müssen Sie auf einer anderen Seite des Antwortbogens markieren.

Kommentierter Modelltest   Lesen und Schreiben

So geht's:

1 Lesen Sie zuerst die Multiple-Choice-Aufgaben, die sich auf die E-Mail der Kundin beziehen, und die Ihnen helfen, den Inhalt dieser E-Mail zu verstehen. Markieren Sie Schlüsselwörter.

2 Lesen Sie danach die Kundenmail und lösen Sie die Aufgaben 19 und 20.

3 Lesen Sie dann die E-Mail der Teamleitung. Dort finden Sie Hinweise (Punkte), worauf Sie antworten sollen. Unterstreichen Sie diese Punkte. Hier sollen Sie der Kundin … *schreiben, warum es bei dem Hochzeitsbuffet Probleme gab. Ganz wichtig: Bitte schreiben Sie der Kundin auch, was wir ihr als Ausgleich für die Unannehmlichkeiten vorschlagen*. Wichtig ist, dass Sie in Ihrer Antwort etwas zu allen Punkten der Teamleitung schreiben. Auch in der Kundenmail finden Sie Hinweise, die Sie für Ihre Antwort nutzen können (z.B. an welche Entschädigung die Kundin denkt, was genau der Grund für die Beschwerde ist). Ihre Antwort muss zur Beschwerde der Kundin passen.

4 Überlegen Sie sich einen Grund, warum das Hochzeitsbuffet zu spät kam (z.B. Navigationsgerät im Lieferauto defekt oder das Lieferauto ging kaputt). Überlegen Sie sich auch, was Sie der Kundin als Entschädigung (Ausgleich) anbieten (z.B. 10% Minderung des Rechnungsbetrags, einen Geldbetrag oder einen Gutschein). In der Prüfung haben Sie auf dem Aufgabenblatt Platz, Ihre Ideen zu notieren. Nehmen Sie sich aber nicht zu viel Zeit für die Notizen.

5 Schreiben Sie Ihre E-Mail direkt auf den Antwortbogen. Beginnen Sie mit einer passenden Anrede, entschuldigen Sie sich, gehen Sie auf alle Punkte Ihrer Teamleitung ein und schreiben Sie eine zu der Beschwerde passende Antwort. Denken Sie an einen passenden Gruß am Ende und unterschreiben Sie mit Vornamen und Nachnamen.

6 Lösen Sie jetzt die Aufgaben 19 und 20. Sie können Ihre Lösungen hier markieren. Schreiben Sie dann Ihre E-Mail an die Kundin auf den Antwortbogen auf dieser und der nächsten Seite.

Lesen und Schreiben
19 ○ ○ ○ 19
    a b c
20 ○ ○ ○ 20
    a b c

21 Lesen und Schreiben

Senden	An …	
	Cc …	
	Betreff	

Kommentierter Modelltest — Lesen und Schreiben

➔ Mehr? Im Fertigkeitentraining finden Sie ab S. 69 Aufgaben und Tipps zu Lesen und Schreiben.

Sind Ihre Lösungen richtig?

19 c *Frau McEvoy beschwert sich, dass das Essen zu spät kam.*
Frau McEvoy schreibt, dass das Buffet für 12 Uhr bestellt war, es aber um 12:30 Uhr aufgebaut sein sollte, es aber um 12:35 Uhr noch nicht da war. Sie beschwert sich also, dass das Essen zu spät kam. Es ist keine Rede davon, dass ein falsches Buffet geliefert wurde (a) oder dass es nicht geschmeckt hätte (b). Im Gegenteil, Frau McEvoy schreibt, dass das Essen nicht schlecht war.

20 b *Die Firma soll die Rechnung mindern.*
Am Ende ihrer Beschwerde schreibt die Kundin: *Wir haben bereits eine hohe Anzahlung geleistet und … erwarten jetzt, dass Sie uns mit dem noch offenen Betrag entgegenkommen* (= den Betrag der Rechnung, die noch nicht bezahlt ist, reduzieren). Das entspricht Lösung b *die Rechnung mindern*. Lösung c passt deshalb auch nicht, denn die Kundin fordert keine Rückzahlung. Auch Lösung a passt nicht, denn die Anzahlung hat die Kundin ja schon geleistet (= bezahlt, gemacht), daher kann die Firma gar nicht mehr auf die Anzahlung verzichten.

Eine E-Mail an die Kundin könnte zum Beispiel so aussehen:

Sehr geehrte Frau McEvoy,

wir bedauern sehr, dass Sie durch uns bei Ihrer Hochzeitsfeier Unannehmlichkeiten hatten.
Der Grund für die verspätete Lieferung und den unpünktlichen Aufbau Ihres Buffets war, dass der Fahrer zwar pünktlich mit dem Essen losgefahren ist, aber das Navigationsgerät im Lieferauto defekt war. Der Fahrer hat die Adresse deshalb nicht sofort gefunden. Da er nur Ihre Festnetznummer hatte, konnte er Sie leider auch nicht auf Ihrem Handy anrufen, um Sie über die Verspätung zu informieren.
Wir möchten uns bei Ihnen entschuldigen und selbstverständlich erlassen wir Ihnen 10 % auf den noch offenen Rechnungsbetrag.
Als Zeichen unseres Bedauerns schenken wir Ihnen diesen Gutscheincode, mit dem Sie ein Abendessen für 2 Verliebte gratis bekommen: LBsssn10

Wir hoffen, dass Sie mit dieser Lösung zufrieden sind und wieder bei uns bestellen.

Mit freundlichen Grüßen
Oxana Lisinova

27

Kommentierter Modelltest   Hören Teil 1

Der Teil *Hören* dauert insgesamt 20 Minuten.
Sie hören alle Teile direkt hintereinander.

Wichtig:

- Sie hören drei Gespräche. In den Gesprächen werden Arbeitsabläufe oder Probleme besprochen und Vorschläge gemacht.
- Sie lesen sechs Aufgaben: Zu jedem Gespräch gibt es eine Richtig/Falsch- und eine Multiple-Choice-Aufgabe.
- Sie hören die Gespräche nur einmal.
- Für jede richtige Lösung gibt es 3 Punkte, insgesamt also maximal 18 Punkte.

So könnte das Aufgabenblatt aussehen:

Hören Teil 1

Sie hören drei Gespräche. Zu jedem Gespräch gibt es zwei Aufgaben. Ist die Aussage dazu richtig oder falsch und welche Antwort (a, b oder c) passt am besten?
Markieren Sie Ihre Lösungen für die Aufgaben 22–27 auf dem Antwortbogen.

*Sie hören die Gespräche **einmal**.*

 1

22 Die Kundin möchte etwas bestellen.
richtig/falsch?

23 Herr Schröder von der Firma Schröder
   a bietet eine Entschädigung an.
   b hat die Ware vorrätig.
   c soll die Mitarbeiter schulen.

 2

24 Die Teamleitung spricht über einen neuen Bewohner.
richtig/falsch?

25 Für Herrn Schäfer ändert sich
   a der Speiseplan.
   b die Häufigkeit der Mahlzeiten.
   c die zuständige Pflegeperson.

26 Yolanda soll in allen Bereichen des Hotel-Restaurants arbeiten.
richtig/falsch?

27 Yolanda muss
   a das Buffet auffüllen.
   b in Abstimmung mit dem Küchenpersonal arbeiten.
   c mit dem elektronischen Bezahlsystem kassieren.

Kommentierter Modelltest Hören Teil 1

So geht's:

1 Sie bekommen vor dem ersten Gespräch keine Zeit, um alle Aufgaben zu lesen. Sie können in der Zeit während der Ansage die erste Aufgabe lesen und Schlüsselwörter unterstreichen. Passen Sie auf, dass Sie den Anfang des Gesprächs nicht verpassen! Die anderen Aufgaben können Sie in den kurzen Pausen zwischen den Gesprächen lesen und Schlüsselwörter unterstreichenn. Beispiel:

    22 Die <u>Kundin möchte</u> etwas <u>bestellen</u>.

    23 Herr Schröder von der <u>Firma</u> Schröder
        a bietet eine <u>Entschädigung</u> an.
        b hat die <u>Ware vorrätig</u>.
        c soll die <u>Mitarbeiter schulen</u>.

2 Lesen Sie beim Hören auch beide Aufgaben mit. Eventuell können Sie die Multiple-Choice-Aufgabe vor der Richtig/Falsch-Aufgabe lösen. Sie hören im Gespräch oft Namen und müssen verstehen, wer die Personen sind (z. B. die Kundin oder der Mitarbeiter) und warum sie miteinander sprechen. Frau Heimann ist die Kundin. Sie müssen für Aufgabe 22 entscheiden, ob die Kundin etwas bestellen möchte oder nicht. Im Laufe des Gesprächs wird klar, dass Frau Heimann bereits Beamer bestellt und sie mit falschen Fernbedienungen bekommen hat. Aufgabe 22 ist also falsch.

3 Inzwischen haben Sie auch schon Informationen gehört, die zu Aufgabe 23 passen könnten. Relativ früh im Gespräch sagt Frau Heimann: *Nächste Woche starten die Mitarbeiterschulungen bei uns im Haus*. Das bedeutet, Antwort c (Herr Schröder soll die Mitarbeiter schulen) passt nicht, denn man hört nicht, wer diese Schulung macht. Fast am Ende des Gesprächs entschuldigt sich Herr Schröder für die falsche Lieferung und verspricht, die neuen Fernbedienungen schnell von der Herstellerfirma schicken zu lassen, *denn eventuell haben wir die nicht auf Lager*. Das bedeutet, die Ware ist nicht vorrätig. Antwort b passt nicht. Ganz zum Schluss hören Sie: *Als kleine Wiedergutmachung* (= Entschädigung) *schlage ich Ihnen einen Rabatt ... vor.* Antwort a passt.

4 Markieren Sie Ihre Lösungen in der Prüfung am besten direkt auf dem Antwortbogen. Markieren Sie immer eine Antwort, auch wenn Sie sich nicht ganz sicher sind.

5 Lösen Sie jetzt die Aufgaben 24 bis 27 (Track 2). Ihre Lösungen können Sie hier markieren:

Teil 1
22 ○ ● 22
   richtig falsch
23 ● ○ ○ 23
   a b c
24 ○ ○ 24
   richtig falsch
25 ○ ○ ○ 25
   a b c
26 ○ ○ 26
   richtig falsch
27 ○ ○ ○ 27
   a b c

➔ Mehr? Im Fertigkeitentraining finden Sie ab S. 74 Aufgaben und Tipps zu Hören Teil 1.

Kommentierter Modelltest   Hören Teil 1

Sind Ihre Lösungen richtig?

24 falsch *Die Teamleitung spricht über einen neuen Bewohner.*
Das Pflegeteam spricht über den 85-jährigen Herrn Schäfer: Er ist demenziell erkrankt und isst nicht genügend, wenn ihm Pflegekraft Marcus Nahrung anreicht. Es wird im Laufe des Gesprächs deutlich, dass Herr Schäfer schon länger im Haus wohnt, also kein neuer Bewohner ist.

25 a *Für Herrn Schäfer ändert sich der Speiseplan.*
Sie hören, dass Herr Schäfer *weiterhin fünf Mal am Tag Essen angeboten* bekommt, die Häufigkeit (Antwort b) ändert sich also nicht. Antwort c passt auch nicht, denn Marcus bleibt die zuständige Pflegeperson. Wenn b und c nicht passen, kann nur Antwort a passen. Zudem hören Sie, dass Herr Schäfer in Zukunft öfter *Erdbeereis oder* etwas *Süßes* bekommen soll. Damit ändert sich sein Speiseplan.

26 falsch *Yolanda soll in allen Bereichen des Hotel-Restaurants arbeiten.*
Yolanda ist als Bedienung angestellt, nicht an der Rezeption und nicht im Room-Service. Sie soll zwar überall *reinschnuppern*, damit sie weiß, wie der Betrieb *läuft* und ab Mitte der Woche soll sie einen Tag *beim Room-Service mitlaufen und … auch mal eine Schicht an der Rezeption* zusehen – aber nicht arbeiten.

27 b *Yolanda muss in Abstimmung mit dem Küchenpersonal arbeiten.*
Antwort a (Yolanda muss das Buffet auffüllen) passt nicht, denn Yolanda muss in der Küche nur Bescheid sagen, wenn etwas fehlt, das Küchenpersonal füllt das Buffet nach. Antwort b passt: Yolanda muss *Hand in Hand mit der Küche* (= also *in Abstimmung mit dem Küchenpersonal*) arbeiten. Antwort c passt nicht, denn das elektronische Tablet-Kassensystem wird morgens nicht eingesetzt, Sie hören *das Frühstück ist in den Zimmerpreisen drin, das muss nicht extra bezahlt werden*.

Kommentierter Modelltest   Hören Teil 2

Wichtig:

- Es geht in Hören Teil 2 immer um ein zentrales Thema, zu dem Personen verschiedene Meinungen haben.
- Sie lesen sechs Sätze. Jeder Satz fasst eine Argumentation oder Haltung zu dem Thema zusammen.
- Sie hören vier Gespräche und müssen jedem Gespräch den Satz zuordnen, der am besten dazu passt. Zwei Sätze passen zu keinem Gespräch.
- Sie hören jedes Gespräch nur einmal.
- Für jede richtige Lösung gibt es 3 Punkte, insgesamt also maximal 12 Punkte.

So könnte das Aufgabenblatt aussehen:

Hören Teil 2

Sie hören vier Gespräche. Welcher der Sätze a–f passt am besten zu welchem Gespräch? Markieren Sie Ihre Lösungen für die Aufgabe 28–31 auf dem Antwortbogen.

Lesen Sie jetzt die Sätze a–f. Dazu haben Sie eine Minute Zeit.

Danach hören Sie die Gespräche einmal.

 3   28 …

 4   29 …

30 …

31 …

a   Ablenkung gibt es im Home-Office und auch im Büro.

b   Im Home-Office hat man weniger Stress als bei der Arbeit im Büro.

c   Im Home-Office zu arbeiten erspart den Arbeitsweg.

d   Konzentriertes Arbeiten ist im Home-Office oft nicht möglich.

e   Mitarbeitern im Home-Office wird manchmal misstraut.

f   Oft fehlt im Home-Office der Austausch mit Kolleginnen und Kollegen.

Kommentierter Modelltest   Hören Teil 2

So geht's:

1   Bevor das erste Gespräch anfängt, haben Sie eine Minute Zeit, um die Sätze a–f zu lesen. Unterstreichen Sie die Schlüsselwörter und versuchen Sie, ein gemeinsames Thema zu erkennen. Hier geht es um das Thema Home-Office und allgemeine Aussagen dazu.

2   Nach einem Signal hören Sie die Ansage *Nummer 28* und das Gespräch beginnt. Hören Sie gut zu und vergleichen Sie mit den unterstrichenen Schlüsselwörtern. Sie hören meistens nicht genau dieselben Wörter, sondern ähnliche Formulierungen.

3   Im Gespräch zu Aufgabe 28 fragt Andreas, wie es Marina im Home-Office geht. Marina sieht im Home-Office für sich nur einen Nachteil: Sie vermisst *die gemeinsamen Mittagessen und die Gespräche* mit den Kollegen *in der Kaffeeküche*. Dazu passt nur Satz f: Oft fehlt im Home-Office der Austausch (= z.B. *die Gespräche in der Kaffeeküche*) *mit Kolleginnen und Kollegen*.

4   Hören Sie die Gespräche zu Aufgabe 29 bis 31 (Track 4) und gehen Sie genauso vor. Kontrollieren Sie immer kurz: Passt vielleicht ein von Ihnen schon gewählter Satz doch noch besser zu einem anderen Gespräch? Notieren Sie Ihre Lösung neben der Aufgabe und übertragen Sie sie dann auf den Antwortbogen.

5   Lösen Sie jetzt Aufgabe 29–31 (Track 4). Ihre Lösungen können Sie hier markieren:

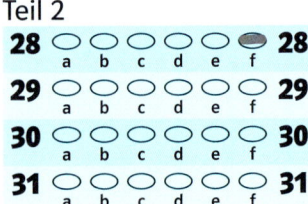

→ Mehr? Im Fertigkeitentraining finden Sie ab S. 77 Aufgaben und Tipps zu Hören Teil 2.

Sind Ihre Lösungen richtig?

29 e   *Mitarbeitern im Home-Office wird manchmal misstraut.*
Meike sagt zu Martin: *… bei euch Kollegen im Home-Office weiß man das ja nie so genau. Letzten Donnerstag habe ich um halb sechs angerufen, aber du bist nicht drangegangen.* Sie vermutet, dass Martin zu früh mit der Arbeit Schluss gemacht hat. Sie ist misstrauisch.

30 c   *Im Home-Office zu arbeiten erspart den Arbeitsweg.*
Federico ist in Home-Office, weil er über eine Stunde zu seinem Arbeitsort, also zu seinem Geschäft, und genauso lange für den Rückweg braucht. Wenn er im Home-Office arbeitet, spart er jeden Tag über zwei Stunden Zeit.

31 a   *Ablenkung gibt es im Home-Office und auch im Büro.*
Ernesto findet nicht gut, dass *alle Nase lang* (= sehr häufig hintereinander) *jemand ins Büro kommt und der Müller immer noch so laut telefoniert, dass alle mithören können und sich keiner gut konzentrieren kann.* Ansgar arbeitet im Home-Office und hat zwei kleine Kinder, er sagt: *Die Zwillinge fangen an zu laufen … das lenkt mich sehr von der Arbeit ab.*

Kommentierter Modelltest   Hören Teil 3

Wichtig:

- Sie sehen fünf Folien zu einer Präsentation und fünf Multiple-Choice-Aufgaben. Die erste Aufgabe ist immer ein Beispiel. Vier Aufgaben müssen Sie lösen.
- Sie hören eine Präsentation mit betriebsbezogenen Informationen.
- Sie müssen für jede Aufgabe entscheiden, welche der Lösungen jeweils am besten passt.
- Sie hören die Präsentation nur einmal.
- Für jede richtige Lösung gibt es 3 Punkte, insgesamt also maximal 12 Punkte.

So könnte das Aufgabenblatt aussehen:

Hören Teil 3

Sie hören gleich eine Präsentation. Dazu gibt es vier Aufgaben. Welche Lösung (a, b oder c) passt jeweils am besten? Markieren Sie Ihre Lösungen für die Aufgaben 32–35 auf dem Antwortbogen. Lesen Sie jetzt die Aufgaben. Dazu haben Sie eine Minute Zeit.

*Danach hören Sie die Präsentation **einmal**.*

▷ 5

Neue Hygieneregeln

Beispiel: Wer hält die Präsentation?
a Ein Auftraggeber
b Ein Hygiene-Experte
c Der Teamleiter

Änderungen

32 Für die Mitarbeiter ändern sich
a die meisten Auftraggeber.
b die Zeiten, in denen sie arbeiten.
c die zu erledigenden Aufgaben.

▷ 6

Bodenflächen

33 Die neuen Geräte
a ersparen einen kompletten Arbeitsgang.
b sind hygienesensibel konstruiert.
c sind kompliziert in der Anwendung.

Büro- und Personalräume

34 Die Putzkräfte müssen die Hygienetücher
a auf den Reinigungswagen legen.
b in den Büros nachfüllen.
c zur Reinigung der Schreibtische einsetzen.

Sanitärbereich

35 Das Desinfektionsmittel
a bestellt der Auftraggeber.
b bringt die Reinigungsfirma mit.
c wurde mehrfach ausgetauscht.

Kommentierter Modelltest   Hören Teil 3

So geht's:

1   Sie haben eine Minute Zeit, um die Aufgaben zu lesen und Schlüsselwörter zu unterstreichen, bevor die Präsentation beginnt. Das Beispiel ist immer schon gelöst und hilft Ihnen zu verstehen, worum es in der Präsentation geht oder wer präsentiert. Für Aufgabe 32 sind folgende Wörter wichtig:

32 Für die Mitarbeiter <u>ändern sich</u>
    a   die meisten <u>Auftraggeber</u>.
    b   die <u>Zeiten</u>, in denen sie arbeiten.
    c   die zu erledigenden <u>Aufgaben</u>.

2   Nach der Minute hören Sie ein Signal, die Präsentation beginnt und läuft ohne Pause weiter. Die Aufgaben folgen in der Reihenfolge der Präsentation. Sie müssen selbst erkennen, wann über welche Aufgabe gesprochen wird. Meistens hören Sie ähnliche Ausdrücke. Manchmal merken Sie durch eine Zwischenfrage der Zuhörer, dass über die nächste Folie und die nächste Aufgabe gesprochen wird.

3   Aus dem Beispiel wissen Sie, dass der Teamleiter die Präsentation hält. Gleich am Anfang hören Sie an verschiedenen Stellen etwas zu allen drei Lösungen von Aufgabe 32. Der Teamleiter sagt: … *eigentlich alle Unternehmen, deren Firmengebäude wir reinigen,* (= die meisten Auftraggeber) *haben ihre bestehenden Aufträge entsprechend ihrer neuen Regeln geändert.* (= die Aufgaben ändern sich) Lösung a passt also nicht, denn die Auftraggeber sind dieselben wie vorher, aber Lösung c passt, denn die zu erledigenden Aufgaben wurden geändert. Zu Lösung b hören Sie etwas später: *Wir fangen wie bisher um 17 Uhr an und machen pünktlich Schluss* – die Arbeitszeiten ändern sich also auch nicht.

4   Hören Sie weiter konzentriert zu und lesen Sie dabei immer die Aufgabe mit. Vergleichen Sie, ob das, was die Person sagt, mit der jeweiligen Lösung übereinstimmt oder nicht.
In der Prüfung können Sie Ihre Lösung zuerst auf dem Aufgabenblatt notieren und dann auf dem Antwortbogen markieren, wenn die Präsentation zu Ende ist.

5   Lösen Sie jetzt die Aufgaben 33 bis 35 (Track 6). Ihre Lösungen können Sie hier markieren:

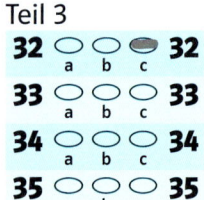

◯ Mehr? Im Fertigkeitentraining finden Sie ab S. 79 Aufgaben und Tipps zu Hören Teil 3.

Kommentierter Modelltest — Hören Teil 3

Sind Ihre Lösungen richtig?

33 a *Die neuen Geräte ersparen einen kompletten Arbeitsgang.*
Der Teamleiter sagt zu den Mitarbeitern: *Mit dem Trockendampfreiniger gewinnt ihr bei den Bodenflächen die Zeit, die ihr dann in den Büro- und Personalräumen mehr braucht, weil er ja gleichzeitig putzt und desinfiziert. Ihr müsst nicht mehr zwei Mal drüber wischen.* Die neuen Geräte ersparen also einen Arbeitsgang.
Lösung c passt nicht, *denn die Geräte sind nicht schwierig in der Anwendung, im Prinzip funktionieren sie wie Staubsauger.* Lösung b passt auch nicht, denn der Begriff *hygienesensibel* fällt zwar und der Teamleiter sagt, dass *fast alle … Auftraggeber in ihren Firmengebäuden hygienesensible Bereiche haben,* aber der Satz bezieht sich nicht auf die Geräte, sondern auf die Bereiche in den Firmen.

34 b *Die Putzkräfte müssen die Hygienetücher in den Büros nachfüllen.*
Lösung a passt nicht, denn der Teamleiter legt die Hygienetücher auf die Reinigungswaren. Er antwortet auf die Frage, ob *er* den Angestellten die Tücher auf den Reinigungswagen *packt*: *Wenn sie* (= die Hygienetücher) *da sind, sag ich euch Bescheid und mache es dann gleich.*
Lösung b passt, denn Sie hören: *Die Bürokräfte haben die Tücher in bunten Spenderboxen auf dem Schreibtisch stehen. Ihr müsst abends für Ersatz sorgen* (= nachfüllen), *wenn ihr seht, dass nur noch sehr wenige Tücher drin sind.*
Lösung c passt nicht, ein Mitarbeiter fragt nach den Schreibtischen und der Teamleiter antwortet:
Gut, dass du fragst. Die lassen wir in Zukunft in Ruhe, dafür sind nur noch die Bürokräfte selbst zuständig.

35 b *Das Desinfektionsmittel bringt die Reinigungsfirma mit.*
Lösung a passt nicht, denn auf die Nachfrage antwortet der Teamleiter, dass er die Nachfüllseife und Desinfektionsmittel *wie bisher* bestellt und *den Firmen dann in Rechnung* stellt.
Lösung b passt, denn die Reinigungsfirma bestellt das Desinfektionsmittel und bringt es dann natürlich auch mit. Lösung c passt nicht, denn das Wort *ausgetauscht* fällt zwar, aber im Zusammenhang damit, dass die Firma Wannspacher ihre *Seifenspender ausgetauscht* hat.

Kommentierter Modelltest   Hören Teil 4

Wichtig:
- Sie hören fünf Nachrichten (Mitteilungen) von Personen, die ein Anliegen oder eine Bitte haben.
- Sie lösen zu jeder Nachricht eine Multiple-Choice-Aufgabe.
- Sie hören die Nachrichten nur einmal.
- Für jede richtige Antwort gibt es 3 Punkte, insgesamt also maximal 15 Punkte.

So könnte das Aufgabenblatt aussehen:

Hören Teil 4

Sie hören fünf telefonische Mitteilungen. Zu jeder Mitteilung gibt es eine Aufgabe.
Welche Lösung (a, b oder c) passt am besten?
Markieren Sie Ihre Lösungen für die Aufgaben 36–40 auf dem Antwortbogen.
*Sie hören jede Mitteilung **einmal**.*

▷ 7   36 Tina bittet darum, dass
   - a der Kollege ein bestimmtes Kabel mitbringt.
   - b der Kollege einen Termin verschiebt.
   - c sie früher Feierabend machen kann.

▷ 8   37 Daniel kann morgen nicht arbeiten, weil er
   - a an einer Fortbildung teilnimmt.
   - b eine Erkältung hat.
   - c sein Kind betreuen muss.

   38 Frau Mirke
   - a bietet ihrem Kunden einen Rabatt an.
   - b bittet um einen baldigen Rückruf.
   - c möchte gerne grünen Spargel bestellen.

   39 Max Grün
   - a bittet um einen Besprechungstermin.
   - b möchte eine Bestellung aufgeben.
   - c reklamiert eine falsche Lieferung.

   40 Karim
   - a hat für den Betriebsausflug ein Buffet bestellt.
   - b möchte den Termin für den Betriebsausflug verschieben.
   - c schlägt ein anderes Restaurant für den Betriebsausflug vor.

Kommentierter Modelltest — Hören Teil 4

So geht's:

1 Sie bekommen vor der ersten Nachricht keine Zeit, um alle Aufgaben zu lesen. Lesen Sie deshalb während der Ansage am Anfang schon so viel wie möglich von den Aufgaben. Überlegen Sie dabei, worin genau das Anliegen oder die Bitte der Person besteht, und unterstreichen Sie die entsprechenden Schlüsselwörter:

   36 <u>Tina bittet</u> darum, dass
       a der <u>Kollege</u> ein <u>bestimmtes</u> <u>Kabel mitbringt</u>.
       b der <u>Kollege</u> einen <u>Termin</u> <u>verschiebt</u>.
       c <u>sie</u> <u>früher Feierabend</u> machen kann.

2 Sie hören etwas zu allen drei Lösungen, aber nur Lösung a passt. Tina sagt: *Bitte pack ein 3-Meter-Kabel mit flachem Stecker ein, wenn du zu unserem gemeinsamen Termin in die Südstadt fährst …* Sie möchte also, dass der Kollege ein bestimmtes Kabel mitbringt. Der Termin bleibt, deshalb passt Lösung b nicht. Am Ende sagt Tina noch: *Es wird heute wieder nichts mit einem pünktlichen Feierabend*. Sie bittet also nicht um einen früheren Feierabend, sondern stellt fest, dass das auch heute nicht klappt; Lösung c passt also auch nicht.

3 Lesen Sie in der kurzen Pause zwischen den Mitteilungen die nächste Aufgabe und unterstreichen Sie Schlüsselwörter. Vergleichen Sie dann, welche Lösung mit dem übereinstimmt, was die Person tatsächlich sagt. Notieren Sie Ihre Lösung auf dem Aufgabenblatt, oder, wenn Sie sich ganz sicher sind, markieren Sie sie direkt auf dem Antwortbogen.

4 Lösen Sie jetzt die Aufgaben 37 bis 40 (Track 8). Ihre Lösungen können Sie hier markieren:

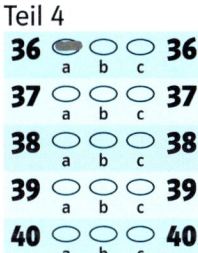

→ Mehr? Im Fertigkeitentraining finden Sie auf S. 82 Aufgaben und Tipps zu Hören Teil 4.

Sind Ihre Lösungen richtig?

37 c Daniel entschuldigt sich, sein Sohn ist krank: *deswegen muss ich auch zu Hause bleiben*. Daniel selbst hat seine üble Erkältung *überstanden*, ist also nicht krank, deshalb passt b nicht. Lösung a passt auch nicht, denn die Fortbildung ist schon vorbei.

38 b Frau Mirke sagt: *… melden Sie sich bitte umgehend, am besten telefonisch bei mir*. Lösung a passt nicht, weil sie keinen Rabatt anbietet, sondern nur eine andere Ware (grünen Spargel statt weißen), die günstiger ist. Lösung c passt nicht, weil sie selbst nichts bestellt, sondern etwas anbietet.

39 c Es geht um eine Reklamation, Max Grün sagt: *… leider ist da wieder was schiefgelaufen*. Er hatte also schon bestellt, also passt Lösung b nicht, a passt auch nicht, denn er sagt nur, dass er in der Teambesprechung das Problem der falschen Lieferungen ansprechen wird.

40 c Sie hören: *Es gibt hier eine schöne Alternative direkt am Seeufer.* Das passt zu c (schlägt ein anderes Restaurant … vor.); b passt nicht, denn Karim sagt: *Da müssten wir also den Termin für den Ausflug verschieben – aber das ist ja immer schwierig.* Das heißt, er will nicht verschieben. Lösung a passt nicht, denn das Buffet ist noch nicht bestellt, das Restaurant soll erst ein Angebot dafür machen.

Kommentierter Modelltest   Hören und Schreiben

 Der Teil Hören und Schreiben dauert ca. 5 Minuten und schließt direkt an Hören Teil 4 an.

Wichtig:

- Sie hören eine Mitteilung zu einem Angebot, zu einer Bestellung oder Buchung oder zu einer Beschwerde. Die Mitteilung enthält immer verschiedene Informationen und die Bitte, etwas zu erledigen.
- Sie lösen eine Multiple-Choice-Aufgabe (41) und schreiben eine Telefonnotiz (42–45).
- Sie hören die Mitteilung nur einmal.
- Für Aufgabe 41 gibt es 3 Punkte, für Aufgabe 42–45 6 Punkte, insgesamt also maximal 9 Punkte.

So könnte das Aufgabenblatt aussehen:

Hören und Schreiben

Sie hören eine telefonische Mitteilung. Informieren Sie Ihre Kollegin. Notieren Sie die Informationen auf dem Antwortbogen.

*Sie hören die Mitteilung **einmal**.*

41 Grund für den Anruf
Wählen Sie die richtige Lösung (a, b oder c). Markieren Sie auf dem Antwortbogen.

a Angebot
b Bestellung/Buchung
c Beschwerde

42–45 Notizen schreiben

Schreiben Sie Name, Telefonnummer, weitere Informationen und tragen Sie im Feld „zu erledigen" ein, was zu erledigen ist.

Hinweis: Für den Teil Hören und Schreiben gibt es einen eigenen Antwortbogen. Schlagen Sie in der Prüfung die richtige Seite auf und markieren Sie Ihre Antworten bzw. schreiben Sie Ihre Notizen direkt auf den Antwortbogen.
Zum Üben dieser Aufgabe können Sie Ihre Lösungen auf dem Antwortbogen auf der nächsten Seite markieren bzw. dort notieren.

Kommentierter Modelltest — Hören und Schreiben

So geht's:

1 Sie haben nach der Ansage 30 Sekunden Zeit, um sich den Antwortbogen anzusehen, dann fängt die Mitteilung an. Achten Sie für Aufgabe 41 beim Hören auf Ausdrücke, die zu einem Angebot, einer Bestellung/Buchung oder einer Beschwerde passen. Manchmal können Sie den Grund für den Anruf aber auch erst klar erkennen, wenn Sie die Mitteilung ganz gehört haben.

2 Notieren Sie die Informationen für die Aufgaben 42–45 direkt auf dem Antwortbogen. Es ist möglich, dass Sie die Informationen in der Mitteilung nicht in der Reihenfolge der Aufgaben hören, eventuell hören Sie die Telefonnummer erst am Schluss oder was zu erledigen ist schon gleich am Anfang. Notieren Sie den Namen (Aufgabe 42) am besten erst dann, wenn er buchstabiert wird.

3 Lassen Sie sich bei Aufgabe 44 „Weitere Informationen" nicht von der Anzahl der vorgegebenen Gliederungspunkte irritieren. Sie müssen nicht alles, was gesagt wird, notieren, sondern nur die wichtigsten Informationen.

 9 4 Hören Sie jetzt die Mitteilung und markieren und notieren Sie Ihre Lösungen für die Aufgaben 41–45 an der richtigen Stelle auf dem Antwortbogen.

Hören und Schreiben

Telefonnotiz

41 Grund für den Anruf
- a ○ Angebot
- b ○ Bestellung/Buchung
- c ○ Beschwerde

42 Namen
- Frau/Herr _____
- Firma: Musterfirma GmbH

43 Kontakt
Telefon _____

44 Weitere Informationen
-
-
-
-
-

45 Zu erledigen
-

➡ Mehr? Im Fertigkeitentraining finden Sie ab S. 83 Aufgaben und Tipps zu Hören und Schreiben.

Sind Ihre Lösungen richtig?

➡ Die Lösungen finden Sie auf S. 144.

Kommentierter Modelltest   Sprachbausteine Teil 1

 Für Sprachbausteine Teil 1 und Teil 2 sowie den Teil Schreiben haben Sie insgesamt 35 Minuten Zeit.
Sie können entscheiden, in welcher Reihenfolge Sie die Teile bearbeiten.
Planen Sie ca. 7 Minuten für Sprachbausteine Teil 1 ein.

Wichtig:

- Sie lesen eine E-Mail, z.B. eine Nachfrage zu einer Bewerbung, mit sechs Lücken.
  Darunter lesen Sie 10 Wörter.
- Sie lösen sechs Zuordnungs-Aufgaben: In jede Lücke passt nur ein Wort, vier Wörter bleiben übrig.
- Für jede richtige Lösung gibt es 0,5 Punkte, insgesamt also maximal 3 Punkte.

So könnte das Aufgabenblatt aussehen:

Sprachbausteine Teil 1

Lesen Sie den folgenden Text. Welche Wörter a–j passen am besten in die Lücken 46–51? Sie können jedes Wort im Kasten nur einmal verwenden. Nicht alle Wörter passen in den Text.
Markieren Sie Ihre Lösungen auf dem Antwortbogen.

Betreff: Meine Bewerbung vom 27.3., Stellenzeichen JU-2022

Sehr geehrte Damen und Herren,
vor einiger Zeit habe ich mich bei Ihnen auf die Stelle als Erzieher beworben und eine Einladung zu einem Vorstellungsgespräch am fünften Mai erhalten, __46__ ich mich sehr gefreut habe. Dürfte ich Sie __47__ bitten, das Gespräch zu verschieben, __48__ ich genau an diesem Tag meine letzte mündliche Prüfung absolvieren muss? Wenn das Gespräch nicht __49__ der Prüfungszeit stattfinden würde, sondern erst danach, wäre ich sehr dankbar. __50__ dem fünften Mai bin ich flexibel.
Anbei schicke ich Ihnen außerdem wie telefonisch besprochen die Referenz meiner derzeitigen Praktikumsanleiterin. Das Abschlusszeugnis erhalte ich __51__ nach der mündlichen Prüfung und werde es Ihnen dann so schnell wie möglich nachreichen.

Vielen Dank für Ihr Verständnis.

Mit freundlichen Grüßen
Jonathan Spielberger

---

a	AB	e	NUN	i	WEIL
b	DEMNÄCHST	f	SEIT	j	WORÜBER
c	DESWEGEN	g	TROTZDEM		
d	ERST	h	WÄHREND		

Kommentierter Modelltest   Sprachbausteine Teil 1

So geht's:

1   Lesen Sie die Wörter im Kasten unter der E-Mail. Lesen Sie dann die E-Mail bis zum ersten Lückensatz. Vielleicht fällt Ihnen gleich ein Wort ein, das in die Lücke passen könnte. Wählen Sie das Wort aus dem Kasten aus, das die Lücke von der Bedeutung und Grammatik her sinnvoll ergänzt.

2   Lücke 46 steht am Satzanfang, der Satz ist ein Nebensatz, in dem die Reaktion auf die im Hauptsatz genannte Tatsache dargestellt wird. In diese Lücke passt *worüber*, ein Konnektor, der den Nebensatz einleitet und sich auf den Hauptsatz davor bezieht. Schreiben Sie j neben die Zahl 46 in der Lücke und streichen Sie unten im Kasten WORÜBER durch, dieses Wort kann nicht mehr die Lösung für eine andere Lücke sein.

3   Gehen Sie dann weiter so vor: Lückensatz immer bis zum Ende lesen, für ein passendes Wort entscheiden und die Lösung notieren, wenn Sie sich sicher sind. Wenn Sie für eine Lücke nicht gleich die Lösung finden, markieren Sie die Lücke mit einem Fragezeichen und machen mit der nächsten Lücke weiter. Wenn Sie am Ende noch Zeit haben, können Sie noch einmal versuchen, die Lücken mit den Fragezeichen zu lösen.

4   Sie haben insgesamt nur 35 Minuten Zeit für *Sprachbausteine* Teil 1 und Teil 2 und *Schreiben*. Sie können entscheiden, in welcher Reihenfolge Sie diese Teile bearbeiten. Sie könnten also auch zuerst den Teil *Schreiben* bearbeiten. Wenn Sie die Sprachbausteine zuerst bearbeiten, lassen Sie sich nicht zu viel Zeit. Beginnen Sie rechtzeitig mit dem Teil Schreiben.

5   Lösen Sie jetzt die Aufgaben 47–51. In der Prüfung müssen Sie Ihre Lösungen auf dem Antwortbogen markieren. Zum Üben können Sie Ihre Lösungen für die Aufgaben 47–51 hier markieren:

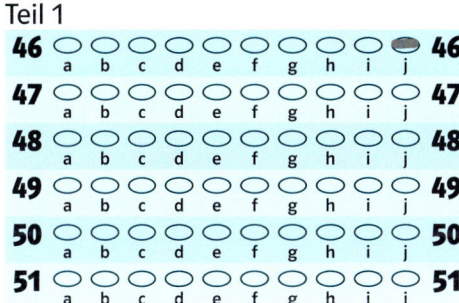

▶ Mehr? Im Fertigkeitentraining finden Sie ab S. 87 Aufgaben und Tipps zu Sprachbausteine 1.

Sind Ihre Lösungen richtig?

47 e   nun
Hier passt ein Ausdruck für eine Zeit. *Trotzdem* passt nicht, weil hier kein Widerspruch ausgedrückt wird.

48 i   weil
Hier passt ein Konnektor für einen Nebensatz (das konjugierte Verb steht am Ende), der eine Begründung ausdrückt.

49 h   während
Hier geht es wieder um einen Zeitraum, und zwar um Gleichzeitigkeit.

50 a   ab
Auch vor einem Datum muss eine temporale Präposition stehen. Es geht um einen Zeitpunkt in der Zukunft und die Zeit danach, deshalb passt *ab*.

51 d   erst
Hier betont der Bewerber, dass er das Zeugnis noch nicht hat und es *erst* später bekommen wird.

Kommentierter Modelltest Sprachbausteine Teil 2

 Planen Sie ca. 7 Minuten für Sprachbausteine Teil 2 ein.

Wichtig:

- Sie bekommen einen Lückentext und sechs Multiple-Choice-Aufgaben.
- Der Text ist eine Nachfrage oder ein Angebot, z.B. zu einem Produkt oder einer Dienstleistung.
- Zu jeder Lücke gibt die Multiple-Choice-Aufgabe drei Ausdrücke zur Auswahl. Sie müssen den auswählen, der die Lücke sinnvoll ergänzt.
- Für jede richtige Lösung gibt es 0,5 Punkte, insgesamt also maximal 3 Punkte.

So könnte das Aufgabenblatt aussehen:

Sprachbausteine Teil 2

Lesen Sie den folgenden Text. Welcher Ausdruck (a, b oder c) passt am besten in die Lücken 52–57? Markieren Sie Ihre Lösungen auf dem Antwortbogen.

Angebot

Sehr geehrter Herr Hornung,

vielen Dank für __52__ zu unserer Gewerbe-Kühl-Gefrierkombination M53.

Wir bieten mit unserer Gewerbe-Kühl-Gefrierkombination ein zu __53__ passendes Produkt, das Sie schnell zum Einsatz bringen können.

Im beiliegenden Angebot finden Sie unsere __54__ mit den Lieferbedingungen. In unserer Preiskalkulation konnten wir innerhalb der von Ihnen __55__ bleiben.
Unser neuer Katalog geht Ihnen noch per Post zu.

Wir können Ihnen die Gewerbe-Kühl-Gefrierkombination M53 spätestens drei Wochen nach der von Ihnen __56__ liefern.

Wir würden uns über Ihre Bestellung sehr freuen und garantieren Ihnen __57__ nach Ihren Wünschen.

Mit freundlichen Grüßen
Jennifer Gruber

---

52 a Ihre Anfrage
    b Ihre Bestellung
    c Ihren Auftrag

53 a Ihrem geäußerten Wunsch
    b Ihren großen Bemühungen
    c Ihrer letzten Rechnung

54 a aktuelle Preisliste
    b neue Sendungsnummer
    c überarbeiteten Planungen

55 a ausstehenden Schulden
    b bezahlten Summe
    c genannten Preisvorgabe

56 a ausgefüllten Schadensmeldung
    b erfolgten Auftragserteilung
    c ungerechtfertigten Reklamation

57 a eine sofortige Stornierung
    b eine termingerechte Lieferung
    c einen pünktlichen Abtransport

Kommentierter Modelltest   Sprachbausteine Teil 2

So geht's:

1   Lesen Sie zuerst die Überschrift: Um was für ein Schreiben aus dem beruflichen Alltag handelt es sich? Ist der Text zum Beispiel ein Angebot oder eine Anfrage? Das ist wichtig, denn in den Sprachbausteinen 2 geht es um typische Ausdrücke in diesen Textsorten. Hier ist es ein Angebot von einem Unternehmen (Anbieter) an einen Kunden.

2   Lesen Sie den ganzen Text einmal schnell durch.

3   Lesen Sie dann den Text Satz für Satz genau und überlegen Sie bei jeder Lücke, welcher Ausdruck a, b oder c diese Lücke am besten ergänzt. Die Ausdrücke sind an sich richtig, aber nur einer passt in den Kontext und ergänzt den Satz sinnvoll.

4   Im Satz mit der Lücke 52 bedankt sich der Anbieter für etwas. Der Text ist ein Angebot, deshalb kann nur Lösung a *Ihre Anfrage* passen. Lösung b und c passen auch sprachlich nicht, denn nach der Lücke steht *zu*, das passt nicht zu *Ihre Bestellung* oder *Ihren Auftrag*.

5   Wenn Sie für eine Lücke nicht gleich die Lösung finden, markieren Sie sie mit einem Fragezeichen und machen mit der nächsten Lücke weiter. Wenn Sie am Ende noch Zeit haben, können Sie noch einmal versuchen, die Lücken mit den Fragezeichen zu lösen. Markieren Sie auf jeden Fall eine Lösung auf dem Antwortbogen.

6   Wenn Sie die Sprachbausteine zuerst bearbeiten, lassen Sie sich nicht zu viel Zeit. Beginnen Sie rechtzeitig mit dem Teil Schreiben.

7   Lösen Sie jetzt die Aufgaben 53–57. In der Prüfung müssen Sie zum Schluss alle Lösungen auf dem Antwortbogen markieren. Zum Üben können Sie Ihre Lösungen hier markieren:

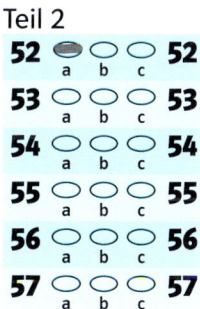

➔ Mehr? Im Fertigkeitentraining finden Sie ab S. 89 Aufgaben und Tipps zu Sprachbausteine 2.

Kommentierter Modelltest   Sprachbausteine Teil 2

Sind Ihre Lösungen richtig?

53 a *Wir bieten mit unserer Gewerbe-Kühl-Gefrierkombination ein zu __53__ passendes Produkt, …*
Zu was passt das Produkt? Ausdruck a *Ihrem geäußerten Wunsch* ergänzt die Lücke sinnvoll. Ausdruck b passt nicht, denn ein *zu Ihren Bemühungen passendes Produkt* ist nicht logisch, genauso wenig wie ein *zu Ihrer letzten Rechnung passendes Produkt*.

54 a *Im beiliegenden Angebot finden Sie unsere __54__ mit den Lieferbedingungen.*
Was könnte ein Angebot neben den Lieferbedingungen enthalten? Ausdruck a *aktuelle Preisliste* passt. Ausdruck b *neue Sendungsnummer* ist nicht logisch, denn eine Sendenummer schickt man vielleicht, nachdem man bestellte Ware versendet hat, aber noch nicht in einem Angebot. Auch Ausdruck c *überarbeiteten Planungen* passt nicht in den Kontext.

55 c *In unserer Preiskalkulation konnten wir innerhalb der von Ihnen __55__ bleiben.*
Innerhalb der was konte der Anbieter bei der Preiskalkulation bleiben? Ausdruck a *ausstehenden Schulden* passt nicht, denn hier geht es ja um ein neues Angebot für eine neue Bestellung nicht um eine Rechnung für eine vergangene Bestellung, die man noch nicht bezahlt hat (= Schulden haben). Genauso wenig passt Ausdruck b *bezahlten Summe*, der Kunde interessiert sich erst einmal für das Gerät, hat es aber noch nicht bestellt und daher auch noch keine Summe bezahlt. Nur Ausdruck c *genannten Preisvorgabe* ergänzt die Lücke sinnvoll. In seiner Anfrage hat der Kunde wahrscheinlich geschrieben, wie viel er maximal bezahlen möchte, daraufhin hat der Anbieter der Kühl-Gefrierkombination die Preise kalkuliert und schreibt dem Kunden in diesem Angebot, dass er *innerhalb der von Ihnen genannten Preisvorgabe* bleiben konnte.

56 b *Wir können Ihnen die Gewerbe-Kühl-Gefrierkombination M53 spätestens drei Wochen nach der von Ihnen __56__ liefern.*
Was muss passieren, bevor der Anbieter das Gerät liefert? Der Kunde muss den Auftrag erteilen – Ausdruck b *erfolgten Auftragserteilung* passt. Ausdruck a *ausgefüllten Schadensmeldung* und Ausdruck c *ungerechtfertigten Reklamation* passen nicht, denn das Gerät ist ja noch nicht geliefert, daher kann der Kunde weder einen Schaden am Gerät noch eine Reklamation melden.

57 b *Wir würden uns über Ihre Bestellung sehr freuen und garantieren Ihnen __57__ nach Ihren Wünschen.*
Was garantiert der Anbieter nach der Bestellung? Hier passt nur Ausdruck b *eine termingerechte Lieferung*. Weder Ausdruck a *eine sofortige Stornierung* noch Ausdruck c *einen pünktlichen Abtransport* ergänzen die Lücke sinnvoll. Der Anbieter erhofft sich in diesem Satz eine Bestellung, eine Stornierung ist das Gegenteil. Abtransport würde bedeuten, das Gerät ist schon beim Kunden und der Anbieter transportiert es von dort weg. Das Gegenteil, und genau das erhofft und garantiert der Anbieter, ist eine Lieferung des Geräts zum Kunden.

Kommentierter Modelltest Schreiben

 Planen Sie für den Teil Schreiben mindestens 20 Minuten ein.

Wichtig:

- Sie sollen einen Beitrag für das Forum Ihrer Firma schreiben.
- Sie bekommen zwei Themen zur Auswahl.
- Für den Teil *Schreiben* bekommen Sie maximal 14 Punkte dafür, wie Sie die Aufgabe umsetzen. Außerdem wird Ihr Forumsbeitrag zusammen mit Ihrer E-Mail im Teil *Lesen und Schreiben* nach verschiedenen weiteren Kriterien bewertet (siehe S. 8).

So könnte das Aufgabenblatt aussehen:

Schreiben

58 *Wählen Sie eines der folgenden Themen.*

*In Ihrer Firma können sich alle Mitarbeiterinnen und Mitarbeiter in einem Forum miteinander austauschen. Schreiben Sie einen Forumsbeitrag zu Thema A **oder** B.*

Begründen Sie Ihre Meinung und nennen Sie passende Beispiele. Gliedern Sie Ihren Text in sinnvolle Abschnitte.

> **Thema A: „Nur noch vegetarische Speisen in der Kantine"**
>
> Alle Mitarbeiterinnen und Mitarbeiter in Ihrer Firma sollen in der Kantine nur noch zwischen fleischlosen Gerichten wählen können. Alles soll Bioqualität haben und dafür etwas mehr kosten.

oder

> **Thema B: „Weiterbildung"**
>
> Alle Mitarbeiterinnen und Mitarbeiter Ihrer Firma sollen an einer Weiterbildung teilnehmen. Die Weiterbildung sollen Sie selbst bezahlen, aber sie findet während der Arbeitszeit statt.

Hinweis:
Auf dem Aufgabenblatt gibt es Platz für Notizen. Hier können Sie Ihre Ideen notieren – schreiben Sie Ihren Forumsbeitrag aber am besten direkt auf den Antwortbogen.

Platz für Notizen

Kommentierter Modelltest   Schreiben

So geht's:

1 Lesen Sie die beiden Themen und entscheiden Sie sich schnell entweder für Thema A oder für Thema B.

2 Überlegen Sie kurz: Welche Meinung haben Sie zu dem Thema? Sind Sie dafür oder dagegen oder unentschlossen? Und warum? Notieren Sie Ihre Ideen und passende Beispiele, die Ihre Meinung belegen. Für Thema A könnten Notizen so aussehen:

Platz für Notizen
fleischloses Essen, Bio gesünder
Schlachtbetriebe: Tierquälerei!
Arbeitsbedingungen!
Firma zeigt: Gesundheit v. Mitarbeitern wichtig
teurer ok für Bio
Essen mitbringen, wenn dagegen

3 Schreiben Sie am Anfang Ihres Forumsbeitrags einen Einleitungssatz und nennen Sie das Thema. Sie müssen in Ihrem Beitrag nicht alle möglichen Vor- und Nachteile abwägen, sondern Ihre Meinung zum Thema klar darstellen und begründen.

4 Verbinden Sie Ihre Sätze und Ideen durch passende Konnektoren und andere Strukturen und machen Sie nach jeder neuen Idee oder nach einem neuen Argument einen Absatz. Achten Sie auf die Rechtschreibung und die passenden Satzzeichen.

5 Schreiben Sie jetzt einen Forumsbeitrag zu Thema A oder Thema B. In der Prüfung müssen Sie Ihren Beitrag auf den Antwortbogen schreiben. Zum Üben können Sie Ihren Beitrag hier schreiben:

58 Schreiben

Kommentierter Modelltest   Schreiben

➔ Mehr? Im Fertigkeitentraining finden Sie ab S. 91 Aufgaben und Tipps zum Teil Schreiben.

Sind Ihre Lösungen richtig?

➔ Ein Beispiel für einen Forumsbeitrag zu beiden Themen finden Sie auf S. 144.

Kommentierter Modelltest   Sprechen Teil 1

 Teil 1A: ca. 2 Minuten pro Teilnehmer/in (TN).
Teil 1B: ca. 2 Minuten pro TN.
Teil 1C: ca. ½ Minute pro TN.

Wichtig:

- Sie haben direkt vor der mündlichen Prüfung keine Vorbereitungszeit.
- Sie bekommen zwei Themen zur Auswahl: In Teil 1A sprechen Sie über ein Thema, in Teil 1B stellt Ihnen die Prüferin / der Prüfer Fragen dazu, in Teil 1C muss Ihre Partnerin / Ihr Partner einen Aspekt Ihrer Antworten in Teil 1B erläutern.
- Es wird bewertet, wie Sie die Aufgabe bewältigen. Dafür bekommen Sie für Teil 1A und Teil 1B jeweils maximal 5 Punkte und für Teil 1C maximal 2 Punkte.
- Achten Sie auch auf Ihre Aussprache, die Korrektheit, einen abwechslungsreichen Wortschatz sowie verschiedene grammatische Strukturen, denn dafür bekommen Sie auch Punkte (siehe S. 8).

So könnte das Aufgabenblatt aussehen:

Teilnehmer/in A

Teil 1A Über ein Thema sprechen (ca. 2 Minuten pro TN)

Wählen Sie ein Thema aus und sprechen Sie ca. zwei Minuten darüber. Zeigen Sie, was Sie können.

Beschreiben Sie die **Ereignisse und Erfahrungen**, die Ihre **Berufswahl** beeinflusst haben (z. B. Stationen, wichtige Personen, Motivation, Folgen).

oder

Beschreiben Sie, worauf es bei einem **Bewerbungsgespräch** ankommt. Sprechen Sie über ein Land Ihrer Wahl (z. B. Berufsfeld, Vorbereitung, Kleidung, typische Fragen).

Teilnehmer/in B

Teil 1A Über ein Thema sprechen (ca. 2 Minuten pro TN)

Wählen Sie ein Thema aus und sprechen Sie ca. zwei Minuten darüber. Zeigen Sie, was Sie können.

Beschreiben Sie **einen Arbeitgeber**, für den Sie gearbeitet haben oder arbeiten möchten (z. B. Branche, Produkte und Dienstleistungen, Abteilungen und ihre Aufgaben, Besonderheiten).

oder

Sie möchten sich **selbstständig** machen. Beschreiben Sie Ihre **Geschäftsidee** (z. B. welches Produkt/welche Dienstleistung, Besonderheiten, Zielgruppe).

Kommentierter Modelltest Sprechen Teil 1

> **Teil 1B** Prüferfragen (ca. 2 Minuten pro TN)
> *Im Anschluss an Ihre Ausführungen stellt Ihnen die Prüferin bzw. der Prüfer Fragen. Während Sie sprechen, macht sich Ihre Gesprächspartnerin bzw. Ihr Gesprächspartner Notizen.*
>
> **Teil 1C** Erläuterung eines Aspekts (ca. ½ Minute pro TN)
> *Die zweite Prüferin/der zweite Prüfer bittet Ihre Gesprächspartnerin bzw. Ihren Gesprächspartner, einen Aspekt aus Ihren Antworten zu erläutern. Zum Beispiel mit diesen Worten: „TN A/B hat über … gesprochen. Das habe ich leider nicht ganz verstanden. Können Sie mir das noch einmal erläutern?"*

So geht's:

Teil 1A (für TN A)
1 Bevor Sie in der Prüfung das Thema auswählen, fordert Sie die Prüferin / der Prüfer auf, sich kurz vorzustellen. Diese Vorstellung wird nicht bewertet.

2 Danach wählt Teilnehmer/in A ein Thema aus und beginnt. Ganz wichtig: In der Prüfung müssen Sie unbedingt frei sprechen, lernen Sie also nichts auswendig!

Teil 1B (für TN A) (TN B macht Notizen)
3 Nachdem Sie über Ihr Thema gesprochen haben, stellt Ihnen die Prüferin / der Prüfer Fragen dazu. Antworten Sie ausführlich darauf. Versuchen Sie, so klar wie möglich zu sprechen – denn Ihre Prüfungspartnerin / Ihr Prüfungspartner muss sich Notizen zu Ihren Antworten machen.

Teil 1C (für TN B)
4 Wenn TN A mit Teil 1B fertig ist, bittet die Prüferin / der Prüfer TN B einen Aspekt der Antworten von TN A aus Teil 1B zu erläutern. Wichtig ist hier, dass Sie in eigenen Worten erläutern, was die / der andere TN gesagt hat bzw. was Sie davon verstanden haben.

Teil 1A (für TN B)
5 Im Anschluss daran bekommt TN B zwei Themen zur Auswahl und spricht über eins davon.

Teil 1B (für TN B) (TN A macht Notizen)
6 TN B beantwortet Fragen der Prüferin / des Prüfers zu dem Thema. TN A macht sich Notizen.

Teil 1C (für TN A)
7 Die Prüferin / Der Prüfer bittet TN A einen Aspekt der Antworten von TN B aus Teil 1B zu erläutern.

➔ Mehr? Im Fertigkeitentraining finden Sie ab S. 95 Aufgaben und Tipps zu Sprechen Teil 1.

So könnte Sprechen Teil 1 ablaufen:

 10 Hören Sie ein Beispiel.

Kommentierter Modelltest Sprechen Teil 2

 ca. 3 Minuten, also ca. 1 ½ Minuten pro TN.

Wichtig:

- Sie bekommen ein Aufgabenblatt mit zwei Fragen und sollen zusammen ein Gespräch führen wie Kolleginnen und Kollegen in der Pause.
- Es wird bewertet, wie Sie die Aufgabe bewältigen. Dafür bekommen Sie maximal 8 Punkte.
- Achten Sie auch auf Ihre Aussprache, die Korrektheit, einen abwechslungsreichen Wortschatz und verschiedene grammatische Strukturen, denn dafür bekommen Sie auch Punkte (siehe S. 8).

So könnte das Aufgabenblatt aussehen:

Teilnehmer/in A und B

Teil 2 Mit Kolleginnen und Kollegen sprechen (ca. 3 Minuten)

> Ich pendle täglich über eine Stunde mit dem Bus zur Arbeit.
> Wie sieht es bei dir aus?
>
> 1

> Was machst du im Sommer, hast du schon Pläne für den Urlaub?
>
> 2

So geht's:

1 Sie bekommen das Aufgabenblatt, dann fordert die Prüferin / der Prüfer eine / einen von Ihnen auf, das Gespräch zu beginnen.

2 Um das Gespräch zu beginnen, können Sie die Frage ablesen, dann sollen Sie aber frei sprechen. Hören Sie zu, was Ihre Partnerin / Ihr Partner sagt, gehen Sie darauf ein, fragen Sie nach und führen Sie ein richtiges Gespräch. Sprechen Sie beide ungefähr gleich viel.

➔ Mehr? Im Fertigkeitentraining finden Sie ab S. 101 Aufgaben und Tipps zu Sprechen Teil 2.

So könnte Sprechen Teil 2 ablaufen:

 11 Hören Sie ein Beispiel.

Kommentierter Modelltest — Sprechen Teil 3

 ca. 4 Minuten

Wichtig:

- Sie bekommen das Aufgabenblatt mit einer Situation am Arbeitsplatz sowie vier Stichpunkten zu Aspekten der Situation.
- Sie und Ihre Partnerin / Ihr Partner sollen wie Kolleginnen und Kollegen auf der Arbeit angemessen über die Situation sprechen und mögliche Lösungswege diskutieren.
- Es wird bewertet, wie Sie die Aufgabe bewältigen. Dafür bekommen Sie maximal 10 Punkte.
- Achten Sie auch auf Ihre Aussprache, die Korrektheit, einen abwechslungsreichen Wortschatz und verschiedene grammatische Strukturen, denn dafür bekommen Sie auch Punkte (siehe S. 8).

So könnte das Aufgabenblatt aussehen:

Teilnehmer/in A und B

Teil 3 Lösungswege diskutieren (ca. 4 Minuten)

Situation
Sie arbeiten an der Rezeption von einem Hotel und verwenden dort seit einiger Zeit ein neues Computerprogramm für die Buchungen. Es ist aber schon mehrmals vorgekommen, dass für Gäste, die gebucht hatten, kein Zimmer reserviert war.

Aufgabe
Überlegen Sie zusammen mit Ihrer Gesprächspartnerin oder Ihrem Gesprächspartner, wie Sie in dieser Situation angemessen reagieren.

Diese Stichpunkte helfen Ihnen:

Computerprogramm: was tun?
___

Gäste: wie reagieren? was anbieten?
___

Programmierfirma: wie kontaktieren? was fordern?
___

langfristig:
welches Buchungssystem? welche Programmierfirma?
___

... ?

Kommentierter Modelltest   Sprechen Teil 3

So geht's:

1   Lesen Sie die Situation, die Aufgabe und die Stichwörter kurz durch. Überlegen Sie auch, wo und in welchem Beruf Sie und Ihre Partnerin / Ihr Partner in dieser Situation arbeiten.

2   Eine / Einer von Ihnen beginnt das Gespräch. Fassen Sie als Einleitung ganz kurz das Problem zusammen.

3   Besprechen Sie dann gemeinsam, wie Sie das Problem lösen könnten. Machen Sie Vorschläge, reagieren Sie auf das, was Ihre Partnerin / Ihr Partner sagt und vorschlägt. Klären Sie im Gespräch, was zu tun ist, und wer welche Aufgaben übernimmt.

4   Die Stichpunkte sind eine Hilfestellung, Sie müssen nicht über alle sprechen.

5   Achten Sie darauf, dass keiner die/den anderen dominiert: Sprechen Sie beide ungefähr gleich viel.

→ Mehr? Im Fertigkeitentraining finden Sie ab S. 103 Aufgaben und Tipps zu Sprechen Teil 3.

So könnte Sprechen Teil 3 ablaufen:

 12   Hören Sie ein Beispiel.

Fertigkeitentraining

Fertigkeitentraining   Lesen Teil 1

In Lesen Teil 1 lesen Sie Aussagen über fünf Personen, die sich für bestimmte Informationen zum Arbeitsmarkt interessieren, und acht kurze Zusammenfassungen von Artikeln über verschiedene Arbeitsmarktthemen. Sie müssen jeder Person den jeweils passenden Artikel zuordnen. Drei Artikel bleiben übrig.

Wichtige Strategien für diesen Teil sind:
- Die Schlüsselwörter in den Aussagen erkennen.
- Die Artikel überfliegen und dabei die Hauptinhalte erkennen.
- Ähnliche Schlüsselwörter in Aussage und Artikel vergleichen und sich für eine Lösung entscheiden.

1   Die Schlüsselwörter in den Aussagen erkennen

a   Lesen Sie die Aussagen und unterstreichen Sie die Schlüsselwörter.

> 1. Kim interessiert sich für eine Ausbildung im IT-Bereich.
> 2. Marie sucht Ideen, um für ihr neu eröffnetes Restaurant zu werben.
> 3. Sevim ist noch unsicher, wo sie nach Abschluss ihrer Ausbildung arbeiten möchte.

 Weniger ist mehr! Unterstreichen Sie nicht zu viele Wörter, sondern versuchen Sie, die wichtigsten Schlüsselwörter zu finden.

b   Lesen Sie die Tipps zum Erkennen von Schlüsselwörtern. Welche Aussagen von 1a passen zu welchem Tipp? Notieren Sie die Nummern. Manchmal passen mehrere Aussagen.

a   *Ideen*, *Restaurant* und *werben* sind wichtig. Dass das Restaurant *neu eröffnet* ist, ist nur ein Detail, das man für die Lösung nicht braucht. ....

b   Der Name ist nicht wichtig. Wichtig ist, für welche Information sich die Person interessiert. ....

c   Auch das Verb am Anfang der Aussage ist meistens unwichtig, denn es ist immer ein Synonym für „Informationen suchen" (*fragt sich, überlegt, denkt darüber nach, interessiert sich für …*) bzw. ein Synonym dafür, was jemand vorhat (*will, plant, denkt darüber nach …*). ....

d   Wichtig sind meistens die Informationen weiter hinten im Satz. ....

e   Achten Sie bei Aussagen mit denselben oder ähnlichen Schlüsselwörtern auf die Unterschiede – denn man braucht andere Informationen, wenn man sich für eine Ausbildung interessiert, als wenn man eine Ausbildung schon abgeschlossen hat. ....

Fertigkeitentraining Lesen Teil 1

c Unterstreichen Sie Schlüsselwörter in den Aussagen und den Sätzen a bis d. Verbinden Sie dann: Wer sucht welche Information?

1. Jakob will wissen, wie man Elektriker wird.
2. Eva überlegt, ob sie einen Elektrobetrieb eröffnen soll.

a Die Person will sich selbstständig machen.
b Die Person sucht Informationen darüber, wie man den Beruf des Elektrikers erlernen kann.
c Texte über Firmengründungen sind interessant für diese Person.
d Die Person sucht Informationen über eine Ausbildung.

2 Die Artikel überfliegen und dabei die Hauptinhalte erkennen

Überfliegen Sie die Artikel: Um welchen Hauptinhalt geht es? Kreuzen Sie an.

> Überfliegendes Lesen ist schnelles Lesen. Versuchen Sie, den Hauptinhalt zu verstehen.

a Start-ups sehr beliebt
Hier ist die Teamleitung oft so jung, dass Verwechslungsgefahr mit den Praktikanten besteht. Und neben der Chance auf schnellen Erfolg besteht auch immer die Gefahr zu scheitern. Aber wo sonst kann man als Berufseinsteiger so viel lernen? Lesen Sie hier einen Erfahrungsbericht.   *mehr*

Hauptinhalt: ☐ Praktika in Start-ups   ☐ Karrierebeginn in einem Start-up

b Karriere in Handwerksberufen
Hilfe, der Badewannenabfluss ist verstopft: Da muss ein Profi her! Aber auf einen Termin wartet man lange, denn im Handwerk fehlt der Nachwuchs. Wir verraten Ihnen, welche Berufe am gefragtesten sind, welche Ausbildungswege es gibt und welche Unternehmen die besten Aussichten auf beruflichen Erfolg bieten.   *mehr*

Hauptinhalt: ☐ Ausbildung im Handwerk   ☐ Zeitmanagement von Handwerkern

c Von der Garage zum Millionenimperium
Geschichten über geniale Businessideen und den kometenhaften Aufstieg von Bastlerinnen oder Nerds zu millionenschweren Branchenriesen gibt es viele. Aber entsprechen Sie auch der Wahrheit? Unsere Autorin hat Details zu bekannten Firmenlegenden recherchiert und überrascht mit einigen bisher unbekannten Fakten.   *mehr*

Hauptinhalt: ☐ Finanztipps für Unternehmer   ☐ Lukrative Geschäftskonzepte

> Sie verstehen manche Wörter in dem Artikel (z.B. kometenhaft) nicht? Lesen Sie weiter! Um den Hauptinhalt zu verstehen und die Aufgabe zu lösen, müssen Sie nicht jedes Wort verstehen.

3 Ähnliche Schlüsselwörter vergleichen und sich für eine Lösung entscheiden

a Unterstreichen Sie Schlüsselwörter in der Aussage zu Nour.

Nour interessiert sich für Erfolgsgeschichten aus der Wirtschaft.

b Welcher Artikel aus 2a passt zu Nour? Notieren Sie Schlüsselwörter, an denen Sie die Lösung erkannt haben.

Artikel .... passt. Die Schlüsselwörter .... in der

Aussage zur Nour bedeuten dasselbe wie die Schlüsselwörter ....

in Artikel ....

55

Fertigkeitentraining   Lesen Teil 1

c Warum passen die anderen Artikel mit ähnlichen Schlüsselwörtern nicht? Ergänzen Sie die Erklärung zur Lösung von 3a.

Schlüsselwörter in der Aussage zu Nour sind: ....

In Artikel a lesen Sie ähnliche Wörter .... Aber dieser Artikel passt nicht. Es gibt auch *die Gefahr des Scheiterns*, deshalb sind Startups nicht automatisch *erfolgreiche Unternehmen*. Außerdem ist der Hauptinhalt des Artikels, dass Startups für junge Leute attraktive Arbeitgeber sind.

In Artikel .... lesen Sie: *beste Aussichten auf beruflichen Erfolg*, also auch ein ähnliches Wort wie *erfolgreich*. Aber hier geht es um einen anderen Hauptinhalt, nämlich um Möglichkeiten der Ausbildung im Handwerk. Dieser Artikel passt also auch nicht.

Artikel c passt, denn insgesamt geht es um lukrative Geschäftsideen und Sie lesen: .... , ... , das bedeutet ungefähr dasselbe wie *Erfolgsgeschichten aus der Wirtschaft*.

 Manchmal sind Wörter in einer Aussage und einem Artikel identisch oder in einer anderen Wortart (z. B. *erfolgreich – Erfolg*). Das bedeutet aber nicht automatisch, dass dieser Artikel zu der Person passt. Achten Sie immer auf den Hauptinhalt des Artikels.

4 Strategien auswählen und anwenden

a Lesen Sie die drei Strategien und probieren Sie eine davon in 4c aus.

1. **Die intuitive Strategie:** Sobald Sie in einem Artikel einen Hauptinhalt erkennen, der eventuell zu einer von den fünf Personen passt, lesen Sie diesen Artikel und die Aussage zu dieser Person noch einmal genau und kontrollieren Sie, ob sie wirklich zusammenpassen. Dann lösen Sie die nächste Aufgabe.

2. **Die systematische Strategie:** Diese Strategie wird Ihnen im Modelltest auf Seite 12 vorgeschlagen. Überfliegen Sie zuerst alle Artikel und lesen Sie dann Aufgabe 1. Merken Sie sich die Schlüsselwörter zur ersten Person und lesen Sie dann alle Artikel beginnend mit Artikel a der Reihe nach durch. Sobald ein Artikel zu passen scheint, lesen Sie diesen Artikel genau, vergleichen mit den Schlüsselwörtern in Aufgabe 1 und entscheiden, ob sie wirklich zusammenpassen. Dann lösen Sie die nächste Aufgabe.

3. **Die Strategie des geringsten Widerstandes:** Beginnen Sie mit der Aufgabe, die Sie am leichtesten finden, z. B. weil Sie sich in dem Bereich auskennen oder sich in einer ähnlichen Situation befinden. Überfliegen Sie die Artikel und überlegen Sie, welcher zu der Person passt. Arbeiten Sie sich dann so weiter vor.

 Egal, mit welcher Strategie Sie arbeiten: Streichen Sie die Artikel durch, die Sie schon einer Person (Aufgabe) zugeordnet haben, denn sie können nicht mehr die Lösung für eine andere Person (Aufgabe) sein.

b Wofür interessieren sich diese Personen? Unterstreichen Sie Schlüsselwörter.

1. Adrian fühlt sich in seinem Team nicht mehr wohl und braucht Tipps gegen Mobbing.
2. Elena hat jetzt Personalverantwortung und interessiert sich für Führungsstrategien.
3. Jiraphat überlegt, wie es nach seiner Elternzeit weitergeht.

Fertigkeitentraining   Lesen Teil 1

c Überfliegen Sie jetzt die Artikel und achten Sie auf die Hauptinhalte. Wenden Sie die von Ihnen gewählte Strategie (4a) an und ordnen Sie jeder Person (4b) einen Artikel zu.

a So gelingt der Wiedereinstieg
Der Neubeginn nach der Familienphase ist immer spannend: Gibt es neue Kolleginnen oder einen neuen Chef? Was hat sich sonst geändert? Bekommen Sie dieselben Aufgaben in der Firma wie vorher, oder müssen Sie sich umorientieren? Karriereberater Marian Untersberger, selbst dreifacher Vater, gibt praxiserprobte Tipps.   **mehr**

b Die schönsten Tagungshotels
Sie organisieren eine Konferenz, eine Betriebsfeier oder ein Teambuilding-Event für Ihre Firma und sind auf der Suche nach geeigneten Orten? Unser Autor, selbst freiberuflicher Coach und Trainer von Führungskräften, kennt aus seiner langjährigen Berufspraxis dutzende Tagungshotels und erklärt, worauf man bei der Auswahl achten muss.   **mehr**

c Strategien gegen Angriffe im Büro!
Behaupten die Kolleginnen immer, Sie würden Ihre Arbeit nicht gut machen? Verstummen die Gespräche, wenn Sie dazukommen? Dann wird es höchste Zeit, in die Offensive zu gehen! Die Arbeitspsychologin Elisabeth Gernsheim zeigt Ihnen, wie Sie sich in solchen Situationen effektiv wehren können.   **mehr**

d Souverän führen kann man lernen!
Sie haben den nächsten Karrieresprung gemacht und sind Teamleitung geworden? Herzlichen Glückwunsch! Aber jetzt haben Sie doch auch etwas Respekt vor den neuen Aufgaben und fragen sich, welche Tipps und Tricks es gibt, um Ihr Team professionell zu begleiten? Dieser Ratgeber hilft Ihnen!   **mehr**

d An welchen Schlüsselwörtern haben Sie die Lösung erkannt? Ergänzen Sie Ihre Lösungen und die Schlüsselwörter aus den Artikeln.

Person 1: Tipps gegen Mobbing. Artikel: .... , ...

Person 2: Personalverantwortung, Führungsstrategien.

Artikel: .... , ...

Person 3: nach Elternzeit. Artikel: .... , ...

Artikel b passt zu keiner Aussage. Zwar kommt hier auch das Stichwort *Führung* vor, das auf den ersten Blick zu Aussage 2 passen könnte, aber in dem Artikel geht es um Hotels, nicht um *Führungsstrategien*. Dass der Autor auch Führungskräfte trainiert, ist nur ein Detail und nicht der Hauptinhalt.

e Markieren Sie Ihre Lösungen auf dem Antwortbogen.

Teil 1

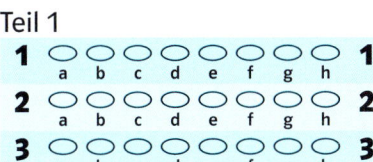

 Wie fanden Sie die von Ihnen gewählte Strategie? Üben Sie mit einem anderen Test, zum Beispiel aus dem Testbuch *Mit Erfolg zum Deutsch-Test für den Beruf B2*, und probieren Sie eine andere Strategie aus. Entscheiden Sie sich dann für die Strategie, mit der Sie am besten zurechtkommen.

Fertigkeitentraining   Lesen Teil 2

In Lesen Teil 2 lesen Sie zwei Texte mit Informationen, die man als Mitarbeiterin oder Mitarbeiter in einem Betrieb bekommen kann. Sie müssen zu jedem Text eine Richtig/Falsch-Aufgabe und eine Multiple-Choice-Aufgabe lösen.

Wichtige Strategien für diesen Teil sind:
- Schlüsselwörter in der Richtig/Falsch-Aufgabe unterstreichen, für die Lösung wichtige Stellen im Text suchen.
- Schlüsselwörter in der Multiple-Choice-Aufgabe unterstreichen, im Text nach den Informationen suchen und vergleichen.
- Unbekannte Wörter aus dem Kontext erschließen.

1 Schlüsselwörter in der Richtig/Falsch-Aufgabe unterstreichen, für die Lösung wichtige Stellen im Text suchen

a Lesen Sie die Aufgabe und unterstreichen Sie Schlüsselwörter.

> **6** Die Sprachförderangebote richten sich nur an ausländische Mitarbeitende.
> richtig/falsch?

b Unterstreichen Sie alle Stellen im Text, die Ihnen Informationen zu der Aussage geben.

 Im Text können auch zwei oder mehr Stellen Informationen zu der Aussage in der Richtig/Falsch-Aufgabe geben. Lesen Sie also den ganzen Text, bevor Sie richtig oder falsch markieren.

Sprachförderung

Für unsere ausländischen Mitarbeitenden organisieren wir kostenlose, berufsbegleitende Deutschkurse, denn uns ist es wichtig, dass alle am gesellschaftlichen Leben teilhaben können. Dafür sind deutsche Sprachkenntnisse wesentlich.
Mittlerweile bieten wir für alle Mitarbeitenden auch Englisch-Sprachkurse an, da Englisch durch die zunehmende Internationalität unserer Firma immer wichtiger wird und die Zusammenarbeit zwischen den Menschen verschiedener Herkunft damit besser gelingt. Bei Interesse melden Sie sich bei Frau Hartung.
Außerdem gibt es die Möglichkeit, außerhalb der Arbeitszeiten an unserem Tandem-Programm teilzunehmen. In einem Tandem treffen sich regelmäßig Mitarbeitende unterschiedlicher Herkunft, um im Austausch die jeweilige Sprache zu lernen sowie soziale Kontakte und kulturelle Kompetenzen zu verbessern. An diesem Angebot Interessierte finden weitere Informationen dazu im Intranet unter „Angebote für Mitarbeitende/Sprachförderung". Unter „Tandem" können Sie dort Gesuche von Kolleginnen und Kollegen lesen oder selbst ein Gesuch aufgeben.

Fertigkeitentraining   Lesen Teil 2

c Ist die Aussage richtig oder falsch? Ergänzen Sie die Erklärung mit den Informationen, die Sie im Text (1b) unterstrichen haben. Markieren Sie Ihre Lösung.

6 Die <u>Sprachförderangebote</u> richten sich <u>nur an ausländische Mitarbeitende</u>.
richtig/falsch?

Im Text steht: *Für unsere* .... *organisieren wir* … .... *.* Weiter unten lesen

Sie: *Mittlerweile bieten wir* .... *auch* .... *an.* Deutschkurse und

Englischkurse sind beides Sprachförderangebote, an den Englischkursen können alle Mitarbeiter teilnehmen.

Die Aussage, dass sich die Sprachförderangebote nur an ausländische Mitarbeitende richten, ist deshalb:

....

2 Schlüsselwörter in der Multiple Choice-Aufgabe unterstreichen, nach den Informationen im Text suchen und vergleichen

a Lesen Sie die Aufgabe und unterstreichen Sie Schlüsselwörter.

> **7** Mitarbeitende, die ein Tandem machen möchten,
> **a** bekommen von Kollegen Auskunft über das Programm.
> **b** finden im internen Webportal einen Partner.
> **c** treffen sich während der Arbeit zum Lernen.

b An welcher Stelle im Text finden Sie Information zu den Antworten? Markieren Sie im Text in 1b.

> 💡 Die passenden Textstellen finden Sie durch gleiche Wörter oder Ausdrücke mit einer ähnlichen Bedeutung. Es kann auch helfen, gezielt nach der Information der Antwort zu suchen (Wo bekommt man Auskunft über das Programm? Wo finden interessierte Mitarbeitende einen Partner? etc.) Zu jeder Antwort gibt es Informationen im Text. Sie müssen vergleichen: Stimmt die Information im Text mit der in der Antwort überein?

c Welche Antwort stimmt mit der im Text überein? Und warum passen die anderen Antworten nicht? Verbinden Sie.

Im Text steht: *Unter „Tandem" können Sie dort Gesuche von Kolleginnen und Kollegen lesen oder selbst ein Gesuch aufgeben*; „dort" bezieht sich auf „im Intranet" im Satz vorher, *Intranet* ist ein anderes Wort für *internes Webportal*; Gesuche sind Such-Anzeigen. Im internen Webportal findet man also Tandempartner. Antwort b   passt.

Sie lesen, dass man *außerhalb der Arbeitszeiten* am Tandem teilnehmen soll, nicht während der Arbeit. Antwort c   passt nicht.

Interessierte finden weitere Informationen dazu (– Auskunft über das Programm) *im Intranet*, nicht von Kollegen. Antwort a

d Markieren Sie Ihre Lösungen für die Aufgaben 6 und 7 auf dem Antwortbogen.

Teil 2
6 ○ ○ 6
  richtig falsch
7 ○ ○ ○ 7
  a b c

Fertigkeitentraining   Lesen Teil 2

3 Unbekannte Wörter aus dem Kontext erschließen

a Lesen Sie diese Aufgaben und unterstreichen Sie die Schlüsselwörter.

1 Die Chip-Karten für die Kantine kosten Geld.
richtig/falsch?

2 Der Speicherort für den Speiseplan ist für alle Mitarbeitenden zugänglich.
richtig/falsch?

b Lesen Sie den Text. Verstehen Sie die markierten Wörter? Wenn ja, lösen Sie die Aufgaben in 3a. Wenn nicht, dann lesen Sie Aufgabe 3c.

> **Kantine**
> Chip-Karten für die Kantine erhalten Sie bei Herrn Pils (Zimmer 210) gegen ein Pfand in Höhe von 5,50 €. Das Pfand bekommen Sie bei Rückgabe der Chip-Karte sofort wieder. Die Speisepläne der Kantine sind auf dem Laufwerk „J" unter den „Gemeinsamen Dateien" und dort im Ordner „Speiseplan" abgelegt. Auf das Laufwerk „J" kann jeder über den Computer zugreifen und sich den Speiseplan von dort aus auch ausdrucken.

 Sie müssen nicht alle Wörter im Text verstehen. Wenn das unbekannte Wort für die Lösung der Aufgabe wichtig ist, wenden Sie die Strategie *Unbekannte Wörter aus dem Kontext erschließen* (Aufgabe 3c) an: Lesen Sie den Satz mit dem unbekannten Wort und auch den Satz davor und danach genau durch. Oft finden Sie dort Hinweise auf die Bedeutung des Wortes.

c Welche Hinweise auf die Bedeutung der Wörter finden Sie im Kontext, also im Satz bzw. im Satz davor / danach? Notieren Sie.

Hinweise/Wörter, die helfen:

Pfand: ....

Laufwerk: ....

4 Strategien anwenden

a Lesen Sie die Aufgaben und unterstreichen Sie die Schlüsselwörter.

8 Es gibt sowohl verpflichtende als auch freiwillige Fortbildungen für die Mitarbeitenden.
richtig/falsch?

9 Um an einer externen Fortbildung teilzunehmen, muss man
  a mit der Vorgesetzten über die Teilnahme sprechen.
  b seinen Wunsch am Jahresende per E-Mail einreichen.
  c warten, bis die Teamleiterin eine Fortbildung empfiehlt.

 In der Prüfung stehen die Aufgaben unter dem Text. Lesen Sie trotzdem zuerst die Aufgaben, unterstreichen Sie die Schlüsselwörter in den Aufgaben und lesen Sie dann den Text.

Fertigkeitentraining   Lesen Teil 2

b Suchen und unterstreichen Sie die für die Lösung der Aufgaben wichtigen Textstellen.

Fortbildungen

Es finden sowohl interne als auch externe Fortbildungen statt. Die Teilnahme an den internen Fortbildungen ist für alle Mitarbeitenden verbindlich! Dagegen wird die Teamleiterin externe Fortbildungen zunächst mit den Mitarbeitenden besprechen, um dann zu entscheiden, ob die Maßnahme sinnvoll ist.
Interne Fortbildungen finden laut Fortbildungsplan statt, der am Schwarzen Brett aushängt. Bei der Erstellung des internen Fortbildungsplanes werden die Wünsche der Mitarbeitenden berücksichtigt. Jedes Jahr im November können die Mitarbeitenden ihr Interesse an bestimmten Themen zum Ausdruck bringen. Dazu wird rechtzeitig eine E-Mail mit Informationen an alle Mitarbeitenden geschickt. Die Wünsche der Mitarbeitenden werden berücksichtigt, sofern sie auch realisierbar sind (s. Anlage Fortbildungsplan). Zusätzliche Fortbildungen werden rechtzeitig bekannt gegeben.
Externe Fortbildungen können einerseits von den Mitarbeitenden selbst an die Teamleiterin herangetragen werden, andererseits wird die Teamleiterin den Mitarbeitenden individuelle Fortbildungen vorschlagen.

c Entscheiden Sie sich für Ihre Lösungen und markieren Sie auf dem Antwortbogen.

 Wichtig für die Lösungen ist, was im Text steht, nicht, welche Erfahrungen Sie gemacht haben oder was Sie wissen.

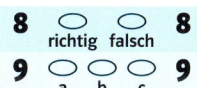

 Bearbeiten Sie in der Prüfung zuerst die Aufgaben, die Sie leicht finden. Haben Sie z.B. Probleme mit der Multiple-Choice-Aufgabe des ersten Textes, dann machen Sie zuerst mit den Aufgaben zum zweiten Text weiter. So verlieren Sie keine Zeit, die Ihnen sonst zum Lösen der leichteren Aufgaben fehlen könnte.

Fertigkeitentraining   Lesen Teil 3

In Lesen Teil 3 lesen Sie vier kurze Texte mit Fragen aus einem Internet-Forum für den Beruf. Dazu gibt es sechs Antworttexte (Tipps), von denen drei zu den Fragen passen. Zu einer Frage passt kein Tipp.

Wichtige Strategien für diesen Teil sind:
- Erkennen, um welches Thema es insgesamt geht.
- Die jeweilige Frage verstehen.
- Schnell den passenden Tipp finden.

1 Erkennen, um welches Thema es insgesamt geht

a Was steht als Überschrift über den Tipps (Aufgabe 3a, S. 64)? Notieren Sie.

....

 Die Überschrift über den Tipps kann schon das Hauptthema nennen oder einen Aspekt, der auf alle Fragen und Tipps zutrifft.

b Lesen Sie die Texte aus dem Forum und unterstreichen Sie Schlüsselwörter.

10

Anna
Eine Frage: In meiner Firma machen alle regelmäßig Bildungsurlaub. Ich würde gerne Spanisch lernen, aber eigentlich brauche ich die Sprache nicht für meine Arbeit. Kann ich den Kurs trotzdem als Bildungsurlaub machen oder muss ich doch in meiner Freizeit Spanisch lernen und den Kurs dann auch komplett selbst bezahlen?

11

Gisa
Bei uns in der Firma sollen wir dauernd Lehrgänge und Fortbildungen machen. Für die Kosten müssen wir selbst aufkommen. Wir können die Zeit dann zwar auf die Arbeitszeit anrechnen, aber ich würde gerne wissen, ob es korrekt ist, dass wir alles selbst bezahlen. Kann mal jemand einen Link zum Thema schicken?

12

Levi
Ich bin seit einem Jahr in einem Betrieb als Sachbearbeiter in der Buchhaltung tätig. Ich möchte mich gerne weiterbilden. Ich will etwas machen, was mich in meiner Karriere auch wirklich weiterbringt. Wo kann ich mich beraten lassen? Da gibt es bestimmt viele gute Kurse, die man machen kann. Aber ich will mich nicht durch das ganze Internet arbeiten.

13

Igor
Bei meinem letzten Arbeitgeber habe ich jedes Jahr meinen Bildungsurlaub in Anspruch genommen. Mein jetziger Team-Chef sagt, dass das bei uns nicht geht und er mir nicht freigeben kann, weil er dann nicht genug Personal hat. Ich würde aber gern mein Englisch verbessern, weil wir ein internationaler Betrieb sind. Muss ich mir doch einen Kurs abends nach der Arbeit suchen? Was meint ihr?

 Meistens geht es in den Fragen um ein Hauptthema und verschiedene Aspekte dazu.

c Um welche Themen und Aspekte geht es also in den Fragen? Ergänzen Sie.

Es geht um Fort................................., ...bildungen.

Aspekte zu dem Thema sind: ....urlaub, wer die .... übernimmt (bezahlt) und

ob man sich in der Arbeits........................ fortbilden kann oder das in der ....zeit machen muss.

2 Die Fragen verstehen
Vergleichen Sie noch einmal mit den Schlüsselwörtern, die Sie in Aufgabe 1b unterstrichen haben. Kreuzen Sie dann die jeweils passendste Frage für jede Person an.

 Die Fragetexte können sehr ähnlich sein, trotzdem hat jede Person eine andere Frage zum Thema. Diese Frage müssen Sie erkennen, auch wenn sie nicht direkt als Frage formuliert ist.

10 Anna

Kann ich im Bildungsurlaub einen Spanischkurs machen, obwohl ich

a die Sprache nicht für meine Arbeit brauche?

b nicht weiß, wie viel ich bezahlen muss?

c noch nicht weiß, wo ich einen guten Kurs finde?

11 Gisa

Ich soll dauernd Lehrgänge und Fortbildungen machen:

a Kann ich mir die Zeit auf die Arbeitszeit anrechnen lassen?

b Kann mir jemand einen Link zu einer Weiterbildung schicken?

c Muss ich berufliche Fort- und Weiterbildungen selbst bezahlen?

12 Levi

Ich bin Sachbearbeiter in der Buchhaltung und möchte wissen,

a ob ich mich nach einem Jahr weiterbilden muss.

b wie ich in meinem Betrieb Karriere machen kann.

c wo ich mich für eine Weiterbildung beraten lassen kann.

13 Igor

Ist es korrekt, dass …

a ich abends einen Englischkurs besuchen muss?

b man in internationalen Unternehmen Englischkenntnisse braucht?

c mein Chef mir keinen Bildungsurlaub genehmigt?

Fertigkeitentraining Lesen Teil 3

3 Schnell den passenden Tipp finden

 Um den passenden Tipp zu finden, müssen Sie sich auf eine Frage konzentrieren und die Tipps überfliegen, bis Sie ähnliche Schlüsselwörter lesen. Meistens finden Sie nicht nur in einem Tipp ähnliche Schlüsselwörter.

a Konzentrieren Sie sich auf die Frage von Anna. Überfliegen Sie die Tipps unten: Welche Tipps haben ähnliche Schlüsselwörter? Notieren Sie.

10 Anna: *Kann ich im Bildungsurlaub einen Spanischkurs machen, obwohl ich die Sprache nicht für meine Arbeit brauche?*

Tipp .... und .... könnten zu Annas Frage passen, denn beide haben ähnliche Schlüsselwörter:

Tipp .... : ....

Tipp .... : ....

Tipps für Arbeitnehmerinnen und Arbeitnehmer

Bertold vor 1 Stunde:
Das ist ja eigenartig. Nur in ganz wenigen Ausnahmefällen muss der Arbeitgeber keinen Bildungsurlaub gewähren. In den meistens Bundesländern hat man jedes Jahr Anspruch auf fünf Tage für Bildungsurlaub und du kannst nicht gezwungen werden, auf diesen „Urlaub" zu verzichten und dich in deinem Urlaub oder nach Feierabend weiterzubilden. Lies mal hier: www.bildungsurlaub.de

Tilman vor drei Tagen:
Bildungsurlaub, Fortbildung und Weiterbildung darf man nicht verwechseln! Die Fortbildung dauert oft nur ein paar Tage und man erhält am Ende eine Teilnahmebescheinigung. Die Weiterbildung kann ein paar hundert Stunden dauern, oft wechseln sich Theorie und Praxis ab und am Ende erhältst du ein Zertifikat. Bildungsurlaub muss gesetzlich anerkannt sein.

Barbara vor 8 Minuten:
Ich habe vor einem Jahr einen Sprachkurs in Mailand gemacht. Meine Firma hat fast alles bezahlt, weil ich Italienisch beruflich brauche. Wir arbeiten im Betrieb sehr viel mit italienischen Firmen zusammen, da hilft ein Kurs im Land natürlich sehr. Soweit ich weiß, sind die Kurse in dieser Schule aber auch als Bildungsurlaub anerkannt, wenigstens in meinem Bundesland (HE).

Annalena vor 48 Minuten:
Du kannst im Bildungsurlaub lernen, was du willst. Ob es ein Englischkurs für den Beruf oder ein Yogakurs ist. Wichtig ist, dass dein Kurs als Bildungsurlaub anerkannt ist. Wenn das so ist, dann muss nur noch dein Arbeitgeber zustimmen. Ablehnen kann er auch, aber dafür muss es wichtige innerbetriebliche Gründe geben. Bleib dran und mach den Kurs!

Ahmed vor zwei Tagen:
Fortbildungen musst du selbst bezahlen, das ist klar. Eine andere Sache ist, wenn dein Arbeitgeber will, dass du eine Weiterbildung machst. Wenn er das verlangt, dann muss er sie auch bezahlen. Kein Arbeitgeber kann dich zwingen, deine Weiterbildungen selbst zu bezahlen.

Ilse vor vier Stunden:
Wenn du aus dem kaufmännischen Bereich kommst, ist eine Weiterbildung zum Buchhalter sicherlich sinnvoll. Damit hast du sehr gute Chancen, nach deiner Arbeitslosigkeit wieder einen gut bezahlten Job zu finden. Insgesamt hat man in diesem Bereich wirklich gute Karrierechancen.

Fertigkeitentraining   Lesen Teil 3

b Welcher Tipp passt wirklich zu Annas Frage? Warum? Ergänzen Sie.

Tipp .... passt, denn die Person erklärt „Du kannst im ...., was du willst." In Tipp c erzählt die Person nur von einem ...., den sie gemacht hat, weil „.. ....". Das wollte Anna aber nicht wissen.

> 💡 Oft finden Sie in den Tipps dieselben Wörter wie in der Frage, aber das bedeutet nicht, dass dieser Tipp die Lösung ist. Vergleichen Sie immer genau, ob der Tipp tatsächlich auf die Frage antwortet.

c Welcher Tipp passt zur Frage von Gisa? Gehen Sie vor wie in Aufgabe 3a und b und ergänzen Sie Schlüsselwörter.

> 💡 Manchmal bittet ein Fragesteller um einen Link. Wenn in einem Tipp ein Link geschickt wird, heiß das nicht automatisch, dass dieser Tipp zu der Frage passt.

11 Gisa: *Muss ich berufliche Fort- und Weiterbildung selbst bezahlen?*

Tipp .... und .... könnten zu Gisas Frage passen, denn beide haben ähnliche Schlüsselwörter:

Tipp ....: ....

Tipp ....: ....

In Tipp .... schreibt die Person „Meine Firma hat fast ....", aber das bezieht sich nur auf diese bestimmte Weiterbildung, nicht auf Fort- und Weiterbildungen generell. Tipp .... antwortet klar auf Gisas Frage, denn „Fortbildungen musst ....", aber wenn der Arbeitgeber Weiterbildungen „verlangt, dann muss .... sie ....".

> 💡 Streichen Sie den Tipp durch, wenn Sie ihn einer Frage zugeordnet haben, denn er kann nicht mehr zu einer anderen Frage passen. Wenn Sie sich in der Prüfung nicht sicher sind, welcher Tipp zu einer Frage passt, dann machen Sie mit der nächsten Frage weiter. Lösen Sie zuerst die Aufgaben, die Ihnen ganz klar scheinen. So reduziert sich die Anzahl der Tipps, die zu den anderen Fragen passen könnten.

d Welcher Tipp passt zur Levi und welcher zu Igor? Ordnen Sie zu.
Markieren Sie dann die Lösungen für alle Aufgaben.

> 💡 Denken Sie daran, dass zu einer Frage kein Tipp passt. In der Prüfung müssen Sie bei dieser Aufgabe dann x auf dem Antwortbogen markieren.

Teil 3

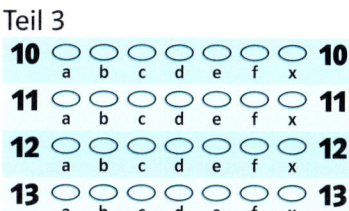

Fertigkeitentraining   Lesen Teil 4

In Lesen Teil 4 lesen Sie ein Protokoll mit Informationen zu Aufgaben und Abläufen innerhalb eines Betriebs. Dazu lösen Sie fünf Multiple-Choice-Aufgaben.

Wichtige Strategien für diesen Teil sind:
- Die erste Aufgabe lesen und Schlüsselwörter unterstreichen.
- Erkennen, welche Stelle im Protokoll für die Lösung der jeweiligen Aufgabe wichtig ist.
- Sich schnell für die passende Lösung entscheiden.

1 Die erste Aufgabe lesen und Schlüsselwörter unterstreichen

a Überfliegen Sie zuerst das Protokoll und verschaffen Sie sich einen Überblick über die Themen der Sitzung.

Wenn Sie zuerst das Protokoll einmal überfliegen, haben Sie schon einen Überblick über die Themen und können die Aufgaben besser verstehen.
Im Abschnitt *Anwesend* finden Sie die Abkürzungen der Namen und die Funktionen der Personen. Im Protokoll werden dann meistens nur die Abkürzungen genannt, in den Aufgabe die vollen Namen oder Funktionen der Personen.

b Lesen Sie jetzt die erste Aufgabe und unterstreichen Sie Schlüsselwörter.

14 Das Protokoll
    a der letzten Sitzung wurde angenommen.
    b nennt auch Personen, die nicht teilgenommen haben.
    c wird von Herrn Masur geschrieben.

2 Erkennen, welche Stelle im Protokoll für die Lösung der jeweiligen Aufgabe wichtig ist

a Lesen Sie noch einmal Aufgabe 14 in 1b. Wo im Protokoll finden Sie ähnliche Wörter wie in der Aufgabe? Kreuzen Sie an. Es gibt mehrere Möglichkeiten.

☐ unter *Protokoll*   ☐ unter *Tagesordnungspunkte*   ☐ unter *TOP 1*   ☐ unter *TOP 2*

Die Aufgaben folgen in der Reihenfolge dem Protokoll. Für Aufgabe 14 finden Sie die wichtigen Stellen also am Anfang des Protokolls, für die anderen Aufgaben in einem der jeweils folgenden TOPs. Es kann mehr TOPs als Aufgaben geben.

Protokoll
29. April 20.., 10:30–11:30 Uhr
Ort: Konferenzraum 3, Damaskusstraße 2, 24113 Kiel

Anwesend: Sebastian Vogt (SV, Geschäftsführung), Sophia Lam (SL, Leitung Personal), Franziska Reimers (FR, Leitung Einkauf), Wolfgang Jansen (WJ, Leitung Marketing), Anja Schwarz (AS, Leitung Verkauf), Jakub Masur (JM, IT-Beauftragter), Arash Noury (AN, Leitung Qualitätskontrolle)
Abwesend: Erika Hiller (EH, Leitung Finanzen), Jan Ziegel (JZ, Produktion)
Sitzungsleitung: Sophia Lam
Protokollant: Wolfgang Jansen

Tagesordnungspunkte (TOPs)
1 Begrüßung und Genehmigung des letzten Protokolls
2 Umgang mit Überstunden
3 Informationen zur Verpackungsfirma
4 Personelles
5 Sonstiges

TOP 1 Begrüßung und Genehmigung des letzten Protokolls
SL begrüßt alle Anwesenden zur heutigen Sitzung. Das Protokoll der letzten Sitzung wird diskutiert und von FR überarbeitet. FR schickt das überarbeitete Protokoll im Laufe des Tages an alle Teilnehmerinnen und Teilnehmer der letzten und der heutigen Sitzung.

TOP 2 Umgang mit Überstunden
SL stellt fest, dass in den letzten Wochen ungewöhnlich viele Überstunden aufgebaut wurden. Sie bittet die Leiterinnen und Leiter in ihren Abteilungen zu prüfen, wie es zu den Überstunden gekommen ist und weist darauf hin, dass Überstunden möglichst noch im selben Monat wieder abgebaut werden sollen.

TOP 3 Zusammenarbeit mit Verpackungsfirma
AS berichtet, dass es Probleme mit der Verpackungsfirma „Tacho Verpackungsservice" gibt, mit der wir seit einem Monat zusammenarbeiten. Das Verpackungsmaterial entspricht nicht den Anforderungen und es gab schon einige Kundenbeschwerden, weil Lieferungen beschädigt ankamen. Um weiteren Schaden für unsere Firma abzuwenden, wird beschlossen, die Zusammenarbeit mit „Tacho Verpackungsservice" zu beenden.
FR wird zeitnah Angebote anderer Verpackungsfirmen einholen.

TOP 4 Personelles
SV berichtet, dass mittlerweile ein Nachfolger für EH, die im Juni in den Ruhestand treten wird, gefunden ist. Es handelt sich um Peter Weis, der ab nächster Woche von EH eingearbeitet wird. Im Mai wird er zusammen mit EH an den Sitzungen teilnehmen. Außerdem haben die Mitarbeiter der Abteilung Finanzen ein gemeinsames Frühstück für den 21. Mai um 9:30 Uhr geplant. Daran werden Mitarbeiter anderer Abteilungen nicht teilnehmen. Der 21. Mai ist der letzte Arbeitstag von EH.

TOP 5 Sonstiges
SL leitet Folgendes weiter: Die Kantine hat sich wiederholt darüber beschwert, dass Geschirr mitgenommen wird. Kantinenmitarbeiter müssen durch die Abteilungen gehen und das Geschirr mühsam einsammeln. Der Kantinenchef bittet dringend darum, dass die Mitarbeiter das Geschirr zurückbringen bzw. erst gar nicht aus der Kantine mitnehmen. Sollte sich die Situation nicht ändern, wird zukünftig ein Pfand auf Kantinengeschirr erhoben.

Fertigkeitentraining   Lesen Teil 4

b Lesen Sie die Aufgaben und unterstreichen Sie Schlüsselwörter. Suchen Sie ähnliche Wörter im Protokoll und ordnen Sie zu: Welche Stelle im Protokoll passt jeweils zur Aufgabe?

15 Mit „Tacho Verpackungsservice" soll
   a bald über die Probleme gesprochen werden.
   b ein neues Angebot ausgehandelt werden.
   c nicht länger zusammengearbeitet werden.   Aufgabe 2: TOP ....

16 Die Leiterin der Finanzen
   a frühstückt am letzten Arbeitstag mit allen Mitarbeitern.
   b geht zur Jahresmitte in Rente.
   c hat ihren Nachfolger in die Arbeit eingewiesen.   Aufgabe 3: TOP ....

 Es kann sein, dass es zu einem der TOPs keine Aufgabe gibt. Diesen TOP müssen Sie auch nicht genauer lesen.

3 Sich schnell für die passende Lösung entscheiden

a Was steht zu jeder Antwort der Aufgabe (a, b, c) im Protokoll? Notieren Sie.

                                                             im Protokoll steht dazu

14 Das Protokoll
   a der letzten Sitzung wurde angenommen.   ....
   b nennt auch Personen, die nicht teilgenommen haben. ....
   c wird von Herrn Masur geschrieben.   ....

 Die für die Lösung der ersten Aufgabe wichtigen Stellen finden Sie meistens oben im Protokoll und in TOP 1. Den Abschnitt *Tagesordnungspunkte* brauchen Sie dafür nicht zu lesen, hier sind nur die Überschriften der TOPs aufgelistet.

b Vergleichen Sie die Antworten der Aufgabe mit den passenden Textstellen. Welche Antwort passt? Ergänzen Sie die Erklärung.

Antwort .... passt, denn unter *Protokoll* werden nicht nur die Personen aufgelistet, die anwesend

waren, sondern darunter steht auch, welche Personen .... waren. Dieses Wort hat

die gleiche Bedeutung wie *nicht teilgenommen*. Antwort .... und .... passen nicht, denn unter

TOP .... steht, dass das Protokoll noch einmal überarbeitet wird. Es wurde also noch nicht ....

Die Person, die das Protokoll schreibt, nennt man .... Im Protokoll steht,

dass .... das Protokoll geschrieben hat.

c Lösen Sie die Aufgaben 15 und 16 in 2b. Markieren Sie die Lösungen auf dem Antwortbogen.

4 Wenden Sie die Strategien an: Lösen Sie Aufgabe 17. Markieren Sie dann alle Lösungen.

17 Für das Kantinengeschirr soll
   a es bald Sammelstellen in den Abteilungen geben.
   b es ein Mitnahmeverbot geben.
   c man vielleicht bald Geld hinterlegen.

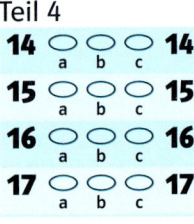

Fertigkeitentraining   Lesen und Schreiben

Sie lesen zwei E-Mails. Die erste ist eine E-Mail von Ihrer Teamleitung mit der Bitte, auf die Beschwerde einer Kundin oder eines Kunden zu reagieren. Die zweite ist die Kundenmail mit der Beschwerde.
Sie müssen zu der Kundenmail zwei Multiple-Choice-Aufgaben lösen (Lesen) und dann mit einer angemessenen E-Mail beantworten (Schreiben).

Wichtige Strategien für diesen Teil sind:
- Die Aufgaben 19 und 20 zuerst lösen.
- In der E-Mail der Teamleitung Punkte für die Antwortmail suchen.
- Ideen zu allen Punkten sammeln und ergänzen.
- Ideen ausformulieren.
- Die E-Mail direkt auf den Antwortbogen schreiben.

1 Die Aufgaben 19 und 20 zuerst lösen

a Lesen Sie die Aufgaben und unterstreichen Sie Schlüsselwörter.

---

19 Frau Leone beschwert sich, dass
  a die falsche Wäsche geliefert wurde.
  b ein Teil der Wäsche nicht richtig gereinigt wurde.
  c es keine sauberen Tischdecken gab.

20 Das Personal
  a hat länger für die Zimmerreinigung gebraucht.
  b konnte das Restaurant erst später öffnen.
  c muss für die Mehrarbeit entschädigt werden.

 Die Multiple-Choice-Aufgaben helfen Ihnen, die Beschwerde zu verstehen, auf die Sie dann antworten müssen.

b Lesen Sie die E-Mail der Kundin (S. 70). An welchen Stellen finden Sie Informationen zu den Lösungen von Aufgabe 19 und 20? Markieren Sie in der E-Mail.

 Die Kundenmail ist immer die zweite (untere) E-Mail. Nutzen Sie die Strategien für das Lösen von Multiple-Choice-Aufgaben (siehe Fertigkeitentraining zu Lesen 2 und 4), um die Aufgaben 19 und 20 zu lösen.

c Welche Lösung a, b oder c passt also? Vergleichen Sie mit den markierten Stellen in der E-Mail und markieren Sie die Lösungen für die Aufgaben 19 und 20.

Lesen und Schreiben

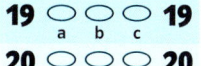

 Die Lösungen für die Aufgaben 19 und 20 markieren Sie in der Prüfung auf demselben Antwortbogen wie die Lösungen für die Teile Lesen.

Lesen und Schreiben

Ihre Teamleitung leitet Ihnen die E-Mail von einer Kundin weiter und bittet Sie zu antworten.

Erhalten: heute 09:55 Uhr
Von: Saahel Gilani
An: …

Betreff: FW Beschwerde: Ihre letzte Wäschelieferung

Hallo,

die unten stehende Mail habe ich gerade bekommen. Bitte kümmere dich darum und antworte der Kundin höflich. Ich möchte nicht, dass Frau Leone den Vertrag mit uns kündigt.
Du kannst der Kundin ruhig erklären, welches Problem wir in der Wäscherei hatten. Ganz wichtig: Bitte schreib der Kundin auch, dass wir das Problem mittlerweile gelöst haben und mach ihr ein Angebot als Wiedergutmachung.

Vielen Dank und mit Grüßen

Saahel Gilani
Teamleiter Gastronomie-Wäscherei Bratz

Gesendet: heute 09:39 Uhr
Von: Raffaella Leone
An: Saahel Gilani

Betreff: Beschwerde: Gelieferte Wäsche

Sehr geehrter Herr Gilani,

wir haben Sie vor kurzem damit beauftragt, die Reinigung für die Wäsche unseres Hotels zu übernehmen. Leider mussten wir feststellen, dass die Wäsche nicht einwandfrei sauber war. Auf einigen Tischdecken befanden sich noch Fettflecken und auch einige Handtücher und die Bettwäsche waren nicht richtig sauber. Das Reinigungspersonal musste alle Textilien zuerst überprüfen und nach sauberen Exemplaren durchsuchen. Dadurch erhöhte sich der Zeitaufwand, um die Zimmer und das Restaurant herzurichten. Auch die Abläufe im Restaurant wurden gestört und einige Zimmer konnten nicht rechtzeitig für die Gäste bereitgestellt werden. Diese Verzögerungen können wir uns bei unseren anspruchsvollen Gästen nicht leisten! Wir müssen uns auf die Qualität Ihres Services verlassen können.

Wenn Sie an einer weiteren Zusammenarbeit mit uns als Neukunden interessiert sind, liefern Sie in Zukunft bitte nur noch tadellos saubere Wäsche.

Grüße

Raffaella Leone
Managerin Hotel Am Hang

Fertigkeitentraining Lesen und Schreiben

2 In der Mail der Teamleitung Punkte für die Antwortmail (Aufgabe 21) suchen

a Welche Anweisungen (Punkte) gibt Ihnen die Teamleitung für Ihre Antwortmail vor? Unterstreichen Sie in der E-Mail (S. 70).

> **21** Schreiben Sie eine E-Mail an die Kundin. Setzen Sie dabei alle Punkte Ihrer Teamleitung um.
>
> *Achten Sie darauf, dass Sie der Kundin gegenüber eine angemessene Sprache verwenden (Anrede, Höflichkeit, formelle Sprache etc.)*

 Die Anweisung, dass Sie die Kundenmail höflich beantworten sollen, ist auch wichtig. Die Teamleitung duzt Sie evtl. in der Mail. Für Ihre Antwortmail ist aber wichtig, welche Anrede die Kundin/der Kunde benutzt, in der Regel „Sie". Benutzen Sie dann dieselbe Anrede wie die Kundin/der Kunde.

b Notieren Sie die Punkte aus der Mail der Teamleitung.

 Sie müssen den „Platz für Notizen" auf dem Aufgabenblatt nicht nutzen. Was dort steht, wird nicht bewertet. Notizen können Ihnen aber helfen, Ihre Antwortmail zu strukturieren. Schreiben Sie Ihre Mail hier nicht komplett vor – dafür reicht die Zeit nicht!

Platz für Notizen
1: Welches Problem
2: Problem
3: Angebot

3 Ideen zu allen Punkten sammeln und ergänzen

a Welche Probleme der Wäscherei passen zu der Beschwerde der Hotelmanagerin? Kreuzen Sie an.

- [a] Unser neues Personal der Wäscherei hat die Textilien mit denen eines anderen Hotels vertauscht.
- [b] Die Waschmaschinen waren kaputt und haben nur kalt gewaschen.
- [c] Die Verpackung ist im Lieferwagen aufgerissen und die Textilien sind deshalb schmutzig geworden.
- [e] Der Lieferant hat uns ein falsches, weniger leistungsstarkes Waschmittel geliefert.
- [f] Wir haben das Auftragsformular nicht gefunden.

 Auch in der Kundenmail finden Sie nützliche Informationen für Ihre Antwortmail, z.B. Hinweise darauf, wie verärgert die Kundin/der Kunde ist, was sie/er fordert oder was passieren könnte (z.B. man verliert den Kunden oder die Kundin bewertet das Unternehmen schlecht).

b Wie verärgert ist die Kundin (E-Mail S. 70)? Kreuzen Sie an: richtig oder falsch?

	r	f
1. Die Kundin ist nur ein wenig verärgert, weil das Problem keine Folgen für sie hatte.	☐	☐
2. Die Kundin ist sehr verärgert, weil sie mehrere Probleme nennt, die entstanden sind.	☐	☐
3. Sie verlangt nichts, aber sie wollte das Problem ansprechen.	☐	☐
4. Die Kundin droht mit Konsequenzen und verlangt etwas.	☐	☐

c Mit welcher Konsequenz droht die Kundin in ihrer Mail? Notieren Sie.

....

d Was wäre ein angemessenes Angebot an die Kundin? Ergänzen Sie.

| berechnen | kostenlos | Rabatt | Rechnung |

1. einen .... von …% auf die nächste ....
2. die aktuelle Lieferung nicht ....
3. die schmutzige Wäsche nochmal .... reinigen

Fertigkeitentraining — Lesen und Schreiben

4 Ideen ausformulieren

a Nutzen Sie Formulierungen aus der Mail der Teamleitung, aber formulieren Sie sie um. Es gibt dafür verschiedene Möglichkeiten.

wir das Problem mittlerweile gelöst haben

1. Ich versichere Ihnen, dass ....
2. Glücklicherweise haben ....
3. Dieser Vorfall wird sich nicht wiederholen, das versichere ich Ihnen, denn ....

Angebot als Wiedergutmachung

4. Wir möchten Ihnen folgendes ....
5. Um unseren Fehler ...., ... wir Ihnen Folgendes .... :

b Formulierungen aus der Kundenmail für eine passende Entschuldigung nutzen: Verbinden Sie die Formulierungen.

1. Wir bedauern sehr, dass
2. Dafür, dass es durch unseren Fehler zu Verzögerungen in Ihren Abläufen kam,
3. Wir bitten Sie,
4. Dass einige Tischdecken und die Bettwäsche nicht sauber waren,
5. Es tut uns sehr leid,

a tut uns sehr leid. Wir möchten Sie nicht als Kundin verlieren und bieten Ihnen deshalb …
b dass die von uns gelieferte Wäsche nicht einwandfrei sauber war.
c die Unannehmlichkeiten, die durch unseren Fehler entstanden sind, zu entschuldigen.
d Ihr Personal dadurch mehr Arbeit hatte und bitten dafür um Entschuldigung.
e möchten wir uns entschuldigen.

c Formulieren Sie passende Angebote als Wiedergutmachung aus den Ideen.

1. Wir möchten Sie natürlich gerne als Kundin behalten und ....

....

(anbieten, aktuelle Rechnung nicht bezahlen müssen)

2. Wir bedauern diesen Fehler und ....

....

(Rabatt von …% auf die nächste Rechnung geben)

3. Als Wiedergutmachung bieten wir Ihnen an, ...

....

(schmutzige Wäsche heute noch abholen, reinigen, zurückbringen)

Fertigkeitentraining   Lesen und Schreiben

d Ergänzen Sie diese E-Mail mit passenden Formulierungen.

 Sie haben für den Teil Lesen und Schreiben nur wenig Zeit (insgesamt 20 Minuten). Eine kurze Mail ist aber genug: Entschuldigen Sie sich und setzen Sie alle Punkte mit 1 bis 2 Sätzen um. Ergänzen Sie noch einen Schlusssatz, vergessen Sie auch Anrede und Gruß nicht und unterschreiben Sie mit Ihrem Namen.

Sehr geehrte ....,

es tut uns sehr leid, ...

Wir bitten Sie ...., die dadurch bei Ihnen entstanden sind, ...

Zu dem Problem in unserer Wäscherei kam es dadurch, dass ....

.... und so ein Vorfall wird sich nicht wiederholen, das ....

Natürlich möchten wir Sie gerne als Kundin behalten, deshalb ....,

die schmutzige Wäsche ....

Dafür holen wir die Wäsche heute noch bei Ihnen ab, reinigen sie gründlich und bringen sie Ihnen heute noch zurück.

Wir hoffen, dass Sie mit dieser Lösung einverstanden sind.

Mit ....
....

5 Die E-Mail direkt auf den Antwortbogen schreiben
Lesen Sie den Notizzettel mit den Punkten aus der Mail der Teamleitung und die Kundenmail.
Schreiben Sie eine eigene Antwort an die Kundin.

 Auf dem Aufgabenblatt ist Platz für Ihre Notizen. Schreiben Sie Ihre E-Mail auf den Antwortbogen *Schreiben*. Nur was Sie dort schreiben, wird bewertet.

Platz für Notizen
1: *Grund für das Problem?*
2: *aber schnell Lösung finden*
3: *Angebot*

… wir haben Sie vor kurzem damit beauftragt, die Reinigung für die Wäsche unseres Hotels zu übernehmen. Leider mussten wir feststellen, dass die Wäsche, die Sie uns geliefert haben, nicht vollständig war. Es fehlten 25 Tischdecken sowie mehrere Handtücher. Und bei Ihrer Lieferung davor war die Bettwäsche nicht komplett. Unser Reinigungspersonal konnte heute zwar noch alles herrichten, aber wir brauchen dringend die fehlenden Stücke!
Es kann doch nicht sein, dass Sie uns die Wäsche jedes Mal unvollständig zurückbringen. Ich erwarte, dass Sie sich umgehend um die Angelegenheit kümmern und die fehlende Wäsche schnellstmöglich liefern. Wir müssen uns auf die Qualität Ihres Services verlassen können. …

Raffaella Leone
Managerin Hotel Am Hang

 Nutzen Sie in Ihrer Antwort verschiedene Satzanfänge und passende Konnektoren. Übungen dazu finden Sie im Übungsteil Grammatik ab S. 136.

Fertigkeitentraining   Hören Teil 1

In Hören Teil 1 hören Sie drei Gespräche, in denen es um Arbeitsabläufe, Probleme oder Vorschläge geht. Zu jedem Gespräch lösen Sie je zwei Aufgaben: eine Richtig/Falsch-Aufgabe und eine Multiple-Choice-Aufgabe.

Wichtige Strategien für diesen Teil sind:
- Schnell die Situation erfassen.
- Die Aufgabe verstehen, Schlüsselwörter vergleichen und entscheiden: richtig oder falsch?
- Sich beim Hören auf die Aufgabe konzentrieren und auf ähnliche Wörter im Gespräch achten.

1 Schnell die Situation erfassen

▷ 13 Hören Sie den Anfang eines Gesprächs: Was ist richtig? Kreuzen Sie an.

1. Wer ruft an? | a | Ein Kunde ruft eine Firma an. | b | Kollegen sprechen miteinander.
2. Herr Fechner ist | a | der Chef von Frau Basler. | b | ein Kunde von Frau Basler.
3. Es geht um ein Problem mit | a | einem Produkt. | b | einer Bestellung.

> 💡 In Hören Teil 1 müssen Sie verstehen, wer mit wem spricht und worum es in dem Gespräch geht. Sie hören oft Namen, in den Aufgaben stehen manchmal aber keine Namen, sondern die beruflichen Rollen der Personen.

2 Die Aufgabe verstehen, Schlüsselwörter vergleichen und entscheiden: richtig oder falsch?

a Unterstreichen Sie die Schlüsselwörter in der Richtig/Falsch-Aufgabe zum ersten Gespräch.

> **22** Der Kunde hat Probleme mit einer Rechnung.
> richtig/falsch?

> 💡 In der Prüfung bekommen Sie keine Zeit zum Lesen bevor das erste Gespräch beginnt. Lesen Sie während der Ansage die ersten Aufgaben, verpassen Sie dabei aber nicht den Gesprächsanfang!

▷ 13 **b** Hören Sie den Gesprächsanfang noch einmal. Entscheiden Sie, ob die Aufgabe richtig oder falsch ist und markieren Sie Ihre Lösung in 2a.

c Warum haben Sie sich für diese Lösung entschieden? Kreuzen Sie an.

22 Der Kunde hat Probleme mit einer Rechnung.

Das ist   ☐ richtig   ☐ falsch, weil …

Herr Fechner   ☐ kein Kunde ist. ☐ keine Probleme hat.   ☐ ein Problem mit einer Farbe hat.

> 💡 Manchmal sind mehrere Details in einer Aufgabe richtig, aber ein weiteres Detail ist falsch. (Hier z.B. ist Herr Fechner ein Kunde und er hat ein Problem, aber nicht mit der Rechnung, sondern mit einer Farbe.) Dann ist die gesamte Aussage falsch. Das bedeutet: Sie müssen bei dieser Aufgabe die Situation insgesamt verstehen, aber trotzdem auch auf Details achten. Manchmal können Sie die Richtig/Falsch-Aufgabe erst am Ende des Gesprächs und nach der Multiple-Choice-Aufgabe lösen.

Fertigkeitentraining　　Hören Teil 1

3 Sich beim Hören auf die Aufgabe konzentrieren, auf ähnliche Wörter im Gespräch achten

▷ 14 **a** Lesen Sie die Aufgabe und hören Sie gleichzeitig das ganze Gespräch. Was hören Sie zu den Antworten a, b, c? Achten Sie erst einmal nur auf ähnliche Wörter im Gespräch.

> 23 Frau Basler bietet an,
> a die letzte Rechnung zu stornieren.
> b bei einer neuen Bestellung einen Rabatt zu geben.
> c sich bei Herrn Fechners Kunden zu entschuldigen.

💡 Sie hören im Gespräch etwas zu allen drei Antworten, meistens aber in anderen Worten, an verschiedenen Stellen und oft in einer anderen Reihenfolge als in den Antworten. Konzentrieren Sie sich an diesen Stellen besonders gut und entscheiden Sie dann, welche Antwort am besten passt.

b Wo im Gespräch hören Sie ähnliche Wörter wie in den Antworten a, b, c? Ordnen Sie zu.

wie in Antwort

> *Herr Fechner, das tut mir sehr leid.* Schon einige Kunden haben uns gesagt, dass Sie mit dieser Farbe Probleme hatten. Wir führen sie deshalb gar nicht mehr in unserem Sortiment. Aber ich kann Ihnen die Farbe „Alle Wetter Pro" empfehlen, mit der haben wir sehr gute Erfahrungen gemacht. *Mit dem Betrag der alten Rechnung kann ich* aus Buchhaltungsgründen leider *nichts mehr machen*, aber wenn Sie jetzt wieder bei uns einkaufen, dann gebe ich Ihnen *auf die nächste Lieferung einen Nachlass* in Höhe von 50 % des damaligen Rechnungsbetrags.

....

....

....

c Welche Antwort passt also am besten zu dem Gespräch? Und warum passen die anderen Antworten nicht? Ergänzen Sie die Erklärung.

Die Lösung ist ...., denn Frau Basler sagt: *dann gebe ich Ihnen* ....

(= die neue Bestellung) .... (= einen Rabatt).

Antwort .... passt nicht, Frau Basler sagt, dass sie: .... (= die

letzte Rechnung) .... (= nicht stornieren).

Antwort .... passt auch nicht, denn sie sagt: ....,

sie entschuldigt sich also nur bei Herrn Fechner selbst, nicht bei seinem Kunden.

Fertigkeitentraining   Hören Teil 1

4 Wenden Sie die Strategien an

 Versuchen Sie in der Prüfung, mithilfe der beiden Aufgaben zu jedem Gespräch schnell die Situation allgemein, aber auch wichtige Details zu erfassen.

▷ 15 **a** Starten Sie Track 15. Lesen Sie in der Zeit bis zum Signal die Aufgaben und unterstreichen Sie Schlüsselwörter. Hören Sie dann das Gespräch und lösen Sie die Aufgaben.

 Während der Prüfung müssen Sie gleichzeitig hören, lesen und die Aufgaben lösen.

---

24 Der Chef möchte über die Messe nächste Woche sprechen.
richtig/falsch?

25 Vor der Messe muss noch
  a das Werbematerial produziert werden.
  b die Besetzung des Standes abgesprochen werden.
  c die Standfläche reserviert werden.

---

b Markieren Sie Ihre Lösungen.

Hören

Teil 1

```
22  ○  ●   22
    richtig falsch
23  ○  ●  ○   23
    a  b  c
24  ○  ○   24
    richtig falsch
25  ○  ○  ○   25
    a  b  c
26  ○  ○   26
```

In der Prüfung haben Sie nach jedem Gespräch 10 Sekunden Zeit, um die Lösungen auf dem Antwortbogen zu markieren oder die nächste Aufgabe zu lesen.
Konzentrieren Sie sich aber auf jeden Fall auf die aktuelle Aufgabe, sobald Sie das Signal und die Ansage der Aufgabennummern hören.

Fertigkeitentraining   Hören Teil 2

In Hören Teil 2 hören Sie vier Gespräche. In allen geht es um ein Thema, zu dem Personen verschiedene Meinungen haben. Dazu lesen Sie sechs Sätze, die eine bestimmte Meinung oder Aussage zum Thema zusammenfassen. Ordnen Sie jedem Gespräch einen Satz zu. Zwei Sätze passen zu keinem Gespräch.

Wichtige Strategien für diesen Teil sind:
- Schnell die Aussagen in den Sätzen erfassen.
- Beim Hören auf die Umschreibungen der Sätze achten.

1 Schnell die Aussagen in den Sätzen erfassen und Schlüsselwörter markieren

> In Hören Teil 2 haben Sie eine Minute Zeit, um die sechs Sätze zu lesen, die Aussagen zu erfassen und Schlüsselwörter zu markieren. Sie können auch die Zeit während der Ansage dafür nutzen.

▷ 16 **a** Starten Sie Track 16. Versuchen Sie, in der Zeit bis zum Signal in allen Sätzen Schlüsselwörter zu markieren.

a	Wer den ganzen Tag arbeitet, sollte sich keinen Hund anschaffen.
b	Bürohunde wirken sich gesundheitsfördernd aus.
c	Auf Menschen mit Angst vor Hunden muss man Rücksicht nehmen.
d	Der Meinung der Mehrheit über Bürohunde muss man sich unterordnen.
e	Mitarbeiter mit einer Hundeallergie sollten ein Einzelbüro bekommen.
f	Hunde haben nichts am Arbeitsplatz verloren.

b Um welches Thema geht es in allen Sätzen? Notieren Sie.

....

2 Beim Hören auf die Umschreibungen der Sätze achten

▷ 17 **a** Welcher Satz passt zu Gespräch 1 (Aufgabe 28)? Hören Sie und ordnen Sie zu.

28 …

> Ignorieren Sie beim Hören Details, die nicht zu den Umschreibungen in den Sätzen passen. Konzentrieren Sie sich darauf, die Hauptaussage im Gespräch zu erkennen. Überfliegen Sie vor und während des Hörens die Sätze bzw. die Schlüsselwörter. Schreiben Sie am Ende jedes Gesprächs den Buchstaben neben die Aufgabennummer. Sind Sie sich ganz sicher, dass der Satz passt? Dann streichen Sie den Satz durch. Zu einem anderen Gespräch kann er nicht mehr passen.

Fertigkeitentraining   Hören Teil 2

b Warum passt dieser Satz zu Gespräch 1 (Aufgabe 28)? Lesen Sie, was Sie dazu gehört haben, und ergänzen Sie die Erklärung.

Elsa: Du nicht? Du hast doch nicht etwa Angst vor Hunden?
Stefan: Nein. Ich bin einfach kein Hundefan und das ganze Büro riecht nach Hund. Das mag ich nicht.
Sebastian: Kannst du das nicht mal ansprechen?
Stefan: Auf keinen Fall! Ich bin neu in der Firma und muss mich wohl anpassen. Ich möchte mich auch nicht gleich bei allen unbeliebt machen.

Sie hören, dass Elsa fragt, ob Stefan Angst vor Hunden hat. In Satz .... kommt zwar auch das Wort .... vor, aber im Gespräch verneint Stefan die Frage und sagt, dass er *einfach kein Hundefan* ist. Deshalb passt der Satz nicht zu Gespräch 1.

Zu Gespräch 1 (Aufgabe 28) passt Satz .... : Stefan will sein Problem nicht ansprechen, weil er neu ist.

Er sagt: *Ich … muss* .... und: *Ich möchte mich auch* ....

.... Diese Aussagen bedeuten,

dass er sich der Meinung der Mehrheit über Bürohunde unterordnet.

3 Wenden Sie die Strategien an

 18 Hören Sie Gespräch 2 (Aufgabe 29) und markieren Sie Ihre Lösung.

a	Wer den ganzen Tag arbeitet, sollte sich keinen Hund anschaffen.
b	Bürohunde wirken sich gesundheitsfördernd aus.
c	Auf Menschen mit Angst vor Hunden muss man Rücksicht nehmen.
d ✓	Der Meinung der Mehrheit muss man sich unterordnen.
e	Mitarbeiter mit einer Hundeallergie sollten ein Einzelbüro bekommen.

💡 Wenn Sie den passenden Satz zum Gespräch gefunden haben, können Sie Ihre Lösung in den zehn Sekunden zwischen den Gesprächen auf dem Antwortbogen notieren. Oder Sie notieren die Nummer des Gesprächs zuerst neben dem Satz, konzentrieren sich dann auf das nächste Gespräch und übertragen Ihre Lösungen nach dem letzten Gespräch auf den Antwortbogen.

Teil 2

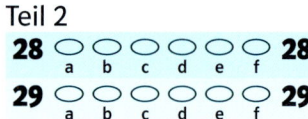

Fertigkeitentraining Hören Teil 3

In Hören Teil 3 hören Sie eine Präsentation mit betriebsbezogenen Informationen, zu der Sie vier Multiple-Choice-Aufgaben lösen müssen. Zu Beginn hören Sie ein Beispiel. Die Aufgaben folgen in der Reihenfolge der Präsentation.

Wichtige Strategien für diesen Teil sind:
- Die Minute nach der Ansage zum Lesen nutzen.
- Die zur Aufgabe passende Stelle in der Präsentation erkennen.
- Sich schnell für die richtige Lösung entscheiden.

1 Die Minute nach der Ansage zum Lesen nutzen

a Überfliegen Sie die Präsentationsfolien. Worum geht es wahrscheinlich? Kreuzen Sie an.

DATENSICHERHEIT
PROBLEM
WAS TUN?
UMGANG MIT DATEN
MOBILE GERÄTE

Es geht um:

- [ ] a Bessere Kommunikation im Team
- [ ] b Datenschutz im Unternehmen
- [ ] c Einführung von neuer Technik im Unternehmen

> Sie hören zu Beginn von Teil 3 die Aufgabenstellung. Bevor die Präsentation anfängt, haben Sie eine Minute Zeit, die Aufgaben zu lesen und Schlüsselwörter zu unterstreichen.

b Auf welche Fragen gibt das Beispiel eine Antwort? Notieren Sie.

DATENSICHERHEIT	Beispiel: An wen wendet sich die Präsentation? a An alle Mitarbeiter b ✓ An die Abteilungsleiter c An die Datenschutzbeauftragten

Wer hält die Präsentation? ➔ ....

Wer hört der Präsentation zu? ➔ ....

Worum geht es in der Präsentation? ➔ ....

> Lesen Sie auch das Beispiel! Hier bekommen Sie eine wichtige Information, die Ihnen hilft zu verstehen, in welcher Situation die Präsentation stattfindet.

Fertigkeitentraining   Hören Teil 3

 19   c   Starten Sie Track 19. Lesen Sie die Aufgaben und unterstreichen Sie Schlüsselwörter in der vorgegebenen Zeit.

DATENSICHERHEIT	Beispiel: Wer hält die Präsentation? a Eine Abteilungsleiterin. b ✓ Eine externe Expertin. c Eine Mitarbeiterin.
PROBLEM	32 Die Mitarbeiterinnen und Mitarbeiter a halten sich nicht an die Regeln. b melden Sicherheitslücken nicht. c wissen zu wenig über Datensicherheit.
WAS TUN?	33 Um die Sicherheit zu erhöhen, a müssen auf Verstöße Konsequenzen folgen. b sollen neue Regeln erarbeitet werden. c wird eine bessere Technik installiert.

 Sie können auch schon während der Ansage beginnen, das Beispiel und die Aufgaben zu lesen und wichtige Wörter zu unterstreichen. Im Beispiel brauchen Sie nichts zu unterstreichen. Sobald Sie das Signal hören und die Präsentation anfängt, sollten Sie gut zuhören.

2   Die zur Aufgabe passende Stelle erkennen

20   a   Hören Sie jetzt den Anfang der Präsentation. Lesen Sie das Beispiel und die Aufgaben 32 und 33 (1c) mit. Ergänzen Sie dann den Tipp.

Aufgabe | Aufgabe 1 | Beispiel | Frage | keine | Pausen | Schlüsselwörter

 In der Präsentation gibt es keine ………………… und ………………… Ansagen, um welche Aufgabe es gerade geht. Sie müssen gut aufpassen, ab wann es in der Präsentation nicht mehr um das ………………… geht, sondern schon um ………………… . Die zur Aufgabe passende Stelle in der Präsentation erkennen Sie an ähnlichen Formulierungen für die …………………, die Sie in der Aufgabe lesen und in der Präsentation hören. Den Wechsel zur nächsten Aufgabe erkennen Sie häufig auch an einer ………………… aus dem Publikum.

b   Was haben Sie zu den Lösungen a, b und c der Aufgabe gehört? Ordnen Sie zu.

32 Die Mitarbeiterinnen und Mitarbeiter

a   halten sich nicht an die Regeln.

Wir haben festgestellt, dass Ihre Mitarbeiterinnen und Mitarbeiter die Datenschutzregeln zwar kennen – alle haben die Datenschutzregeln gelesen und unterschrieben.

b   melden Sicherheitslücken nicht.

Dass es doch zu den genannten Problemen gekommen ist, lag an „menschlichen Sicherheitslücken". … Gelegentlich werden die Regeln aber nicht so genau genommen und Ihre Mitarbeiter verhalten sich sorglos, …

c   wissen zu wenig über Datensicherheit.

Oder die Anhänge verdächtiger E-Mails öffnen, anstatt sie zu melden oder die Mail gleich zu löschen.

In der Aufgabe sind die Lösungen meistens alphabetisch geordnet. In der Präsentation kann die Reihenfolge anders sein. Sie hören meistens aber etwas zu jeder Lösung – und müssen dann entscheiden: Welche Lösung passt am besten?

Fertigkeitentraining   Hören Teil 3

3 Sich schnell für die passende Lösung entscheiden

a Welche Lösung passt also zu Aufgabe 32? Vergleichen Sie mit Ihrer Zuordnung in 2b und ergänzen Sie die Erklärung.

.... ist nicht die passende Lösung, weil die Mitarbeitenden die Regeln kennen, sie gelesen und unterschrieben haben, sie wissen also genug über Datensicherheit. Es ist zwar richtig, dass Mitarbeitende *die Anhänge verdächtiger E-Mails öffnen, anstatt sie zu melden* – Lösung .... ist trotzdem nicht die Lösung, die am besten passt, sondern Lösung .... Sie hören, dass es „menschliche Sicherheitslücken" gibt und die Regeln *nicht* .... *werden*, dass die Mitarbeitenden sich .... *verhalten* – sie halten sich also nicht an die bekannten Regeln.

▷ 21 **b** Hören Sie die Präsentation weiter und lösen Sie die nächste Aufgabe.

WAS TUN?	33 Um die Datensicherheit zu verbessern, a gibt es ab sofort auch neue Technik. b müssen die Regeln durchgesetzt werden. c sollen neue Regeln erarbeitet werden.

c Welche Lösung passt zur Aufgabe und warum? Kreuzen Sie an.

Die passende Lösung ist ☐ a ☐ b ☐ c , denn Sie hören dazu:

☐ *Neue Regeln kommen nicht dazu*,

☐ *an mehreren Stellen, was die die Leitenden tun sollen z. B.:* (*erneut und immer wieder auf die vereinbarten Regeln zur Datensicherheit* hinzuweisen *und die Einhaltung zu kontrollieren*)

☐ *dass Sie bereits über alle notwendigen technischen Mittel verfügen*.

4 Wenden Sie die Strategien an

▷ 22 **a** Starten Sie Track 22. Nutzen Sie die Zeit bis zum Signal, um die Aufgaben zu lesen und Schlüsselwörter zu unterstreichen. Hören Sie dann die Präsentation und lösen Sie die Aufgaben.

UMGANG MIT DATEN	34 Mitarbeitende sollen Daten a bis auf Weiteres in der Cloud speichern. b in gesicherten Videokonferenzen besprechen. c nur über Firmengeräte austauschen.
MOBILE GERÄTE	35 Die Unternehmensleitung a erlaubt die private Nutzung der Diensthandys. b kann die Nutzung der Handys überprüfen. c programmiert eine App für geschäftliche Telefonate.

b Markieren Sie Ihre Lösungen für die Aufgaben 32 bis 35 auf dem Antwortbogen.

Teil 3

32 ○ ○ ○ 32
   a b c
33 ○ ○ ○ 33
   a b c
34 ○ ○ ○ 34
   a b c
35 ○ ○ ○ 35
   a b c

Fertigkeitentraining — Hören Teil 4

In Hören Teil 4 hören Sie fünf telefonische Mitteilungen, in denen es um Anliegen oder Bitten geht. Zu jeder Mitteilung lösen Sie eine Multiple-Choice-Aufgabe.

Wichtige Strategien für diesen Teil sind:
- Während des Hörens die Aufgabe lesen und auf Umschreibungen in der Mitteilung achten.
- Das Anliegen oder die Bitte erfassen und sich für die passende Lösung entscheiden.

1 Während des Hörens die Aufgabe lesen und auf Umschreibungen in der Mitteilung achten

▷ 23 Hören Sie die Mitteilung und lesen Sie die Aufgabe. Zu welchen Wörtern in den Lösungen hören Sie gleiche oder ähnliche Wörter oder vielleicht auch das Gegenteil? Unterstreichen Sie sie.

> **36** Mario
> a bittet um zusätzliche Batterien für die Fernbedienung.
> b braucht noch die Datei mit der Präsentation.
> c hat das Verlängerungskabel vergessen.

> 💡 In der Mitteilung hören Sie die Informationen zu den Lösungen oft in einer anderen Reihenfolge als in der Aufgabe.

2 Das Anliegen oder die Bitte erfassen und sich für die passende Lösung entscheiden

▷ 23 **a** Hören Sie die Mitteilung noch einmal. Was genau hören Sie zu den Lösungen a, b, c? Verbinden Sie.

a Präsentation   bitte noch welche besorgen
b Verlängerungskabel   gerade schon kontrolliert
c Batterien für die Fernbedienung   daran habe ich gedacht

> 💡 In der Nachricht hören Sie meistens Informationen zu allen drei Lösungen, aber nur eine Lösung passt.

b Welche Lösung passt also zu Aufgabe 36? Markieren Sie Ihre Lösung.

▷ 24 **3** Wenden Sie die Strategien an: Hören Sie die Mitteilung, lösen Sie Aufgabe 37 und markieren Sie Ihre Lösung.

> **37** Nour
> a bittet um einen Rückruf.
> b hat am Samstag eine Fortbildung.
> c verschiebt ihren Urlaub noch einmal.

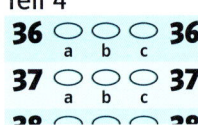

Fertigkeitentraining   Hören und Schreiben

Im Teil Hören und Schreiben hören Sie eine telefonische Mitteilung. Sie sollen bestimmte Informationen für eine Kollegin oder einen Kollegen notieren. Sie müssen gleichzeitig hören, eine Multiple-Choice-Aufgabe lösen und Informationen an der richtigen Stelle auf dem Antwortbogen notieren.

Wichtige Strategien für diesen Teil sind:
- Wissen, wo Sie was auf dem Antwortbogen notieren müssen.
- Beim Hören erkennen, zu welchen Aufgaben die Informationen passen.
- Wichtige von unwichtigen Informationen unterscheiden und erkennen, was genau zu erledigen ist.
- Richtig notieren.

1   Wissen, wo Sie was auf dem Antwortbogen notieren müssen

> Der Teil Hören und Schreiben hat einen anderen Antwortbogen als Hören Teil 1–4. Schlagen Sie gleich nach Hören Teil 4 diesen Antwortbogen auf. Markieren Sie beim Hören die Lösung für Aufgabe 41 und notieren Sie zu den Aufgaben 42–45 die passenden Informationen.

▷ 25 **a**   Was ist der Grund für den Anruf? Hören und markieren Sie.

| 41 Grund für den Anruf | ○ a Angebot | ○ b Bestellung/Buchung | ○ c Beschwerde |

> Bei Aufgabe 41 hören Sie oft nicht wörtlich, ob es um ein Angebot, eine Bestellung/Buchung oder eine Beschwerde geht, sondern Sie müssen sich das aus der gesamten Mitteilung erschließen. Markieren Sie deshalb die Lösung für Aufgabe 41 am besten erst, wenn Sie die ganze Mitteilung gehört haben.

▷ 25 **b**   Wo müssen Sie was notieren? Hören Sie noch einmal und ordnen Sie zu.
Zu Aufgabe 44 passen in dieser Mitteilung drei Informationen.

> Sie hören alle Informationen schnell hintereinander und nicht in der Reihenfolge, in der Sie sie notieren müssen. Was zu erledigen ist, kann zum Beispiel gleich am Anfang kommen, die Telefonnummer erst am Ende.

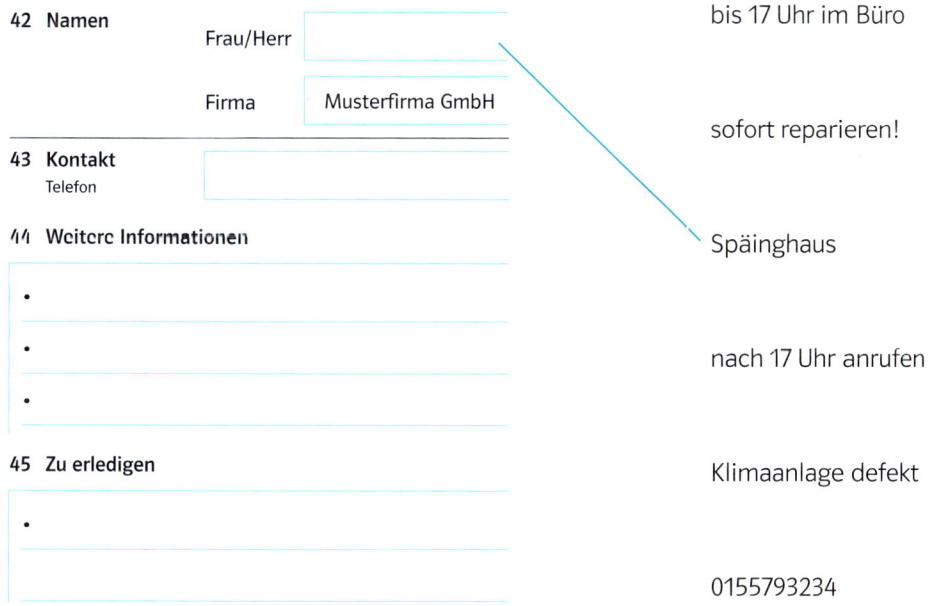

83

Fertigkeitentraining   Hören und Schreiben

2 Beim Hören erkennen, zu welchen Aufgaben die Informationen passen

▷ 26 **a** Hören Sie Teile einer Mitteilung. Wann hören Sie die Informationen zu den Aufgaben? Zu welcher Aufgabe hören Sie noch nichts? Kreuzen Sie an.

Informationen dazu höre ich in dieser Mitteilung …	am Anfang	in der Mitte	gegen Ende	noch nicht
41 Grund für den Anruf	☐	☐	☐	☐
42 Name	☐	☐	☐	☐
43 Kontakt (Telefon)	☐	☐	☐	☐
44 Weitere Informationen	☐	☐	☐	☐
45 Zu erledigen	☐	☐	☐	☐

▷ 26 **b** Welche Aufgaben können Sie schon lösen? Hören Sie noch einmal und notieren Sie die Informationen an den richtigen Stellen auf dem Antwortbogen.

41 Grund für den Anruf   **a** ◯ Angebot   **b** ◯ Bestellung/Buchung   **c** ◯ Beschwerde

42 Name Frau/Herr ....

43 Kontakt (Telefon) ....

44 Weitere Informationen ....
....
....

45 Zu erledigen ....

> 💡 Trainieren Sie so oft wie möglich, gleichzeitig zu hören und zu notieren. Notieren Sie in der Prüfung alles sofort auf dem Antwortbogen, sonst reicht die Zeit nicht!

▷ 27 **c** Hören Sie jetzt die ganze Mitteilung, ergänzen Sie den Antwortbogen in 2b. Markieren Sie auch den Grund für den Anruf.

3 Wichtige von unwichtigen Informationen unterscheiden und erkennen, was genau zu erledigen ist

▷ 28 **a** Hören und lesen Sie diese Mitteilung. Unterstreichen Sie: Was ist zu erledigen?

> *Guten Tag, hier spricht Timo Gießhübel vom Modepark. Es geht um die Flyer, die Sie für uns entwerfen und drucken sollen. Sie haben uns ja die Kalkulation über 1000 Stück geschickt, das liegt deutlich unter unserem Budget. Schicken Sie uns doch bitte auch die Preise für 2000 Stück.*
> *Ihr erster Entwurf hat uns schon gut gefallen, nur die Adresse ist noch die alte. Falls Sie noch Fragen haben: Mein Name ist Gießhübel: G - I - E - ß - H - Ü - B - E - L. Die Telefonnummer ist die 0187 432 77 9.*
> *Ach ja, noch etwas: Ich bin mir nicht sicher, ob der blaue oder der grüne Hintergrund besser ist. Wir müssten auch bald über die Termine für den Katalog sprechen. Danke!*

> 💡 Was zu erledigen ist, erkennen Sie oft an Formulierungen im Imperativ: (z.B. *Schicken Sie …*, *Rufen Sie zurück*, *Kümmern Sie sich um …*), mit *können*: (*Können Sie … schicken*), oft auch an *bitte*.

Fertigkeitentraining   Hören und Schreiben

b Unterstreichen Sie weitere Informationen in der Mitteilung in 3a. Wählen Sie dann aus: Welche Informationen sind wichtig für die Kollegin? Diese sollten Sie in Aufgabe 44 notieren.

> 💡 Am besten notieren Sie, was direkt mit dem Grund des Anrufs und mit dem, was zu erledigen ist, zusammenhängt. Sie müssen nicht alle Informationen notieren!

c Vergleichen Sie die beiden Telefonnotizen: Was ist in Notiz A besser, was in Notiz B? Ergänzen Sie die Erklärung.

A
41 **Grund für den Anruf**   a ◯ Angebot   b ● Bestellung/Buchung   c ◯ Beschwerde
42 **Name** Frau/Herr   *Gieshubel*
43 **Kontakt** (Telefon)   *0187 432 77 9*
44 **Weitere Informationen**   *1. Entwurf gut*
   Adresse
   blau oder grün, Termin
45 **Zu erledigen**   *Preis 2000 Flyer schicken*

B
41 **Grund für den Anruf**   a ● Angebot   b ◯ Bestellung/Buchung   c ◯ Beschwerde
42 **Name** Frau/Herr   *Gießhübel*
43 **Kontakt** (Telefon)   *0178 423779*
44 **Weitere Informationen**   *Adresse alt*
   Hintergrund: blau oder grün?
   Termin Katalog?
45 **Zu erledigen**   *Kalkulation 1000 Stück*

41: Der Grund für den Anruf ist das Angebot, das die Firma machen soll, also ist .... richtig ausgefüllt.

42: In .... ist der Name richtig geschrieben.

43: In .... ist die Telefonnummer korrekt notiert.

44: In .... ist mehr notiert, aber man versteht die Notizen nicht. In .... ist das Wichtigste klar notiert.

45: .... ist korrekt ausgefüllt. .... nennt zwar auch eine Information aus der Mitteilung, aber es ist nicht das, was zu erledigen ist.

Fertigkeitentraining   Hören und Schreiben

4   Richtig notieren

▷ 29 **a**   Namen verstehen: Notieren Sie die Buchstaben.
Was denken Sie: Wie wird dieser Name ausgesprochen?

....

> 💡 Den Namen der Person hören Sie meistens am Anfang der Mitteilung und später noch einmal. Notieren Sie den Namen am besten erst, wenn er buchstabiert wird. Namen schreibt man nicht immer so, wie man sie hört. Wenn Sie am Anfang zu lange darüber nachdenken, wie man den Namen schreibt, verpassen Sie die restliche Mitteilung.

▷ 30 **b**   „Abkürzen": Hören Sie die Mitteilung und lesen Sie die Notiz. Ergänzen Sie dann die „Abkürzungen".

44 Weitere Informationen
Ankunft Fr. ca. 15 Uhr
5 Pers.
Taxi o. abholen?
45 Zu erledigen
Rückruf!

Wir kommen an: ....

am Freitag: ....

ungefähr: ....

um drei Uhr nachmittags: ....

mit fünf Personen: ....

Rufen Sie mich doch bitte mal zurück: ....

Sollen wir ein Taxi zu Ihrer Fima nehmen: ....

oder: ....

holen Sie uns vielleicht sogar ab: .... ?

> 💡 Sie können die Wörter notieren, die Sie hören. Oft ist das aber zu lang. Nutzen Sie also kürzere Wörter, andere Wortarten, Zahlen und auch Abkürzungen. Wichtig ist, dass man Ihre Notizen gut versteht.

▷ 31 **5**   Wenden Sie die Strategien an: Hören Sie die Mitteilung und notieren Sie die Informationen.

41 Grund für den Anruf   **a** ◯ Angebot   **b** ◯ Bestellung/Buchung   **c** ◯ Beschwerde

42 Name Frau/Herr ....

> 💡 Bindestrich: ...-...

43 Kontakt (Telefon) ....

44 Weitere Informationen ....

....

....

....

45 Zu erledigen ....

> 💡 In der Prüfung haben Sie nach der Mitteilung noch 60 Sekunden Zeit, um Ihre Notizen zu ergänzen oder zu verbessern.

86

Fertigkeitentraining   Sprachbausteine Teil 1

In Sprachbausteine Teil 1 lesen Sie eine E-Mail von einem Arbeitnehmer an einen Arbeitgeber, z.B. eine Nachfrage zu einer Bewerbung oder eine andere berufliche E-Mail.
Die Mail hat sechs Lücken und Sie müssen aus 10 vorgegebenen Wörtern jeweils das Wort auswählen, das die Lücke sinnvoll ergänzt.

Wichtige Strategien für diesen Teil sind:
- Das Sprachgefühl nutzen.
- Zuerst die Lösungswörter lesen.
- Die Lücke und die Lösungswörter analysieren.

1 Das Sprachgefühl nutzen

 Für den Teil Sprachbausteine haben Sie wenig Zeit. Einige Formulierungen haben Sie vielleicht schon im Unterricht gehört oder vielleicht fällt Ihnen spontan ein Wort ein, das die Lücke sinnvoll ergänzt.

a Lesen Sie den ersten Lückensatz bis zum Ende. Fällt Ihnen gleich ein passendes Wort ein? Notieren Sie es über der Lücke.

> … Ich würde mich freuen, wenn Sie mich kurz informieren würden, __1__ der Stand meiner Bewerbung ist. …

b Vergleichen Sie Ihre Lösung mit den Vorschlägen im Kasten.

a DAHER	b DARÜBER	c GEGEN	d UM	e WIE	f WO

➔ Ihre Lösung ist dabei? Dann streichen Sie das Wort im Kasten und den Buchstaben durch.
➔ Ihre Lösung ist nicht dabei? Dann suchen Sie ein Wort aus dem Kasten, das Ihrer Lösung entspricht.
(Für diese Lücke – der Satz mit der Lücke ist eine indirekte Frage – ist Ihnen vielleicht „was" eingefallen, das gibt es nicht zur Auswahl, es entspricht aber „wie" aus dem Kasten.)

c Probieren Sie diese Strategie an zwei weiteren Lückensätzen mit den Wörtern aus dem Kasten oben aus.

> … Sie haben im Vorstellungsgespräch von einem möglichen zweiten Gespräch __2__ Ende des Monats gesprochen. … Ich habe seitdem nichts mehr von Ihnen gehört und bin mir __3__ nicht ganz sicher, ob ich noch in der Auswahl bin. …

 Lesen Sie den Satz mit der ergänzten Lücke zur Probe „im Kopf". Klingt es richtig? Streichen Sie das Wort und den Buchstaben im Kasten durch und machen Sie mit der nächsten Lücke genauso weiter. Ein Wort passt immer nur zu einer Lücke, außerdem passen einige Wörter in keine Lücke.

Fertigkeitentraining   Sprachbausteine Teil 1

2   Zuerst die Lösungswörter lesen

> 💡 Wenn die Strategie „Das Sprachgefühl nutzen" gar nicht zu Ihnen passt, dann lesen Sie zuerst alle zehn Wörter und dann den Text bis zur ersten Lücke. Sehen Sie immer wieder in den Kasten und suchen Sie das passende Wort.

Lesen Sie zuerst die möglichen Lösungswörter im Kasten und dann den Text. Notieren Sie in jeder Lücke den passenden Buchstaben. Streichen Sie das notierte Wort im Kasten durch.

a ALS	c BALD	e WÄHREND
b ANBEI	d BEI	f WENN

… __1__ meines Vorstellungsgesprächs gestern in Ihrer Firma bat mich Herr Lohmeyer, einige Unterlagen nachzureichen. Wie vereinbart schicke ich sie Ihnen __2__ Anlage.

Ich freue mich, __3__ ich bald wieder von Ihnen höre. …

> 💡 Sie können entweder das passende Wort in die Lücke schreiben oder nur den Buchstaben des Lösungsworts. Wichtig ist, dass Sie in der Prüfung für jede Aufgabe den richtigen Buchstaben auf dem Antwortbogen markieren.

3   Lücke und Lösungswörter analysieren

> 💡 Wenn Ihnen spontan keine Lösung einfällt, kann es helfen, die Position und den Kontext einer Lücke zu analysieren. Sie geben einen Hinweis darauf, welche Wortart in die Lücke passt.

a   Lesen Sie die Lückensätze und kreuzen Sie an.

__46__ meinem Vorstellungsgespräch gestern haben Sie mir ein Angebot gemacht.

Ich muss __47__ nicht länger nachdenken: Sehr gerne möchte ich die Möglichkeit zum Probearbeiten nutzen.

Lücke 46 ist am	☐ Satzanfang.	☐ in der Satzmitte.	☐ am Satzende.
Das Wort in der Lücke ist Teil einer	☐ temporalen Angabe (Wann?)	☐ lokalen Angabe (Wo?)	
	☐ kausalen Angabe (Warum?)	☐ modalen Angabe (Wie?)	
In Lücke 46 fehlt	☐ ein Fragewort.	☐ eine Präposition.	☐ ein Konnektor.
Ohne das Wort in **Lücke 47**	☐ versteht man den Satz nicht.	☐ versteht man den Satz auch.	
Man kann nach dem Wort fragen:	☐ Worüber muss ich nicht länger nachdenken?		
	☐ Wie lange muss ich noch nachdenken?		
Das Wort in der Lücke	☐ bezieht sich auf den Satz davor.	☐ ist eine neue Angabe.	
In der Lücke fehlt	☐ ein Konnektor.	☐ ein Pronominaladverb.	☐ ein Pronomen.

b   Welche Wörter passen also in die Lücken 46 und 47? Wählen Sie aus und markieren Sie Ihre Lösungen.

a ALS	c DARÜBER	e WÄHREND
b BEI	d ÜBER	f WORÜBER

46 ○○○○○○○○○○ 46
   a b c d e f g h i j
47 ○○○○○○○○○○ 47
   a b c d e f g h i j

Fertigkeitentraining   Sprachbausteine Teil 2

In Sprachbausteine Teil 2 lesen Sie eine geschäftliche E-Mail, z.B. eine Anfrage oder ein Angebot. Der Text hat sechs Lücken, die Sie sinnvoll ergänzen sollen. Dazu bekommen Sie zu jeder Lücke eine Aufgabe mit jeweils drei Ausdrücken zur Auswahl. Das sind in solchen Texten typische und häufig gebrauchte Verbindungen wie Nomen in Verbindung mit Verben, Adjektiven oder Präpositionen. In dieser Aufgabe wird geprüft, ob Sie den passenden berufssprachlichen Wortschatz für Geschäftsbriefe beherrschen.

Hilfreiche Strategien für diesen Teil sind:
- Schnell die E-Mail durchlesen und sich orientieren: Was für ein Geschäftsbrief ist das?
- Den Inhalt des Satzes mit der Lücke erfassen.
- Den Kontext zum Verständnis nutzen.

1 Schnell die E-Mail durchlesen und sich orientieren
Lesen Sie den ersten Teil der Mail: Was für ein Geschäftsbrief ist das? Kreuzen Sie an.

1. ☐ ein Angebot 3. ☐ eine Auftragsbestätigung
2. ☐ ein Auftrag 4. ☐ eine Bestellung

Sehr geehrte Frau Dröhmer,

vielen Dank für Ihre ___52___ vom 24.11. Gerne machen wir Ihnen ein Angebot für ein Druck- und Kopiergerät: Drucker / Kopierer SMK 34 897 für 1.247 Euro zzgl. 19 % MwSt

Dieses Angebot gilt bis zum 22.12.20..

…

💡 Lesen Sie in der Prüfung die Überschrift der Mail: Im Betreff einer geschäftlichen Mail steht immer, worum es sich handelt.

---

2 Den Inhalt des Satzes mit der Lücke spontan erfassen

a Lesen Sie den ersten Satz. Können Sie die Lücke auch ohne Lösungsvorschläge ergänzen?

… vielen Dank für Ihre ___52___ vom 24.11.20. Gerne machen wir Ihnen folgendes Angebot für ein Druck- und Kopiergerät: …

💡 Bei den Lösungen handelt es sich meistens um Ausdrücke mit einem Nomen. Vielleicht fällt Ihnen spontan ein passendes Nomen ein. Vergleichen Sie dann mit den Lösungsmöglichkeiten a, b, c.

---

b Vergleichen Sie Ihre Lösung mit dieser Erklärung und kreuzen Sie an.

Die Firma macht Frau Dröhmer ein Angebot, das heißt, es gab vorher

☐ eine Anfrage. ☐ einen Auftrag. ☐ eine Auftragsbestätigung. ☐ eine Rechnung.

Die richtige Lösung ist also: **52 a** mündliche Absprache
  b telefonische Anfrage
  c schriftliche Reklamation

Fertigkeitentraining   Sprachbausteine Teil 2

3 Den Kontext zum Verständnis nutzen

 Die Lücke im Satz steht nie isoliert: Lesen Sie den Satz mit der Lücke immer ganz. Auch die Sätze davor und danach können Hinweise auf die richtige Lösung geben.

a Lesen Sie den ganzen Abschnitt um den Satz mit der Lücke herum und überlegen Sie, worum es in dem Satz mit der Lücke geht.

> Auf das Gerät geben wir zwei Jahre Garantie und möchten Sie ___53___ auch auf unsere Wartungsverträge hinweisen: Schon für 120 Euro / Jahr überprüfen und reparieren wir Ihre Geräte monatlich.

b Lesen Sie die Ausdrücke und entscheiden Sie sich, welcher in den Kontext passt.

53 a an dieser Stelle
     b auf keinen Fall
     c zu unserem Bedauern

4 Wenden Sie die Strategien an
Lösen Sie die Aufgaben und markieren Sie Ihre Lösungen.

> …
>
> Die Lieferung kann jederzeit ___54___ erfolgen. Bei einer Zahlung ___55___ gewähren wir 2% Skonto.
>
> Wenn Preis und Konditionen interessant für Sie sind, würden wir uns freuen, wenn Sie ___56___ und bedanken uns nochmals für Ihr Interesse.
>
> Natürlich beantworte ich Ihnen auch gerne ___57___ oder stelle Ihnen Alternativen vor. Sie erreichen mich jederzeit unter oben angegebener Telefonnummer.
>
> Mit freundlichen Grüßen
>
> Sigfried Mühler

54 a nach Ablauf der Frist
     b ohne Aufschub
     c zum gewünschten Termin

55 a innerhalb von 10 Tagen
     b seit einer Woche
     c zwischen den Jahren

56 a mit unserem Angebot rechnen
     b uns den Auftrag erteilen
     c von Ihrem Angebot erfahren

57 a lösbare Probleme
     b spätere Entwicklungen
     c weitere Fragen

	a	b	c	
53	●	○	○	53
54	○	○	○	54
55	○	○	○	55
56	○	○	○	56
57	○	○	○	57

 Mehr zu typischen Ausdrücken in Geschäftsbriefen finden Sie im Übungsteil Wortschatz.

Fertigkeitentraining   Schreiben

Im Teil Schreiben müssen Sie einen Forumsbeitrag schreiben. Sie können zwischen zwei Themen wählen.

Wichtige Strategien für diesen Teil sind:
- Sich schnell für ein Thema entscheiden.
- Ideen und Meinung zum Thema notieren.
- Direkt auf den Antwortbogen schreiben.

 Für *Schreiben* und *Sprachbausteine Teil 1* und *2* haben Sie insgesamt 35 Minuten Zeit. Sie entscheiden, mit welchem Teil Sie anfangen. Planen Sie für *Schreiben* mindestens 20 Minuten ein. Wenn Sie mit *Sprachbausteine* anfangen und nach 15 Minuten noch nicht fertig sind, fangen Sie trotzdem mit *Schreiben* an, weil Sie für *Schreiben* mehr Punkte bekommen.

1 Sich schnell für ein Thema entscheiden

Lesen Sie die Aufgabe und die Themen A und B. Zu welchem Thema fällt Ihnen spontan mehr ein? Entscheiden Sie sich schnell.

Schreiben

Wählen Sie eines der folgenden Themen.

In Ihrer Firma können sich alle Mitarbeiterinnen und Mitarbeiter in einem Forum miteinander über Neuigkeiten austauschen. Schreiben Sie einen Forumsbeitrag zu Thema A oder B.

Begründen Sie Ihre Meinung und nennen Sie passende Beispiele. Gliedern Sie Ihren Text in sinnvolle Abschnitte.

> **Thema A: „Wohltätigkeitslauf"**
> Alle Mitarbeiterinnen und Mitarbeiter in Ihrer Firma sollen in diesem Jahr an der Veranstaltung „Lauf und hilf" teilnehmen. Der Betriebsausflug ins Gewürzmuseum wird deshalb abgesagt.

oder

> **Thema B: „Parkplätze"**
> Alle Mitarbeiterinnen und Mitarbeiter sollen möglichst mit den öffentlichen Verkehrsmitteln zur Arbeit kommen. Der Zuschuss für Parkplätze soll durch einen Zuschuss für die öffentlichen Verkehrsmittel ersetzt werden.

| Schreiben Sie direkt auf den Antwortbogen. | **Platz für Notizen** |

Fertigkeitentraining   Schreiben

2 Ideen und Meinung zum Thema notieren

a Lesen Sie noch einmal Thema A und ergänzen Sie dann die Notizen.

Platz für Notizen
A: Wohltätigkeitslauf statt
alle müssen bei .... mitlaufen
es wird keinen .... geben

💡 Wenn Sie Punkte aus dem Thema in Ihren eigenen Worten formulieren, können Sie sie gleich so in Ihren Text übernehmen.

b Lesen Sie die weiteren Notizen. Was spricht für (+), was gegen (-) den Plan der Firma? Notieren Sie + / – .

💡 Überlegen Sie, welche Veränderungen der Plan der Firma für Ihre Arbeit bzw. für Sie persönlich oder Ihre Kolleginnen und Kollegen zur Folge haben könnte.

Platz für Notizen
☐ „Lauf und hilf": gute Idee, Gutes tun und helfen
☐ gutes Image für die Firma
☐ stärkt Teamgeist, mehr als Museum
☐ einige können nicht laufen → z. B. Kollegen mit Knieproblemen
☐ auf Museum gefreut, alle können mitmachen
Idee: beides machen, Termin Museum verschieben

💡 Sie müssen keine eindeutig positive oder negative Meinung zum Thema haben. Sie können Argumente dafür und dagegen nennen und begründen und am Ende einen Kompromiss vorschlagen. Oder Sie können schreiben, dass Sie noch einmal genauer darüber nachdenken müssen.

3 Direkt auf den Antwortbogen schreiben

💡 Schreiben Sie Ihrem Forumsbeitrag nicht vor. Schreiben Sie direkt auf den Antwortbogen, sonst reicht die Zeit nicht.

a Notieren Sie die fünf Anreden aus der Wörterschlange. Achten Sie auf Groß- und Kleinschreibung sowie passende Satzzeichen am Ende.

halloihrliebenheyleuteliebekolleginnenundkollegenhallozusammengutenmorgenzusammen

Fertigkeitentraining Schreiben

b Mögliche Einleitungssätze: Verbinden Sie.

 Sie schreiben an alle Mitarbeitenden in Ihrer Firma. Sie können duzen oder siezen, beides ist in Ordnung. Entscheiden Sie sich am Anfang und bleiben Sie dann bei dieser Form.

1. Habt ihr / Haben Sie schon gehört,
2. Wisst ihr / Wissen Sie schon, dass
3. Die Idee / Den Plan unserer Firma,
4. Die Geschäftsleitung möchte, dass

a es dieses Jahr keinen Betriebsausflug geben wird?
b alle bei „Lauf und hilf" mitlaufen.
c den Betriebsausflug ausfallen zu lassen, finde ich sehr gut / super / nicht so gut / …
d dass wir alle bei „Lauf und hilf" mitlaufen sollen?

 Nennen Sie im ersten Satz das Thema, das Sie gewählt haben.

c Schreiben Sie den Beitrag zu Thema A in der richtigen Reihenfolge ab. Ergänzen Sie eine passende Anrede, einen Einleitungssatz und unterscheiben Sie mit Ihrem Namen.

 Gliedern Sie Ihren Text in sinnvolle Abschnitte. Schreiben Sie jede neue Idee in einen neuen Abschnitt.

A Ein weiteres Argument gegen den Lauf ist auch, dass sich die meisten von uns schon sehr auf den Ausflug ins Museum gefreut haben. Und dorthin können ja auch alle mitkommen und mitmachen.

B Einerseits ist es immer schön, wenn man etwas Gutes tut und hilft. Außerdem kann unsere Firma mit der Teilnahme ihr Image verbessern.
Dafür spricht auch, dass der Lauf den Teamgeist wahrscheinlich mehr stärkt als der Ausflug ins Museum.

C Vielleicht wäre es eine gute Idee, wenn die Firma in diesem Jahr beides macht. Den Termin für das Gewürzmuseum könnte man ein paar Monate nach hinten verschieben.
Ich bin gespannt, eure Meinungen zum Thema zu lesen.

D … und wir stattdessen alle bei der Veranstaltung „Lauf und hilf" mitlaufen sollen? Ich weiß noch nicht, was ich von dieser Idee halten soll.

E Andererseits haben wir ja auch Kolleginnen und Kollegen, die aus gesundheitlichen Gründen nicht an einem 5-Kilometer-Lauf teilnehmen können. Ich denke da zum Beispiel an eine Kollegin mit Knieproblemen.

 Nutzen Sie passende Satzverbindungen in Ihrem Text. So zeigen Sie, dass Sie sich auf dem Niveau B2 ausdrücken können, und Ihr Text wird gut verständlich. Mehr dazu finden Sie im Übungsteil Grammatik ab S. 134.

Fertigkeitentraining   Schreiben

4 Wenden Sie die Strategien an: Schreiben Sie einen eigenen Beitrag zu Thema B. Nutzen Sie Redemittel aus dem Kasten. Sie haben 20 Minuten Zeit.

> Habt ihr / Haben Sie schon gehört, dass…
> Die Geschäftsleitung / Die Firma möchte, dass …
> … ist eine (sehr) gute / keine gute / super / … Idee.
> Das finde ich sehr gut / gar nicht gut / …
> Von der Idee / dem Plan / Davon halte ich sehr viel / gar nichts / nicht viel, weil …
> Für … / Gegen … spricht, dass … / Dafür / Dagegen spricht, dass …
> Einerseits …, andererseits …
> Ein ganz wichtiges Argument dafür / dagegen ist auch, dass …
> Deshalb soll / kann / muss …
> … finde ich nicht gut, stattdessen könnte man …
> Wir könnten auch …
> Ich habe dazu eine ganz klare Meinung: …
> Ich weiß noch nicht, was ich von dieser Idee / diesem Plan halte.
> Ich bin gespannt, eure / Ihre Meinung zum Thema zu lesen / zu erfahren.
> Was meint Ihr / meinen Sie dazu? Ich freue mich auf eure / Ihre Beiträge.

 Denken Sie daran, dass alle in der Firma Ihren Beitrag lesen können. Vertreten Sie deshalb keine extreme Meinung und benutzen Sie keine extremen Beispiele oder unhöflichen Ausdrücke.

58 Schreiben

Fertigkeitentraining   Sprechen Teil 1

In Sprechen Teil 1 haben Sie direkt in der mündlichen Prüfung keine Vorbereitungszeit, aber Sie können sich in den Tagen und Wochen vorher gut darauf vorbereiten.

In der Prüfung bekommen Sie von 8 möglichen Themen 2 zur Auswahl und sprechen in Teil 1A ca. 2 Minuten lang frei über das von Ihnen gewählte Thema. In Teil 1B beantworten Sie ca. 2 Minuten lang Prüferfragen dazu, und in Teil C erläutern Sie ca. ½ Minute lang die Antworten der/des anderen Teilnehmenden (TN) aus ihrem/seinem Teil 1B.

Wichtige Strategien für diesen Teil sind:
- Sich mit dem Ablauf der Prüfung vertraut machen.
- Sich auf Teil 1A vorbereiten.
- Notizen zu den Prüfungsthemen machen.
- Mithilfe der Notizen einen zusammenhängenden Text formulieren.
- Frei sprechen üben.
- Für Teil 1B trainieren, spontan zu antworten.
- Für Teil 1C Notizen machen, während die/der andere TN die Fragen in Teil 1B beantwortet.
- Für alle Teile: Nachfragen, wenn man etwas nicht versteht.

1 Sich mit dem Ablauf der Prüfung vertraut machen

▷ 32 Hören Sie das Beispiel aus dem Modelltest und ergänzen Sie: *TN A*, *TN B* oder *P* (für Prüfer/in).

...TN A... fängt an und spricht in Teil 1A über sein Thema.

Direkt danach stellt ihm .... in Teil 1B Fragen.

.... hört zu und macht sich Notizen.

In Teil 1C bittet der zweite .... dann ...., einen oder zwei Aspekte aus den Antworten

von .... zu erläutern.

Im Anschluss macht .... weiter und spricht in Teil 1A über ihr Thema.

.... stellt auch ihr in Teil 1B einige Fragen zu ihrem Thema. .... antwortet, ... hört zu

und macht sich Notizen.

Abschließend bittet der zweite .... in Teil 1C ...., einen Aspekt aus den Antworten

von .... zu erläutern.

> 💡 In Teil 1B stellt die/der eine Prüfende die Fragen, in Teil 1C die/der andere Prüfende.

Fertigkeitentraining   Sprechen Teil 1

2 Notizen zu den Prüfungsthemen machen
Markieren Sie die Themen, zu denen Sie gut etwas sagen können, mit +, die Themen, die Sie schwer finden, mit ? und streichen Sie das Thema, zu dem Ihnen am wenigsten einfällt, durch.

 Sie müssen sich nur auf sieben Themen vorbereiten. Das Thema, zu dem Ihnen am wenigsten einfällt, können Sie weglassen, weil Sie in der Prüfung immer zwei Themen zur Auswahl bekommen.

Diese Themen können in der Prüfung vorkommen:

1. Beschreiben Sie **einen Arbeitgeber**, für den Sie gearbeitet haben oder arbeiten möchten (z.B. Branche, Produkte und Dienstleistungen, Abteilungen und ihre Aufgaben, Besonderheiten).

2. Beschreiben Sie, wie Sie sich ein **gutes Arbeitsumfeld** vorstellen (z.B. Jobsicherheit, Lohn/Gehalt, Karrierechancen, Kommunikation in der Firma, Beispiele aus Ihrer Berufserfahrung).

3. Beschreiben Sie die **Ereignisse und Erfahrungen**, die Ihre **Berufswahl** beeinflusst haben (z.B. Stationen, wichtige Personen, Motivation, Folgen).

4. Beschreiben Sie **eine Person** aus Ihrem Umfeld, die für Sie ein **berufliches Vorbild** ist (z.B. Beziehung zu dieser Person, Eigenschaften, Einfluss auf Sie).

5. Beschreiben Sie das **Vorgehen bei der Arbeitssuche** für ein Land Ihrer Wahl (z.B. Angebote finden, Erstkontakt, Bewerbungsunterlagen oder -gespräch).

6. Beschreiben Sie, worauf es bei einem **Bewerbungsgespräch** ankommt. Sprechen Sie über ein Land Ihrer Wahl (z.B. Berufsfeld, Vorbereitung, Kleidung, typische Fragen).

7. Beschreiben Sie **ein Produkt / eine Dienstleistung** Ihrer Wahl (z.B. Merkmale, Nutzen für Kunden, Vor- und Nachteile, Erfolg).

8. Sie möchten sich **selbstständig** machen. Beschreiben Sie Ihre **Geschäftsidee** (z.B. welches Produkt/welche Dienstleistung, Besonderheiten, Zielgruppe).

 Entscheiden Sie sich in der Prüfung schnell für eines der beiden Themen auf dem Aufgabenblatt und sammeln Sie dann kurz noch einmal im Kopf Ihre Ideen dazu, bevor man Sie auffordert zu beginnen. Sagen Sie dann am Anfang, welches Thema Sie gewählt haben.

 So können Sie für Teil 1A insgesamt vorgehen:
1. Notizen machen.
2. Die Notizen ausformulieren.
3. Laut über das Thema sprechen, dabei die Zeit stoppen.
4. Die Notizen ergänzen oder kürzen und wieder sprechen, bis es zwei Minuten dauert.
5. Dann mehrmals üben, bis Sie sicher frei sprechen können.

Fertigkeitentraining   Sprechen Teil 1

3 Mithilfe der Notizen einen zusammenhängenden Text formulieren

a Notizen strukturieren: Lesen Sie die Beispiele und machen Sie jeweils nach dem Muster eigene Notizen zu den Themen.

Mindmap
Thema 1:
Ein Arbeitgeber, für den ich gearbeitet habe

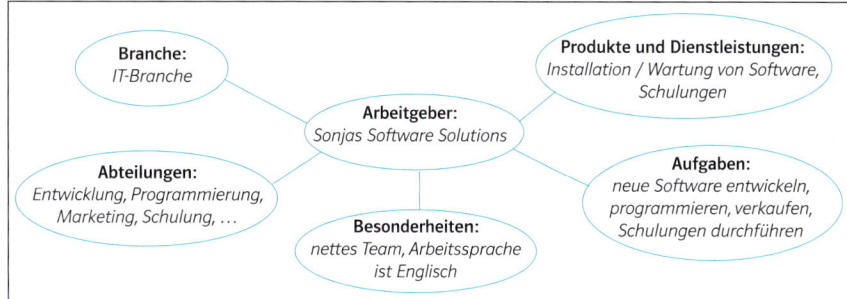

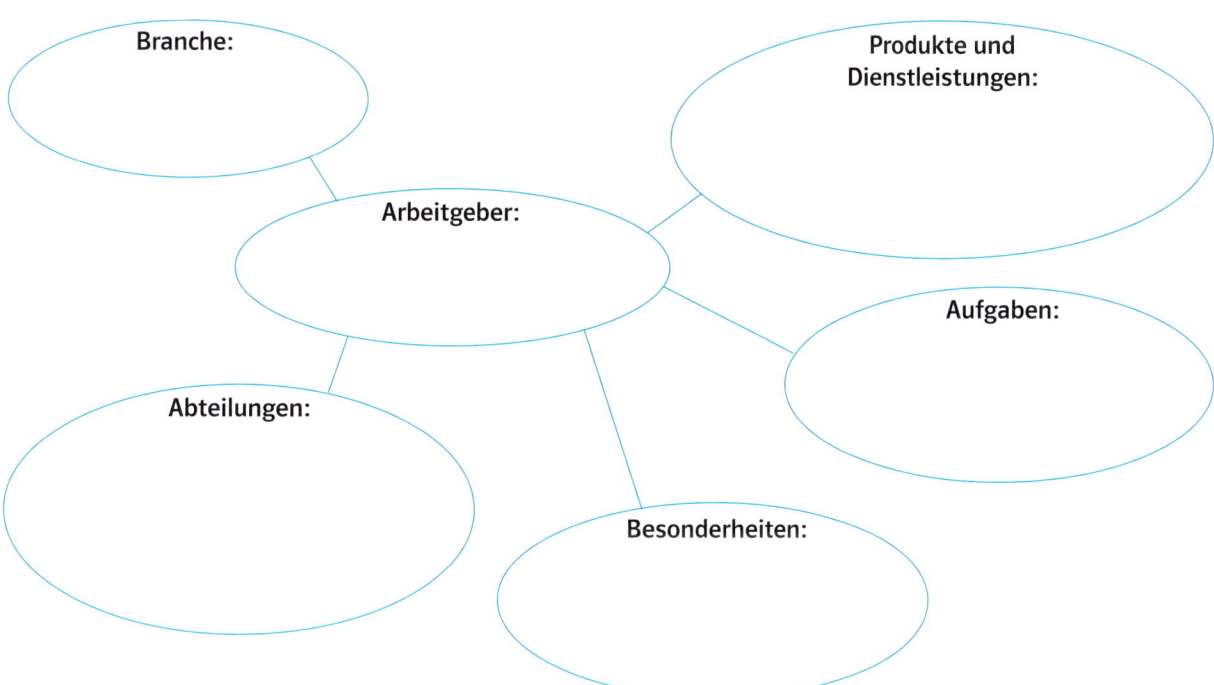

Tabelle Thema 2: Meine Vorstellung von einem guten Arbeitsumfeld

Jobsicherheit	Lohn / Gehalt	Karrierechancen	Kommunikation in der Firma	Beispiele aus meiner Berufserfahrung
unbefristeter Vertrag	nach Tarif + Urlaubsgeld + evtl. Zuschläge	Weiterbildungsmöglichkeiten	regelmäßige Teamsitzungen	Arbeit als Elektroniker: nette Kollegen, schwieriger Chef, …

Jobsicherheit	Lohn / Gehalt	Karrierechancen	Kommunikation in der Firma	Beispiele aus meiner Berufserfahrung

Fertigkeitentraining   Sprechen Teil 1

Kärtchen mit Notizen zu den einzelnen Punkten Thema 4: Mein berufliches Vorbild

Notieren Sie auf einer Seite das Stichwort, auf der anderen Seite Ihre Ideen dazu. So können Sie gut für den Vortrag üben.

Ein berufliches Vorbild: Beziehung zu dieser Person:	**Ein berufliches Vorbild:** Eigenschaften:	**Ein berufliches Vorbild:** Einfluss auf mich:
meine Ausbilderin	*immer geduldig und freundlich*	*hat mich immer ermutigt, auch wenn es Probleme gab*
Ein berufliches Vorbild: Beziehung zu dieser Person:	**Ein berufliches Vorbild:** Eigenschaften:	**Ein berufliches Vorbild:** Einfluss auf mich:

Machen Sie sich auch für die übrigen Themen Notizen nach dem Muster, mit dem Sie am besten arbeiten können.

 33 **b** Hören Sie ein Beispiel. Über welches Thema spricht die Person? Notieren Sie.

Thema: ....

 33 **c** Hören Sie noch einmal. Welche Redemittel hören Sie? Kreuzen Sie an.

1 Ich habe das Thema „…" gewählt. Für dieses Thema habe ich mich entschieden, weil …
2 Ich möchte über das Thema … sprechen.
3 Der Aspekt … ist für mich (noch nicht) interessant, weil …
4 Zu der Frage, ob … wichtig sind, kann ich Folgendes sagen: …
5 Zum Thema … habe ich folgende Einstellung: Meiner Meinung nach …
6 Was … angeht, (kann ich sagen, dass …)
7 Ich habe damit noch nicht so viele Erfahrungen gemacht, aber ich habe gehört, dass …
8 Als eigenes Beispiel kann ich von … berichten: …

d Entscheiden Sie sich für ein Thema und schreiben Sie mit Ihren Notizen und passenden Redemitteln aus 3c einen Text dazu.

Eine klare Struktur ist wichtig. Orientieren Sie sich dabei an den Punkten aus den Themen. So können die Zuhörenden Ihnen besser folgen.

Fertigkeitentraining Sprechen Teil 1

4 Frei sprechen üben

a Sprechen Sie laut über Ihr Thema und stoppen Sie dabei die Zeit.

> 💡 Lernen Sie auf keinen Fall einen Text auswendig! Sonst können die Prüfenden Sie unterbrechen.

b Ergänzen oder kürzen Sie Ihre Notizen und sprechen Sie noch einmal – so lange, bis Ihr Vortrag ca. zwei Minuten dauert.

c Wiederholen Sie Ihren Vortrag mehrmals, bis Sie sicher frei sprechen können.

> 💡 Nehmen Sie sich mit dem Handy auf. Überlegen Sie dann, was Sie noch besser machen können (Sprechgeschwindigkeit, Deutlichkeit, Betonungen, Pausen, …). Oder bitten Sie jemanden um Feedback.

5 Für Teil 1B trainieren, spontan zu antworten
Hören Sie Prüferfragen zu den acht Themen und versuchen Sie, spontan zu antworten.

▷ 34 **Thema 1**: Arbeitgeber
▷ 35 **Thema 2**: gutes Arbeitsumfeld
▷ 36 **Thema 3:** Berufswahl
▷ 37 **Thema 4:** berufliches Vorbild
▷ 38 **Thema 5:** Arbeitssuche
▷ 39 **Thema 6:** Bewerbungsgespräch
▷ 40 **Thema 7:** Produkt/Dienstleistung
▷ 41 **Thema 8:** Geschäftsidee

6 Für Teil 1C Notizen machen, während die/der andere TN die Fragen in Teil 1B beantwortet

▷ 42 **a** Hören Sie die Antwort auf eine Frage aus Teil 1B und ergänzen Sie die Notizen.

> abends länger arbeiten | ausgleichen durch | gelegentlich okay | früh aufstehen | in Ordnung, aber bezahlt

Frage: Arbeitszeiten?

Flexibilität: sehr wichtig, ungern: ...., gut: ....

Frage: Überstunden? .... oder .... Freizeit

Frage: Wochenendarbeit? ....

> 💡 Notieren Sie sich in der Prüfung auch Stichpunkte aus der Prüferfrage. Diese helfen Ihnen bei der Erläuterung der wichtigsten Aspekte aus der Antwort.

Fertigkeitentraining   Sprechen Teil 1

▷ 43 **b** Hören Sie jetzt die Prüferfrage für Teil 1C und die Antwort der Teilnehmerin. Sie hat anders formuliert als in ihren Notizen. Notieren Sie, was sie gesagt hat.

Flexibilität sehr wichtig: ....

Überstunden in Ordnung: .... ;

durch mehr Freizeit ausgleichen: ....

Wochenendarbeit gelegentlich: ....

> 💡 Versuchen Sie in Teil 1C, nicht wortwörtlich zu wiederholen, sondern verwenden Sie etwas andere Ausdrücke. Das können z.B. andere Wortarten (Flexibilität – flexibel; ausgleichen – Ausgleich) oder synonyme Ausdrücke sein (gelegentlich - nicht regelmäßig).

▷ 44 **c** Hören Sie ein weiteres Beispiel für Teil 1B und notieren Sie.
Vergleichen Sie anschließend mit dem Lösungsvorschlag auf S. 148.

Frage: ....

Antwort: ....

....

Frage: ....

Antwort: ....

....

▷ 45 **d** Hören Sie die Prüferfrage zu Teil 1C. Was könnten Sie sagen? Formulieren Sie mithilfe Ihrer Notizen.

7 Nachfragen, wenn man etwas nicht versteht. Ordnen Sie zu.

> 💡 Sie dürfen in der Prüfung nachfragen, wenn Sie etwas nicht verstehen.

1. Entschuldigung, könnten   A noch einmal erklären, bitte?
2. Tut mir leid, ich habe   B Würden Sie das bitte noch einmal anders formulieren?
3. Könnten Sie das   C nicht verstanden, was ich jetzt machen soll.
4. Die Frage ist mir noch nicht ganz klar. D Sie das noch einmal wiederholen, bitte?

Fertigkeitentraining   Sprechen Teil 2

In Sprechen Teil 2 sollen Sie zusammen ein Gespräch führen, wie Kolleginnen und Kollegen es zum Beispiel in einer Pause tun. Die Themen lesen Sie auf dem Aufgabenblatt, das Sie in diesem Teil bekommen.

Wichtige Strategien für diesen Teil sind:
- Aufeinander eingehen und Fragen stellen.
- Ein Gespräch führen, obwohl man zu dem Thema wenig zu sagen hat.

1 Aufeinander eingehen und Fragen stellen

 Ein/e TN wird aufgefordert, die erste Frage zu stellen. Sie können die Frage einfach vom Aufgabenblatt ablesen. Dann sprechen Sie zusammen ca. 1 ½ Minuten darüber. Antworten Sie jeweils nicht nur mit einem Satz, sprechen Sie auch über Details und stellen Sie Ihrer Partnerin / Ihrem Partner Gegenfragen, sonst ist das Gespräch zu kurz.

a Lesen Sie das Gespräch und ordnen Sie zu, was TN B (○) sagt.

● Was machst du denn abends, treibst du Sport?   **1**

○ *Äh, ob ich Sport treibe?*

● Ja, genau. Also, machst du eigentlich irgendwas, Joggen, Fußball, Fitnesscenter …?

○ ....

● Respekt, dreimal die Woche Training, das ist ja ganz schön sportlich!

○ ....

● Das ist aber schade. Machst du denn jetzt etwas anderes?

○ ....

● Bei mir ist das ganz anders, ich war noch nie sehr sportlich. Fußball interessiert mich schon, aber eher als Zuschauer! Ich sehe mir wichtige Spiele im Fernsehen an.

○ ....

● Doch. Meine Ärztin hat nämlich gesagt, dass ich unbedingt Sport machen muss. Deshalb gehe ich einmal pro Woche schwimmen.

○ ....

● Im Sommer fahre ich einfach mit dem Fahrrad an den Waldsee, da ist es wirklich schön. Und im Winter gehe ich dann eben ins städtische Schwimmbad. Wenn man gleich früh morgens geht, ist es auch nicht so voll.

○ ....

> a) Naja, früher war ich in einer Fußballmannschaft. Da habe ich dreimal pro Woche trainiert. | b) Ja, ich gehe jetzt manchmal zum Tanzen. Salsa, dafür braucht man auch ganz schön Kondition. Und du? | c) Ah ja, danke, das ist ja interessant. | d) Äh, ob ich Sport treibe? | e) Und selbst machst du keinen Sport? Aktiv, meine ich. | f) Ja, nicht schlecht, oder? Aber dann hatte ich leider Probleme mit dem Knie und musste aufhören. | g) Ah, du gehst regelmäßig schwimmen? Wo denn? Ich suche nämlich auch schon länger nach einer guten Möglichkeit zum Schwimmen.

▷ 46   **b**   Hören Sie das Gespräch und vergleichen Sie.

▷ 47   **c**   Hören Sie noch einmal und sprechen Sie TN A (●) in den Pausen.

101

Fertigkeitentraining Sprechen Teil 2

▷ 48 **d** Hören Sie Aussagen von TN A und ergänzen Sie das fehlende Wort in der Lücke.

Was machst du .... abends, treibst du Sport?

Also, machst du .... irgendwas, Joggen, Fußball, Fitnesscenter …?

Respekt, dreimal die Woche Training, das ist .... sportlich!

Das ist .... schade. Machst du .... jetzt etwas anderes?

> 💡 Wörter wie *denn*, *eigentlich*, *ja* und *aber* machen Ihr Gespräch natürlicher.

2 Ein Gespräch führen, obwohl man zu dem Thema wenig zu sagen hat

▷ 49 **a** Hören Sie zwei Gespräche: Was passt zu welchem Gespräch? Verbinden Sie.

Ich hätte gern Gleitzeit. Du auch?   **1**

Gespräch 1	beide TN verstehen das Thema nicht.
	ein/e TN versteht das Thema und erklärt.
	die TN sprechen deshalb nicht direkt über das Thema, sondern allgemein über die Situation im Betrieb.
Gespräch 2	ein/e TN spricht über seine/ihre Meinung zum Thema.
	ein/e TN fragt, welche Erfahrung der/die andere TN hat.
	ein/e TN nutzt die Antwort des/der anderen TN, um das Thema zu wechseln.

> 💡 In der Prüfung ist wichtig, dass Sie spontan sprechen und im Gespräch bleiben. Hören Sie zu, was der/die andere sagt, und gehen Sie darauf ein. Kurze Pausen zum Überlegen, Selbstkorrekturen und Nachfragen sind in Ordnung, denn das machen alle beim Sprechen.

b Welche Strategien werden in den Antworten auf diese Frage genutzt? Ordnen Sie zu.

| nach Details und Meinungen zum Thema fragen \| von Erfahrungen anderer Personen berichten \| das Thema wechseln |

Ich interessiere mich in meiner Freizeit sehr für Fußball, du auch? **2**

1. Ich interessiere mich überhaupt nicht für Sport, aber mein Sohn ist Fußballfan.
Er wünscht sich sogar die Bettwäsche vom Freiburger SC! ➔ Strategie: ....

2. Fußball spielt bei uns in Indien keine große Rolle. Dafür ist aber Cricket ganz wichtig.
Kennst du Cricket? ➔ Strategie: ....

3. Fußball? Warum interessierst du dich eigentlich gerade für Fußball?
Was findest du so spannend daran? ➔ Strategie: ....

> 💡 In Sprechen Teil 2 geht es oft um Themen wie Arbeitszeiten, Arbeitswege, Freizeitgestaltung, Wochenende, Urlaub, Sportaktivitäten oder Kinderbetreuung. Üben Sie, über diese Themen zu sprechen.

Fertigkeitentraining   Sprechen Teil 3

In Sprechen Teil 3 sollen Sie Lösungswege für eine Situation (ein Problem) am Arbeitsplatz diskutieren. Sie sprechen wie Kolleginnen und Kollegen.

Wichtige Strategien für diesen Teil sind:
- Schnell die Situation erfassen und das Gespräch einleiten.
- Gemeinsam eine Lösung suchen.
- Passende Redemittel verwenden.

1 Schnell die Situation erfassen und das Gespräch einleiten

a Lesen Sie die Aufgabe. Notieren Sie dann Ideen für die Fragen unten.

Situation
Sie arbeiten in einem Restaurant und verwenden dort seit letzter Woche ein anderes Salatöl als bisher. Einige Gäste haben sich über das Öl beschwert.

Aufgabe
Überlegen Sie zusammen mit Ihrer Gesprächspartnerin oder Ihrem Gesprächspartner, wie Sie in dieser Situation angemessen reagieren. Diese Stichpunkte helfen Ihnen:

Salatöl: was tun?
_____

Gäste: wie kontaktieren? was anbieten?
_____

Lieferant: wie kontaktieren? was fordern?
_____

langfristig: welches Salatöl? welcher Lieferant?
_____

. . . ?

---

1. Wo arbeiten Sie? ....
2. Was ist das Problem? ....
3. In welchem Beruf arbeiten Sie in dieser Situation? ....
4. Mit wem sollen Sie eine Lösung suchen? ....

 50 **b** Welche Gesprächseinleitung hören Sie? Kreuzen Sie an.

☐ 1. Sag mal, haben sich bei dir auch einige Gäste über das neue Salatöl beschwert?

☐ 2. Ich glaube, wir haben ein Problem mit dem Salatöl. Einige Gäste haben sich darüber beschwert.

☐ 3. Heute haben schon fünf Gäste gesagt, dass die Salatsoße nicht schmeckt. Liegt das vielleicht an dem neuen Öl?

💡 Leiten Sie das Gespräch mit einer Zusammenfassung des Problems ein. Sprechen Sie Ihre/n Gesprächspartner/in direkt an.

Fertigkeitentraining   Sprechen Teil 3

2 Gemeinsam eine Lösung suchen

 51 **a** Hören Sie das Gespräch und lesen Sie mit. Markieren Sie die Stellen, an denen die Personen über einen neuen Stichpunkt aus 1a sprechen.

> Salatöl: was tun?
> Gäste: wie kontaktieren? was anbieten?
> Lieferant: wie kontaktieren? was fordern?
> langfristig: welches Salatöl? welcher Lieferant?
> …?

TN A | TN B

TN A: Du, ich glaube, wir haben ein Problem mit dem Salatöl. Einige Gäste haben sich darüber beschwert.

TN B: Ich hatte dasselbe Problem. Eine Stammkundin hat den Salat sogar zurückgehen lassen!

TN A: Und, wie hast du reagiert?

TN B: Ich habe mich entschuldigt und dann in der Küche das Öl probiert. Es schmeckte tatsächlich etwas bitter. Der Stammkundin habe ich statt dem Salat die Suppe zum Mittagsmenü gebracht, damit war sie zufrieden.

TN A: Was hältst du davon, wenn wir uns zuerst das Öl nochmal genau ansehen? Vielleicht war ja nur diese eine Flasche schon abgelaufen.

TN B: Ja, stimmt, das sollten wir zuerst tun. Und wir sollten auch mit der Küchenchefin sprechen. Die muss wissen, worüber sich die Gäste beschweren.

TN A: Was meinst du, wie könnten wir die anderen Gäste kontaktieren?

TN B: Wir könnten sie direkt ansprechen und sie fragen, wie sie das Öl finden.

TN A: Glaubst du, das ist eine gute Idee? Wenn sie sich nicht über das Öl beschweren, dann würde ich sie auch nicht darauf ansprechen.

TN B: Ja, du hast recht, das ist sicher besser. Wenn aber wirklich mehrere Flaschen schlecht sind, müssen wir den Lieferanten kontaktieren.

TN A: Das ist ein guter Vorschlag. Dem Lieferanten sollten wir auf jeden Fall Bescheid sagen. Vielleicht sind wir ja nicht das einzige Restaurant, in dem es Beschwerden gab.

TN B: Ich finde, wir sollten wieder dasselbe Öl nehmen wie früher. Und auch wieder den alten Lieferanten. Das war doch gut.

TN A: Das sehe ich auch so. Aber wir können das nicht alleine entscheiden. Der Chef hat das neue Öl genommen, weil es billiger ist.

TN B: Man sollte mit der Küchenchefin und mit dem Chef darüber sprechen. Wenn die Gäste sich so oft beschweren, ist das nicht gut.

TN A: Ich kann mich darum kümmern. Und dann können sie das entscheiden und den Lieferanten informieren.

TN B: Gut. So machen wir das.

> 💡 Es ist einfacher, wenn Sie in der vorgegebenen Reihenfolge über die Punkte sprechen. Sie können auch eigene Punkte in das Gespräch einbringen. Wichtig ist, dass Sie aufeinander eingehen und beide ungefähr gleich viel und möglichst flüssig sprechen.

b Hören Sie das Gespräch und sprechen Sie in den Pausen die jeweils andere Person.

 52 Sie sprechen TN A
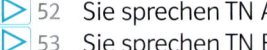 53 Sie sprechen TN B

Fertigkeitentraining Sprechen Teil 3

3 Passende Redemittel verwenden
Ergänzen Sie passende Ausdrücke aus dem Gespräch in 2a.

das Gespräch einleiten
Einige Gäste/Kunden haben sich über … beschwert. Ist dir das auch passiert?

Es gibt Probleme mit …

(1) ....

> 💡 Bestätigen Sie am Anfang am besten, was Ihr Partner/Ihre Partnerin sagt. Für ein gemeinsames Problem finden Sie leichter eine Lösung.

das Problem bestätigen

(2) ....

Ja, das ist mir auch schon passiert. Das ist ein Problem!

Stimmt. Das habe ich auch schon gehört. Da müssen wir was machen.

einen Vorschlag machen

(3) ...., wenn wir …

Wir könnten die Kunden über Mail anschreiben.

Wir sollten versuchen, … zu …

Ich finde, (4) ....

einem Vorschlag zustimmen

Ja, stimmt, (5) ....

(6) ...., du

Das (7) ....

Das ist doch erstmal eine gute Lösung.

einen Vorschlag ablehnen,

Glaubst du, (8) ....?

Nein, das ist keine gute Lösung.

Das müsste man anders lösen.

andere Personen zur Lösung vorschlagen
Ich kenne mich da leider gar nicht aus, aber vielleicht weiß ja der Kollege … Bescheid.

Lass uns / Man (9) .... … sprechen.

Das können wir nicht entscheiden, sondern müssten das mit … absprechen.

Aufgaben verteilen
Willst du das übernehmen?

(10) ....

Das kann ich machen.

nach Lösungsideen fragen

(11) ...., wie könnten wir …

Wie gehen wir jetzt am besten vor? Welche Lösung schlägst du denn vor?

vorschlagen, später eine Lösung zu suchen
Warum besprechen wir das nicht später in der Teamsitzung?

Lass uns das doch im Team besprechen.

Ich glaube, darüber muss ich noch einmal in Ruhe nachdenken.

das Gespräch abschließen

(12) Gut, ...

Alles klar, das ist doch ein guter Plan.

Fertigkeitentraining   Sprechen Teil 3

4 Wenden Sie die Strategien an

 In dem Gespräch sind Sie gleichberechtigte Kollegen und Kolleginnen, die zusammen ein Problem besprechen. Sie müssen nicht jedes Detail lösen, sondern diskutieren, wie Sie vorgehen könnten. Sie können sich duzen oder siezen.

a Erfassen Sie die Situation und überlegen Sie sich eine Einleitung für das Gespräch.

Situation
Sie arbeiten in einem Hotel. Letzten Monat wurden in allen Zimmern die Matratzen ausgetauscht. Einige Gäste haben sich beschwert, dass die neuen Matratzen zu hart sind.

Aufgabe
Überlegen Sie zusammen mit Ihrer Gesprächspartnerin oder Ihrem Gesprächspartner, wie Sie in dieser Situation angemessen reagieren. Diese Stichpunkte helfen Ihnen:

Matratzen: was tun?

Gäste: wie kontaktieren? was anbieten?

Lieferant: wie kontaktieren? was fordern?

langfristig: welche Matratzen? welcher Lieferant?

…?

Meine Einleitung: ....

b Lesen Sie, was Teilnehmer B sagt. Was könnten Sie als Teilnehmer/in A sagen? Notieren Sie.

TN A: ....
TN B: Ja, stimmt, das habe ich auch schon gehört. Da müssen wir was machen. Aber was?

TN A: ....
TN B: Ja, aber die müssten wir erst bestellen. Das dauert. Wenn sich heute wieder Gäste über die harte Matratze beschweren, könnten wir diesen Gästen eine zusätzliche weiche Decke anbieten, oder?

TN A: ....
TN B: Das können wir machen. Die Kontaktdaten dieser Gäste haben wir ja im Computer. Denen sollten wir vielleicht auch noch was anbieten, oder? Damit sie auch wiederkommen.

TN A: ....
TN B: Einverstanden. Das müssten wir aber mit dem Management absprechen. Das können wir nicht allein entscheiden.

TN A: ....
TN B: Du hast recht, das müssten wir zuerst tun. Willst du das übernehmen? Man müsste dann ja auch mit dem Lieferanten sprechen.

TN A: ....
TN B: Ja, da kann man nichts fordern. Aber vielleicht kann man ein paar weiche Matratzen bestellen und beim Einchecken die Gäste fragen, ob sie lieber auf harten oder weichen Matratzen schlafen wollen. Denn sicher werden nicht nochmal für das ganze Hotel neue Matratzen angeschafft.

TN A: ....
TN B: Ja, das ist eine gute Idee! Mal sehen, ob sich auch bei den anderen schon Gäste beschwert haben. Wenn alle im Team sagen, dass das ein Problem ist, dann macht das Management auch was.

▷ 54 **c** Führen Sie das Gespräch: Sie sind TN A, leiten das Gespräch ein und sprechen in den Pausen.

▷ 55 **d** Hören Sie ein Beispiel für das komplette Gespräch.

Wortschatz

Wortschatz   Branchen und Berufe

1 In welcher Branche arbeiten die Personen?

a Welcher Beruf passt nicht in die Branche? Streichen Sie ihn und schreiben Sie ihn zur passenden Branche.

1. Hotel/Gastronomie/Tourismus: Rezeptionistin | ~~Altenpflegerin~~ | Reiseleiter | ....
2. Bildung/Erziehung: Erzieher | Tischler | Dozent in der Weiterbildung | ....
3. Medizin/Pflege: Ärztin | Operationstechnischer Assistent | Busfahrer | *Altenpflegerin*
4. Handwerk: Anlagenmechaniker | Restaurantfachfrau | Maler | ....
5. Bau: Grundschullehrerin | Architektin | Bauzeichnerin | ....
6. Verkehr/Logistik: Lokführer | Berufskraftfahrer | Gebäudetechniker | ....

▷ 56 **b** In welchem Beruf aus 1a arbeiten diese Personen? Hören Sie und notieren Sie den Beruf.

1. Frauke fängt eine neue Stelle als .... an.
2. Ron ist .... Er ruft im Büro an, weil er eine spezielle Dichtung braucht.
3. Die beiden .... sprechen über ein Problem mit einem Kollegen.
4. Galina arbeitet als ....

2 Thema: Meine Berufswahl

a Ergänzen Sie die Mindmap.

| austauschen | Berufsberatung | geeignet | ~~Praktikum~~ | Praktikumsbetreuerin | Tätigkeit | Team |

Stationen:
- eigene Zeit im Kindergarten
- als Schüler *Praktikum* (1) im Kindergarten gemacht
- bei der .... (2) Test gemacht, war „gut .... (3)" für den Beruf

wichtige Personen:
- „meine" Erzieherin im Kindergarten
- meine .... (4)
- der Berufsberater

Meine Berufswahl

Motivation:
- Kinder sind toll
- im .... (5) arbeiten
- kreativ sein können
- abwechslungsreiche .... (6)
- gute Jobchancen

Folgen:
- viel Spaß haben
- sich .... (7) können
- Erfolgserlebnisse haben
- nie langweilig!
- eine gute Stelle finden

b Erstellen Sie eine eigene Mindmap zum Thema.

Wortschatz   Arbeitssuche

1 So kann man Arbeit suchen

a Lösen Sie das Rätsel. Wie heißt das Lösungswort?

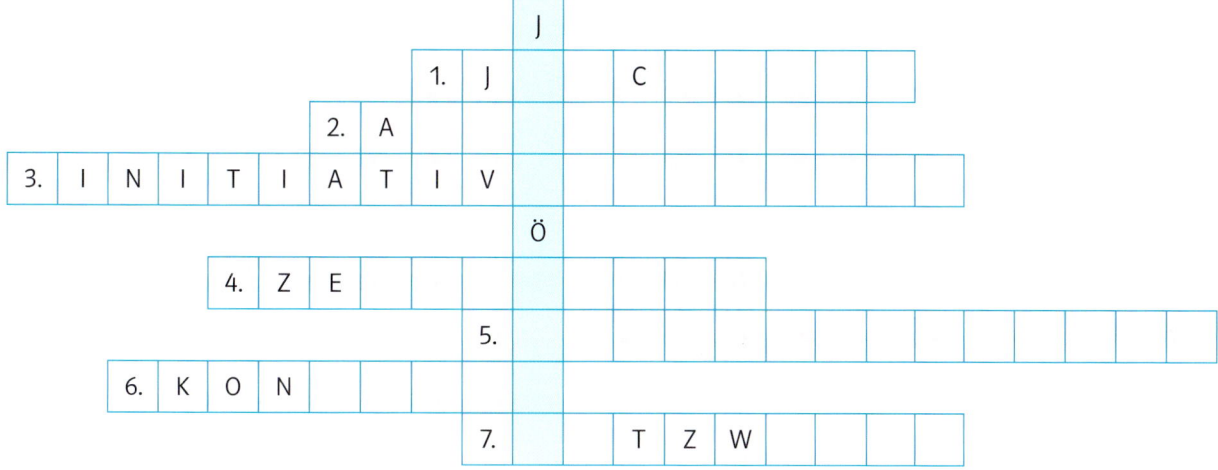

1. Die Behörden, die Arbeit vermitteln, sind die Agentur für Arbeit und das …
2. Man wird nach der … oder nach einem Praktikum übernommen.
3. Man schreibt von sich aus ein Unternehmen an und schickt eine …
4. Man geht zu einer Agentur für …, die einen an andere Unternehmen ausleiht.
5. Man antwortet auf eine … oder gibt selbst eine auf, online oder in einer Zeitung.
6. Man bekommt eine Stelle über private …
7. Online-Karriere-… können auch helfen, eine Stelle zu finden.

b Wie haben die Personen ihre Stellen gefunden? Ergänzen Sie die passenden Wörter aus 1a.

1. Ich habe mich online bei verschiedenen ………………………………… angemeldet und darüber sehr viele ………………………………… geschickt bekommen. Bei der zehnten Bewerbung hat es geklappt!

2. Nachdem ich lange vergeblich direkt bei Firmen eine Stelle gesucht hatte, habe ich es mit ………………………………… versucht. Das war sehr anstrengend, ich habe in einem halben Jahr bei vier verschiedenen Firmen gearbeitet.

3. Ich mache eine ………………………………… als Mechatroniker für Kältetechnik und mein Ausbildungsbetrieb übernimmt mich, sobald ich die Gesellenprüfung abgelegt habe.

4. Ich wollte unbedingt zu der Firma IDOR. Leider hatte sie aber gerade keine Stellen ausgeschrieben. Deshalb habe ich einfach eine ………………………………… an die Personalabteilung geschickt. Sie haben mich dann tatsächlich zu einem Vorstellungsgespräch eingeladen.

5. Meine Beraterin beim ………………………………… hatte mir eine Umschulung angeboten. Die habe ich erfolgreich abgeschlossen und in meinem neuen Beruf bin ich jetzt sehr zufrieden.

6. Nach der Schule wusste ich überhaupt nicht, was ich machen sollte. Deshalb habe ich erstmal bei meinem Onkel in der Firma mitgearbeitet. In meinem Land ist es üblich, dass man über private ………………………………… Arbeit findet.

Wortschatz   Bewerbung

1 Bewerbungsschreiben

a Ergänzen Sie die typischen Formulierungen in dem Bewerbungsschreiben.

ausgeschriebene | angefügten | bestätigen | bewerben | bezugnehmend auf | entnehmen | überzeuge | verfüge über

Sehr geehrte Damen und Herren,

_____ (1) Ihr Stellenangebot vom 12.12. ... möchte ich mich um die von Ihnen

_____ (2) Stelle als IT-Systemadministrator _____ (3).

Ich _____ (4) mehrjährige Berufserfahrung in der EDV als Administrator und IT-Spezialist bei der Fundación Eduardo y Marta Smith in Mexiko City und in gleicher Funktion in leitender Position bei der Fa. Meyer GmbH in Hamburg.

Angaben zu meinem weiteren Lebenslauf und meiner Ausbildung _____ (5) Sie bitte

meinen _____ (6) Zeugnissen im Anhang dieser E-Mail.

Ich wäre Ihnen dankbar, wenn Sie mir den Eingang meiner Unterlagen _____ (7) würden.

Sehr gerne _____ (8) ich Sie in einem persönlichen Vorstellungsgespräch von mir und meinen Kenntnissen und freue mich auf eine Einladung.

Mit freundlichen Grüßen
…

b Was meint die Bewerberin / der Bewerber? Ordnen Sie zu.

1. Ich habe die Stelle bekommen.
2. Ich habe noch nichts von meiner Bewerbung gehört.
3. Ich bin nicht genommen worden.
4. Ich sollte noch weitere Unterlagen schicken.
5. Lebenslauf und Zeugnisse sind angehängt.
6. Ich bin noch im Rennen für die Stelle.
7. In dem Job habe ich viel gelernt.

a   Ich weiß noch nichts über den Stand meiner Bewerbung.
b   Im Anhang der Mail finden Sie die Dokumente, um die Sie mich gebeten haben.
c   Ich bin in der engeren Auswahl.
d   Ich konnte berufliche Erfahrungen sammeln.
e   Ich muss noch Zeugnisse etc. nachreichen.
f   Ich habe eine Zusage erhalten.
g   Ich habe eine Absage erhalten.

Wortschatz   Bewerbung

c Wortfamilien: Ergänzen Sie die Wörter in der richtigen Form.

1. sich beziehen auf: in ......Bezug...... auf meine Bewerbung; ....nehmend auf meine Bewerbung; be..................lich meiner Bewerbung
2. anhängen: im A.................. dieser E-Mail; dieser E-Mail ....
3. eingehen: der .... meiner Bewerbung; Ist meine Bewerbung bei Ihnen ....?
4. bestätigen: die ....; Ihre Firma hat den Eingang meiner Bewerbung ....
5. auswählen: Wurde schon ein Bewerber ....? Bin ich in der engeren ....?

2 Worauf es bei einem Bewerbungsgespräch ankommt

▷ 57 **a** Über welche Aspekte spricht die Person? Kreuzen Sie an.

☐ Vorbereitung ☐ Berufsfeld ☐ Bezahlung
☐ Arbeitgeber ☐ Kleidung ☐ typische Fragen

▷ 58 **b** Was empfiehlt die Person? Kreuzen Sie an. Mehrere Antworten sind richtig.

1. Maik empfiehlt Bewerbern …
   - a alle Unterlagen noch einmal anzusehen.
   - b die Selbstpräsentation gut zu üben.
   - c sich über das Unternehmen zu informieren.

2. Laut Maik sollte man …
   - a Kleidung, in der man sich wohlfühlt, tragen.
   - b niemals im Jogginganzug erscheinen.
   - c sich branchenüblich kleiden.

3. Maik empfiehlt die Vorbereitung auf typische Fragen wie:
   - a Würden Sie sich bitte kurz vorstellen?
   - b Warum haben Sie sich bei uns beworben?
   - c Was können Sie besonders gut?
   - d Warum sind Sie die/der richtige Mitarbeiter/in für uns?
   - e Was haben Sie vor 5 Jahren gemacht?
   - f Welche Aufgaben hatten Sie zuletzt?

▷ 59 **c** Was antwortet Maik? Ergänzen Sie die Notizen zu diesen Aspekten des Themas.

Warum ist eine gute Vorbereitung wichtig?	Warum werden je nach Berufsfeld unterschiedliche Anforderungen an den Bewerber gestellt?
Viele Fragen .v..................	sind .a.................., verschiedene Ziele, Aufgaben,
.S.................. in D. .ü.................., gut üben!	Kundinnen/ ....
Sehr .w..................!	➔ .p.................. verhalten und .a...................
viele .I.................. über die Firma sammeln	Bsp.: Fitness-Center / Versicherung

d Können Sie erläutern, was Maik mit *Selbstpräsentation* meint? Ergänzen Sie.

Ich habe Maik so ....: In .... ist es im Bewerbungsgespräch ...., dass die Bewerber etwas über .... erzählen. Das ist sogar ein sehr .... Teil des Bewerbungsgesprächs. Deshalb .... Maik auch, sich sehr gut darauf ...., indem man zum Beispiel den eigenen Lebenslauf und das Anschreiben vor einem Bewerbungsgespräch noch einmal durchliest und auch ...., über sich zu sprechen. Das ist ja nicht immer so einfach.

111

Wortschatz Abteilungen und Aufgaben

1 Welche Abteilung ist wofür zuständig?

a Ordnen Sie zu.

> entwirft neue Modelle und Produkte | ist für die Mitarbeitenden zuständig | beschafft Material, Werkzeug und Maschinen | liefert Produkte aus | stellt Produkte her | verwaltet den Bestand an Material und fertigen Produkten | macht Werbung für die Produkte | installiert und betreut die Hard- und Software | ist für die Finanzen zuständig | leitet das Unternehmen | kontrolliert Produkte und Service | betreut die Kundschaft

1. die Geschäftsführung: ....
2. die Personalabteilung: ....
3. die Buchhaltung: ....
4. die IT-Abteilung: ....
5. der Einkauf: ....
6. die Abteilung Forschung und Entwicklung: ....
7. die Produktion: ....
8. das Lager: ....
9. das Marketing: ....
10. der Vertrieb: ....
11. der Kundendienst: ....
12. das Qualitätsmanagement: ....

b Wer macht das in diesem Betrieb? Ergänzen Sie im Protokoll die passenden Abteilungen aus 1a.

○ **fastcycle** ○ *E-Bikes*

1. .... arbeitet an neuen, leistungsfähigeren Batterien.
2. .... schult den Vertrieb für die neue Kundendatenbank.
3. .... bestellt das Material für den nächsten Auftrag.
4. .... organisiert eine Umfrage bei den Großkunden.
5. .... besucht als Vertreter der Firma Fahrradläden.
6. .... testet die neu hergestellten Fahrräder.
7. .... nimmt Beschwerden von Kunden an und reagiert darauf.
8. .... erstellt ein Konzept für die Firmenerweiterung.
9. .... aktualisiert die Willkommensmappe für neue Mitarbeitende.
10. .... stellt die Maschinen für den nächsten Produktionszyklus ein.
11. .... schreibt und verschickt Rechnungen.
12. .... prüft den Bestand an lieferbereiten Fahrrädern.

Wortschatz   Abteilungen und Aufgaben

2 Wie heißen die Personen?

a Bilden Sie Nomen, die eine Funktion im Betrieb beschreiben.

	weiblich, männlich	neutral
1. mitarbeiten	die Mitarbeiterin, der Mitarbeiter	der / die Mitarbeitende
2. Arbeit nehmen		
3. Arbeit geben		
4. leiten		
5. vertreten		
6. beraten		

b Bilden Sie Personenbezeichnungen oder das Verb zur Personenbezeichnung.

1. vorgesetzt: die / der Vorgesetzte
2. anwesend: ....
3. beauftragt: ....
4. beschäftigt: ....
5. angestellt: ....
6. .... : die Protokollantin / .

c Funktionen in der Firma: Ergänzen Sie das richtige Wort. Drei Wörter passen nicht.

> Abteilungsleitung | Angestellte | Arbeiterin | Arbeitgeber | Arbeitnehmer | Auszubildenden | Betriebsrat | Externer | Kolleginnen | Schichtleiter | Vertreterin | Vorgesetzter

Frau Lech und Frau Martin arbeiten in der Fertigungsabteilung im selben Team. Sie sind

.... (1). Die Firma Boll GmbH, für die Frau Lech und Frau Martin arbeiten, ist ihr

.... (2). Frau Lech und Frau Martin sind .... (3) in einem

festen Arbeitsverhältnis und erhalten ein Monatsgehalt. Herr Waser hat die .... (4)

der Fertigung inne. Als .... (5) von Frau Lech und Frau Martin hat er eine

Führungsposition. Im Krankheitsfall oder bei Abwesenheit ist Frau Lech seine .... (6).

Olga Sieber macht eine Ausbildung zur Mediengestalterin. Wie die anderen .... (7)

ist sie zweimal in der Woche in der Berufsschule.

Kevin Jäger ist schon lange in einer Gewerkschaft und ist von den Mitarbeitenden der Firma Boll GmbH als ihr

Interessensvertreter gewählt worden: Er ist .... (8).

Die Boll GmbH will expandieren und hat einen Unternehmensberater beauftragt. Er ist kein Angestellter der

Firma, sondern ein .... (9), der die Firma beraten wird.

3 Welches Verb bedeutet nicht dasselbe? Streichen Sie das Verb, das nicht passt, durch.

1. in eine Abteilung <u>eintreten</u>: in einer Abteilung anfangen / aufhören.
2. aus einem Beschäftigungsverhältnis <u>austreten</u>: Die Mitarbeit beenden / beginnen.
3. Anweisungen <u>erteilen</u>: Anweisungen empfangen / geben
4. Aufgaben <u>erläutern</u>: Aufgaben erklären / erledigen
5. sich mit einem Problem an die Leitung <u>wenden</u>: Ein Problem mit der Leitung besprechen / haben.

Wortschatz Arbeitszeit

1 Wörter rund um das Thema Arbeit und Zeit

a Suchen und notieren Sie Nomen und Verben.

MINIJOBAUFSTOCKENNACHTARBEITABBAUENÜBERSTUNDENBEANTRAGENKERNZEITGLEITZEITREDUZIERENTEILZEITARBEITENVOLLZEITGENEHMIGENSCHICHTARBEIT

Nomen:

1. Minijob
2. ....
3. ....
4. ....
5. ....
6. ....
7. ....
8. ....

Verben:

9. ....
10. ....
11. ....
12. ....
13. ....
14. ....

b Ergänzen Sie das jeweils passende Nomen aus 1a. Markieren Sie in den Sätzen, woran Sie das Lösungswort erkannt haben.

1. Ich bin Sicherheitsmann in einem Club und arbeite, wenn die meisten Leute schlafen. Diese ....Nachtarbeit.......... gefällt mir zurzeit noch, aber auf Dauer will ich lieber tagsüber arbeiten.

2. Ich arbeite jetzt nur Teilzeit und habe 60 %, aber ab nächstem Jahr will ich wieder in .... arbeiten, also 40 Stunden die Woche.

3. Zwischen 10 und 15 Uhr müssen wir alle in der Firma sein, weil in der .... dann auch immer unsere Konferenzen stattfinden.

4. Wir haben 4 Kinder und meine Frau verdient sehr gut. Im Moment arbeite ich nur 20 Stunden die Woche, also .... Aber irgendwann möchte ich wieder aufstocken.

5. Wir haben ...., das heißt: Morgens kann ich zwischen 7 und 10 Uhr anfangen, und nachmittags kann ich zwischen 14 und 18 Uhr gehen. Diese Flexibilität finde ich gut.

6. Ich bin schon in Rente, aber das Geld reicht nicht. Deswegen verdiene ich mit einem .... 450 Euro im Monat dazu. Ich arbeite zehn Stunden pro Woche.

7. Ich arbeite in einer großen Klinik. Meine Arbeitszeiten wechseln oft, mal muss ich morgens arbeiten, mal abends, mal nachts. Diese .... finde ich anstrengend.

8. Wir haben gerade ein sehr dringendes Projekt. Ich arbeite viel mehr als vereinbart und mache viele ....

Wortschatz Arbeitszeit

c Was passt zum unterstrichenen Ausdruck? Streichen Sie das Wort, das nicht passt, durch.

1. <u>Halbtags</u> arbeiten: In Teilzeit / In Vollzeit arbeiten.
2. Von 25 auf 35 Stunden <u>aufstocken</u>: Die Arbeitszeit um 10 Stunden erhöhen / reduzieren.
3. <u>40 Stunden pro Woche</u> arbeiten: In Teilzeit arbeiten / In Vollzeit arbeiten.
4. Überstunden <u>abbauen</u>: Überstunden erhöhen / reduzieren.
5. Arbeitszeit <u>erfassen</u>: Arbeitszeit dokumentieren / nacharbeiten.
6. <u>festgelegte</u> Kernarbeitszeit: Die verbindliche / verschobene Kernarbeitszeit.
7. Arbeitszeit <u>vergütet bekommen</u>: Arbeitszeit zugeteilt bekommen / bezahlt bekommen.

2 Von A wie Arbeitszeitkonto bis Z wie Zeiterfassung

a Ordnen Sie den Definitionen die passenden Begriffe zu.

> das Arbeitszeitkonto | das Arbeitszeitgesetz | die flexible Arbeitszeit | die Kurzarbeit | der Überstundenausgleich | die variable Gleitzeit | die Zeiterfassung

1. .... :	… dokumentiert die Anwesenheit von Beschäftigten am Arbeitsplatz, z.B. durch ein digitales System.
2. .... :	… dokumentiert geleistete Arbeitsstunden. Arbeitet man mehr oder weniger Stunden als im Arbeitsvertrag vereinbart, sind die Stunden – wie Geld auf einem Girokonto – im Plus oder Minus.
3. .... :	… unterschiedliche Modelle und Regelungen dazu, wann und wie lange die Mitarbeitenden ihre Arbeitszeit leisten.
4. .... :	… ist verkürzte Arbeitszeit und kann von einem Betrieb vorübergehend angeordnet werden, wenn es z.B. keine Arbeitsaufträge gibt.
5. .... :	… gleicht mehr gearbeitete Stunden durch Geld oder Freizeit aus.
6. .... :	… rechtliche Regelungen, wie lange Arbeitnehmer höchstens arbeiten dürfen und wie z.B. die Nachtarbeit und Pausenzeiten geregelt sind.
7. .... :	… bedeutet Arbeit in Gleitzeit, aber ohne festgelegte Kernzeit. Die Beschäftigten bestimmen Beginn und Endes ihres Arbeitstages selbst.

▷ 60 **b** Worüber sprechen die Personen? Notieren Sie die passenden Begriffe aus 2a.

Gespräch 1: .... Gespräch 2: .... Gespräch 3: ....

c Wie bezeichnet man diese Tage? Markieren Sie den richtigen Ausdruck.

1. Ein einzelner Arbeitstag zwischen zwei arbeitsfreien Tagen kann als Brückentag / Zahltag freigenommen werden.
2. Gesetzliche Feiertage / Freitage sind kirchliche oder staatliche Gedenktage, an denen nicht gearbeitet werden darf.
3. Arbeitsfreie, bezahlte Tage, die der Erholung dienen, sind Arbeitstage / Urlaubstage.
4. Montag bis Samstag sind Achtstundentage / Werktage.
5. Ein Tag, den man durch Überstunden auf dem Arbeitskonto ausgleicht, ist ein Gleittag / Festtag.

Wortschatz   Arbeitsschutz

1   Das kann der Gesundheit schaden

a   Ergänzen Sie.

| Kälte | Belastung | Lack | Maschinen | dauernder | ätzende | Nachtarbeit |

1. Dämpfe, z. B. von .... oder Lösemitteln
2. .... Chemikalien oder Putzmittel
3. .... durch zu starken Lärm
4. Verletzungsgefahr bei der Arbeit mit ....
5. Nässe, Hitze oder ....
6. Schlafstörungen wegen .... oder Schichtarbeit
7. körperliche Beschwerden wegen .... Bildschirmarbeit

b   Von welchen Problemen aus 1a sprechen die Personen? Ordnen Sie zu.

A Ich mag meine Arbeit, aber auch als Schichtleiter ist es sehr anstrengend. In der Nacht zu arbeiten bringt meinen Biorhythmus durcheinander. Bei der Arbeit bin ich manchmal müde und unaufmerksam, was gefährlich ist, weil man bei unseren Geräten natürlich aufpassen muss! Da passiert ganz schnell etwas. Außerdem ist es in der Produktionshalle sehr laut.   6., ...

B Den ganzen Tag sitze ich am Computer. Abends habe ich oft solche Nacken- und Rückenschmerzen, dass ich nur noch schlafen kann, wenn ich eine Tablette nehme.   ....

C Meine Arbeit im Labor finde ich total spannend. Allerdings arbeiten wir mit gefährlichen Stoffen. Deshalb müssen wir eine komplette Schutzausrüstung tragen: Schutzanzug, Atemschutzmaske, Schutzbrille, Arbeitshandschuhe und geschlossene Schuhe. Weil man darunter natürlich sehr schwitzt, bekomme ich manchmal Hautprobleme, vor allem an den Händen.   ....

c   Zu welchem Problem aus 1b passt welcher Tipp? Ordnen Sie zu und markieren Sie die vorgeschlagenen Lösungen.

1. Ja, das mit den Hautproblemen kenne ich auch. Es gibt aber mittlerweile sehr gute medizinische Cremes, die man euch von Arbeitgeberseite aus zur Verfügung stellen muss. Und tut euch doch alle mal zusammen und fordert den Einbau einer Klimaanlage. Vielleicht unterstützt euch dabei der Betriebsrat oder der Arbeitsschutzbeauftragte?   ....

2. Eine ergonomische Arbeitsplatzgestaltung kann schon viel helfen. Viele Arbeitgeber übernehmen die Kosten für eine Arbeitsplatzbrille. Die hilft nicht nur den Augen, sondern sorgt auch für eine bessere Sitzhaltung. Zusätzlich dazu hat ein Blaulichtfilter in den Gläsern auch einen positiven Effekt auf dein Sehvermögen.   ....

3. Ja, das kenne ich gut, ich bin auch in der Produktion in einer verantwortlichen Stellung tätig. Aber sicher kennst du die vorgeschriebenen Ruhezeiten, und ihr haltet euch auch an die Pausenregeln? Unser Personal bekommt regelmäßig aktuelle Arbeitsschutzeinweisungen. Wir haben jetzt z. B. gelernt, wie wichtig es ist, die Notauseinrichtungen an den Maschinen regelmäßig zu testen. Gehörschutz gehört natürlich auch dazu. Und wenn du ernsthaft gesundheitliche Probleme bekommst, kannst du dich versetzen lassen, sodass du nicht mehr Schicht arbeiten musst.   ....

Wortschatz Arbeitsschutz

2 Arbeitsschutzeinweisungen: Welches Verb passt jeweils? Markieren Sie.

1. Es ist vorgeschrieben, Schutzhandschuhe zu tragen / aufzunehmen / anzubringen.
2. Die Pausenzeiten sind anzumessen / aufzupassen / einzuhalten.
3. Wenn Sie bei der Arbeit mit schädlichen Gasen hantieren, dann montieren / brauchen / erfolgen Sie eine Atemschutzmaske.
4. Der Abstand zwischen Augen und Bildschirm sollte zwischen 50 und 70 Zentimeter betragen / überschreiten / anbringen.
5. Wenn Sie im Einsatz sind, haben Sie die Warnweste zu reinigen / durchzuführen / anzulegen.

3 Arbeitsschutz für bestimmte Personengruppen: Ergänzen Sie.

A Schwangere

| stehen | Stoffen | Nachtschichten | Kilogramm | Uhr | Monat |

Ich bin Krankenschwester und im 7. _____ (1) schwanger. Deshalb darf ich nicht mehr nach 22 _____ (2) arbeiten, also keine _____ (3) machen. Und ich darf auch nicht mehr als 10 _____ (4) heben. Das bedeutet, dass ich niemanden allein waschen kann. Eine Frau in meiner Geburtsvorbereitungsgruppe ist Chemielaborantin. Sie darf nicht mit gefährlichen _____ (5) arbeiten. Eine andere ist Verkäuferin. Seit sie im 5. Monat ist, darf sie nicht länger als 4 Stunden ohne Pause _____ (6).

B Auszubildende unter 18 Jahren

| Anspruch | Gastronomie | sonntags | maximal | Veranstaltungen | Ausnahmen | Ausbildung | gilt | Werktage | Beispiel | Recht |

Um arbeiten zu dürfen, müssen Jugendliche mindestens 15 Jahre alt sein. Es gibt aber einige wenige _____ (1). Jugendliche dürfen _____ (2) 40 Stunden pro Woche arbeiten. Außerdem _____ (3) für sie eine 5-Tage-Woche. Samstags und _____ (4) dürfen Jugendliche nicht arbeiten. Auch hier gibt es Ausnahmen, zum _____ (5) in der Landwirtschaft, in der _____ (6) und bei kulturellen _____ (7). Nach 6 Stunden Arbeit haben die jungen Menschen das _____ (8) auf eine Stunde Pause. Mit 15 Jahren haben Jugendliche einen _____ (9) auf 30 Werktage Urlaub, mit 16 Jahren auf 27 Werktage und mit 17 Jahren auf 25 _____ (10). Gefährliche Arbeiten sind nicht erlaubt. Hier gibt es nur Ausnahmen, wenn diese Arbeiten im Rahmen einer _____ (11) zwingend erforderlich sind.

Wortschatz   Computer und Internet

1 IT-Probleme

61 a Hören Sie die Gespräche: Was ist richtig? Kreuzen Sie an.

1. Muriel
   - a hat ein Kabel falsch eingesteckt.
   - b meldet einen Defekt am Beamer.
   - c tauscht die Batterien aus.

2. Samuel
   - a arbeitet im IT-Bereich.
   - b bringt eine Birne für den Beamer.
   - c will Software installieren.

3. Bu hat keinen Zugriff auf
   - a das Intranet.
   - b das Laufwerk.
   - c die Firmen-App.

b Welche Ausdrücke bedeuten dasselbe? Verbinden Sie.

1. Das Bild ist da, aber verschwommen.
2. Die Linse ist verschmutzt.
3. … ist defekt.
4. Irgendwo gibt es einen Wackelkontakt.
5. Die Hardware funktioniert nicht richtig
6. … ist eine Birne durchgebrannt.
7. Ich komme nicht ins Netzwerk.
8. Ich habe versucht mich einzuloggen.
9. überprüfen

a Das Gerät ist kaputt.
b Es gibt technische Probleme mit …
c Das Gerät hat eine Bildstörung.
d sehen, wo der Fehler liegt
e keinen Zugriff auf … haben
f Die Ursache ist eine Verunreinigung.
g Ich wollte mich anmelden.
h Es ist eine Kontaktstörung / ein Defekt in …
i Das Leuchtmittel / Die Lampe ist defekt.

c Wie heißt das passende Verb? Ergänzen Sie.

1. eine Verbindung _a_ _f_
2. Software _i_ _i_
3. etwas in die Cloud _h_ _i_
4. den Stecker in die Steckdose _c_
5. Dateien auf dem Laufwerk _g_

d Bilden Sie die Verben zu den Nomen und die Nomen zu den Verben.

1. der Projektor ....
2. .... abstürzen
3. der Scanner ....
4. der Download ....
5. .... verschlüsseln
6. .... chatten
7. der Blog ....
8. der Internet-Post im Internet ....
9. das / der Log in ....
10. .... mailen

Wortschatz   Probleme und Lösungen am Arbeitsplatz

1 Umgangssprache und formelle Sprache

a In welchen Situationen gebraucht man Umgangssprache (u), in welchen formelle Sprache (f)?

1. Ein junges Team in einem Start-Up hat eine Teambesprechung.   ...u...
2. Auf einer Messe berät eine Mitarbeiterin einer Firma eine Kundin.   ....
3. In einer Bank wird eine neue Kollegin begrüßt.   ....
4. Ein Team in einer Kita, in dem sich alle duzen, plant einen Ausflug.   ....
5. Eine Kollegin spricht mit dem Betriebsrat, mit dem sie auch privat befreundet ist.   ....

b Welcher der beiden Sätze ist umgangssprachlich? Kreuzen Sie an.

1. a Die Chefin hat mir nicht frei gegeben.
   b Mein Urlaub wurde nicht genehmigt.

2. a Der Kollege hat mich übel beschimpft.
   b Ein Teammitglied hat mich auf unangemessene Weise kritisiert.

3. a Uns wurde in diesem Geschäftsjahr keine Sonderzahlung ausgezahlt.
   b Wir kriegen dieses Jahr keinen Bonus.

4. a Trotz Krankheit wurde erwartet, dass ich arbeite.
   b Ich musste arbeiten, obwohl ich total erkältet war.

5. a Meine Chefin hat mich rausgeschmissen!
   b Meine Vorgesetzte hat mir gekündigt.

6. a Bei uns in der Fabrik stinkt es oft furchtbar.
   b Wir müssen in der Werkhalle häufig schlechte Gerüche ertragen.

c Probleme lösen: Schreiben Sie fünf Sätze. Ergänzen Sie, wo nötig, ein *zu* vor dem Infinitiv. Achten Sie auch auf die Satzzeichen.

Hast du dir schon mal überlegt	mit dem/der Sicherheitsbeauftragten	krankschreiben lassen
Ich würde dir raten	mit dem Kollegen/der Kollegin	klären
An deiner Stelle würde ich	dich	einschalten
Du musst das unbedingt	den Betriebsrat	informieren
Ich finde, du solltest	mit der Chefin/dem Chef	sprechen

Beispiel: *Hast du dir schon mal überlegt, den Betriebsrat einzuschalten?*

1. ....
2. ....
3. ....
4. ....
5. ....

119

Wortschatz Beschwerden

1 Mündliche Beschwerde

▷ 62 **a** Hören Sie die Nachricht. Was ist richtig? Kreuzen Sie an.

1. Herr Jansen hat die Lieferung
   - a erhalten.
   - b abgelehnt.
   - c abgeholt.

2. Die Lieferung war
   - a beschädigt.
   - b falsch.
   - c verspätet.

3. Herr Jansen hat
   - a kaum noch 50g-Papier.
   - b kein Papier mehr.
   - c nur noch farbiges Papier.

4. Für die neue Lieferung will er
   - a kein Geld bezahlen.
   - b schnellstmöglich im Laden sein.
   - c eine Bestätigung haben.

b Was passt zusammen? Verbinden Sie.

1. Wir haben   leider einen Fehler   per Mail.
2. Bei der Prüfung mussten wir   steht abholbereit   feststellen.
3. Unsere Papierreserven   sind fast   in unserem Laden.
4. Das beanstandete Papier   den Eingang dieser Nachricht   erhalten.
5. Bitte bestätigen Sie mir   heute Ihre Lieferung   aufgebraucht.

c Ergänzen Sie die Wörter in der richtigen Form.

1. beanstanden – die ....ung, die ....*beanstandetete*.... Lieferung
2. reklamieren – die ...., die .... Ware
3. beschädigen – die ...., die .... Verpackung
4. prüfen – die ...., das .... Papier
5. sich ...., die Beschwerde

2 Eine schriftliche Beschwerde verstehen

a Was bedeuten die Ausdrücke? Ordnen Sie zu.

1. meines Erachtens
2. eine zufriedenstellende Lösung
3. nicht den Erwartungen entsprechen
4. ein einwandfreier Service
5. sich gezwungen sehen
6. vom Kauf zurücktreten

a eine Leistung ohne Fehler oder Mängel
b ein Ergebnis, das die Erwartungen erfüllt
c meiner Meinung nach
d keine andere Wahl haben / müssen
e den Kauf rückgängig machen
f nicht so sein wie gedacht oder erhofft

Wortschatz Beschwerden

b Ordnen Sie zu: Was sagt man, um …

1. … Probleme zu schildern? ....
2. … Forderungen zu stellen? ..a...
3. … Konsequenzen zu nennen? ....

a Ich erwarte, dass Sie uns eine zufriedenstellende Lösung vorschlagen.
b Leider musste ich feststellen, dass …
c …, werden wir zu einem anderen Anbieter / Lieferanten / … wechseln.
d Meines Erachtens ist es nicht in Ordnung, dass …
e Bitte sorgen Sie wieder für einen einwandfreien Service in gewohnter Qualität.
f Zu meinem Bedauern hat … nicht meinen Erwartungen entsprochen.
g Ich muss Sie daher bitten, schnellstmöglich einen Ersatz zu liefern.
h Ich fordere daher, …
i Bei Prüfung der / des … mussten wir leider feststellen, dass …
j …, kann ich Ihre Firma in Zukunft nicht mehr weiterempfehlen.
k Deshalb möchte ich Sie auffordern, …
l Ich halte … als Entschädigung für angebracht.
m …, sehen wir uns gezwungen, vom Kauf zurückzutreten.
n Ich war sehr enttäuscht / unzufrieden mit …

c Welche drei Wörter haben die gleiche Bedeutung wie *schnellstmöglich*? Kreuzen Sie an.

☐ demnächst ☐ bald ☐ augenblicklich
☐ umgehend ☐ künftig ☐ unverzüglich

d Zwei Sätze zeigen, dass die Person sehr verärgert ist. Unterstreichen Sie die Wörter, an denen Sie das erkennen.

1. Wir erwarten, dass Sie die Angelegenheit umgehend regeln.
2. Ich bitte Sie, sich innerhalb einer Woche um die Angelegenheit zu kümmern.
3. Wir wären Ihnen dankbar, wenn Sie uns schnellstmöglich einen Ersatz liefern könnten.
4. Ich fordere Sie auf, den Schaden unverzüglich zu beheben!
5. Ich würde Sie daher bitten, uns 30 % des Kaufpreises zu erstatten.

3 Auf eine Beschwerde reagieren

a Was kann man als Wiedergutmachung anbieten? Ergänzen Sie.

Lieferung | Kaufpreis | Rabatt | Höhe von | zukommen | Bestellung | Umtausch | bestellten Ware | Warengutschein

1. einen .... von 20 % auf den .... gewähren
2. einen .... in .... 100 € .... lassen
3. eine kostenfreie .... Ihrer nächsten .... anbieten
4. einen kostenlosen .... der .... vorschlagen

Wortschatz Beschwerden

b Schreiben Sie die Sätze richtig.

1. sehr / dass / bedauern / wir / , /

   .... Sie mit der gelieferten Ware nicht zufrieden waren.

2. wir / für die Unannehmlichkeiten / uns / möchten

   .... bei Ihnen entschuldigen.

3. dass / die Probleme / wir / gelöst / mittlerweile / haben

   Ich kann Ihnen versichern, ...

4. folgendes Angebot / wir / machen / Ihnen

   Deshalb möchten ....:

5. von 30 % / Ihnen / gewähren / wir / einen Rabatt /

   .... auf den Kaufpreis.

c Ergänzen Sie die E-Mail.

| zwischenzeitlich behoben | darauf achten | Folgendes passiert | entstandenen Ärger | zukommen lassen | daher kam es | mittlerweile lieferbar | wieder vorkommt |

Sehr geehrter Herr Laumann,

wir bedauern sehr, dass wir die von Ihnen bestellte Ware noch nicht liefern konnten und verstehen,

dass Sie verärgert sind. Leider ist .... (1): In der Fertigung gab es einen

Wasserschaden, ... (2) zu einem Produktionsausfall in der Fertigung. Den Fehler

haben wir .... (3). In Zukunft werden wir .... (4),

dass so etwas nicht .... (5).

Ihre Ware ist .... (6) und wir werden sie Ihnen umgehend per Express zusenden.

Außerdem möchten wir Ihnen als Entschuldigung für den .... (7) einen

Warengutschein in Höhe von 50 € .... (8).

Wären Sie mit dieser Lösung einverstanden?

Mit freundlichen Grüßen
Tabea Kunze

d Welche Verben passen wo? Ergänzen Sie.

| bitten | funktionieren | machen | schlagen … vor | möchten … verlieren | können … versichern | werden … kümmern | wiederholt | zu beheben |

1. Wir .... vielmals dafür um Entschuldigung, dass die gelieferten Geräte nicht einwandfrei

   ....

2. Selbstverständlich .... wir uns sofort darum ...., den Schaden ....

3. Deshalb .... wir einen kostenlosen Austausch der bestellten Ware ....

4. Wir .... Ihnen ...., dass sich so ein Vorfall nicht ....

5. Wir .... Sie nicht als Kunden ...., deshalb .... wir

   Ihnen folgenden Vorschlag: …

Wortschatz   Geschäftsbriefe

1   Von der Anfrage bis zur Auftragsannahme

a   Überfliegen Sie die Abschnitte aus den Mails. Worum geht es? Ordnen Sie zu.

die Anfrage | das Angebot | die Auftragsbestätigung | die Auftragserteilung

1. … ich habe ein Restaurant für 50 Gäste und benötige einen neuen Gastro-Herd. Welche Angebote haben Sie für solche Produkte? Wie sind Ihre Preise und Lieferkonditionen?

→ ....

3. … vielen Dank für Ihre schnelle Rückmeldung auf meine Anfrage. Mit Ihrem sehr überzeugenden Angebot bin ich einverstanden und bestelle hiermit den Gastro-Herd Gasheld 4.

→ .... (= Bestellung)

2. … vielen Dank für Ihren Auftrag, den wir sehr gerne annehmen. Wir werden Ihnen den Gastro-Herd Gasheld 4 an die genannte Adresse liefern.

→ .... (= Auftragsannahme)

4. … wir hoffen, dass unser Gastro-Herd Gasheld 4 mit seinen praktischen Funktionen zu dem angegebenen Preis überzeugen kann. Die Liefer- und Zahlungsbedingungen finden Sie beigelegt, ebenso wie unseren Katalog. …

→ ....

b   Wer schreibt welche E-Mail in 1a? Notieren Sie.

Die Kundin / der Kunde schreibt ....

Die Anbieterin / der Anbieter schreibt ....

c   Wer ist wer in den E-Mails in 1a? Verbinden Sie.

Reginald Grohse
Zur Krone
(Inhaber)

Herta Sonntagbauer
Großküchenbedarf Held
Vertrieb

a   der Anbieter / die Anbieterin
b   der Auftragnehmer / die Auftragnehmerin
c   der Auftraggeber / die Auftraggeberin
d   der Besteller / die Bestellerin
e   der Interessent / die Interessentin
f   der Kunde / die Kundin
g   die liefernde Firma
h   der Lieferant / die Lieferantin
i   der belieferte Betrieb

d   Welche Ausdrücke in den E-Mails in 1a bedeuten dasselbe? Notieren Sie.

1. ich freue mich, dass Sie so zügig geantwortet haben: ....
2. die bekannte Anschrift: ....
3. zu den genannten Kosten: ....

Wortschatz   Geschäftsbriefe

2 Ausdrücke im Kontext

a Welches Verb passt nicht in den Kontext? Streichen Sie das Verb, das nicht passt, durch.

1. Ihre Anfrage ist bei uns eingegangen. Wir werden sie in Kürze beantworten / ~~ausschlagen~~.
2. Könnten Sie uns Ihr Angebot zu den Wartungsverträgen bitte näher anfordern / erläutern?
3. Wir interessieren uns für verstellbare Schreibtische und möchten ein Angebot annehmen / einholen.
4. Leider müssen wir auch Ihr neues Angebot ablehnen / annehmen.
5. Wir freuen uns über Ihre Bestellung und bestätigen / überprüfen Ihren Auftrag hiermit.
6. Wir haben Ihre Bestellung ausgeführt / zurückgenommen und Ihre Ware bestellt / verschickt.
7. Haben Sie unsere letzte Bestellung schon bearbeitet / beantwortet? Wir hätten nämlich noch eine kurzfristige Änderung.

b Wortfamilien: Welches Wort passt wo? Ergänzen Sie.

1. zugesagten, Zusage, zusagen

    a Den gewünschten Liefertermin .... wir Ihnen gerne ....

    b Um den Auftrag ausführen zu können, brauchen wir noch Ihre ....

    c Leider können wir den .... Preis doch nicht halten.

2. Lösung, lösen, lösbar, gelöst

    a Wir hoffen, dass wir Ihre Probleme zu Ihrer Zufriedenheit .... konnten.

    b Wir hoffen, dass wir Ihre Probleme zu Ihrer Zufriedenheit .... haben.

    c Wir hoffen, dass wir zur .... Ihres Problems beitragen konnten.

    d Das Problem ist ohne einen Besuch unseres Monteurs vor Ort nicht ....

3. Umfang, umfangreicher, umfasst

    a Ihr Wartungsvertrag .... auch eine jährliche Inspektion.

    b Der .... Ihres Wartungsvertrags beinhaltet auch die jährliche Inspektion.

    c Unser .... Wartungsvertrag sieht auch eine jährliche Inspektion vor.

4. Lieferung, liefern, geliefert, liefernde

    a Der .... Betrieb hat leider Probleme und es kommt zu Verzögerungen.

    b Leider verzögert sich die .... um wenige Tage.

    c Bitte beachten Sie, dass über die Feiertage nicht immer pünktlich .... werden kann.

    d Wir .... gewöhnlich innerhalb von drei Werktagen.

Wortschatz Geschäftsbriefe

c Welche Umschreibung passen zu den Ausdrücken in Geschäftsbriefen? Orden Sie zu.

1. so viel möchte der Kunde haben
2. so bald kann die Ware beim Kunden sein
3. eine Buchung ohne Kosten rückgängig machen
4. wenn viele mangelhafte Produkte vom Hersteller aus dem Verkauf genommen werden
5. die Produkte oder Dienstleistungen, die im Moment angeboten werden
6. den Vertrag rechtzeitig beenden
7. sich viel Arbeit mit etwas machen
8. schnell auf etwas reagieren

a eine kostenfreie Stornierung
b Ihre großen Bemühungen
c die angegebene Bestellmenge
d unser aktueller Leistungsbereich
e die fristgerechte Kündigung
f die schnellstmögliche Lieferung
g Ihre baldige Antwort
h die umfangreiche Rückrufaktion

d Ersetzen Sie den unterstrichenen Ausdruck durch den Ausdruck in Klammern. Achten Sie auf die Satzstellung.

1. Ich habe eine <u>einwandfreie</u> Lieferung erwartet. (ohne Fehler oder Mängel)

   ➔ *Ich habe eine Lieferung ohne Fehler oder Mängel erwartet.*

2. Leider werden wir den <u>angekündigten</u> Liefertermin nicht einhalten können. (wie versprochen)

   ➔ ....

3. Wir weisen Sie darauf hin, dass Sie durch das Absenden dieses Formulars <u>eine verbindliche Bestellung aufgeben</u>. (sich zum Kauf verpflichten)

   ➔ ....

4. Ihre Reklamation <u>war berechtigt</u>. Wir entschuldigen uns <u>dafür</u>. (gerechtfertigte)

   ➔ *Für* ....

e Welches Wort passt? Ergänzen Sie.

| ausstehende | beglichen | begrenzte | genannten | unangekündigte | ungerechtfertigt | unverbindlich |

1. Wir möchten uns zunächst .... über Ihr Angebot informieren, bevor wir bestellen.
2. Sie mahnen uns, eine .... Zahlung zu begleichen. Wir weisen Sie auf unsere Überweisung vom 12.03. hin, mit der wir die Zahlung .... haben.
3. Wir haben den Artikel geprüft, konnten aber den von Ihnen .... Defekt nicht finden. Das Produkt funktioniert einwandfrei, Ihre Reklamation ist daher ....
4. Durch eine .... Kontrolle beim Hersteller konnten wir die Ursache des Problems finden und beheben.
5. Bitte bestellen Sie bald. Die .... Abgabemenge zu diesem Preis sind fünf Exemplare.

Wortschatz   Geschäftsbriefe

f Welcher Ausdruck passt jeweils in die Mail?

… wir danken Ihnen für Ihr überzeugendes Angebot und schicken Ihnen anbei _____(1)_____

a die versprochene Lieferung.
b Ihre genannte Rechnung.
c unsere verbindliche Bestellung.

Wir haben Ihre Anfrage erhalten und senden Ihnen unsere Liste, der Sie _____(2)_____ entnehmen können
– die wir seit letztem Jahr kaum geändert haben.

a die gesetzlichen Regelungen
b die gültigen Preise
c Ihre detaillierten Rechnungsbeträge

Wir sind ein Sanitärbetrieb und möchten _____(3)_____ um Hygienegeräte erweitern.

a das firmeneigene Warendepot
b die Entwicklungs- und Forschungsabteilung
c unser aktuelles Sortiment

Wir freuen uns, dass Sie _____(4)_____ und wir die Renovierung Ihrer Betriebswaschräume übernehmen dürfen.

a für die einwandfreie Abwicklung sorgen
b nach den ausstehenden Kosten fragen
c uns erneut den Auftrag erteilen

Für Ihr Interesse an unserem Angebot _____(5)_____ und freuen uns auf die Zusammenarbeit.

a bedanken wir uns herzlich
b finden wir eine zeitnahe Lösung
c kommen wir Ihnen gern entgegen

3 Termine
Welcher Ausdruck kann den markierten Audruck ersetzen? Unterstreichen Sie.

1. Bitte schicken Sie uns **unverzüglich** die bestellte Ware.   demnächst / irgendwann / schnellstmöglich

2. **Nächste** Woche liefern wir.   In der kommenden / In der laufenden / Vergangene

3. **Übernächste** Woche könnten wir   In dieser Woche / In einer Woche / In zwei Wochen
   mit den Arbeiten anfangen.

4. Bitte zahlen Sie **im Zeitraum** von 10 Tagen.   bis in / innerhalb von / in

5. Wir haben bisher immer **pünktlich** geliefert.   fristgerecht / spätestens / zeitnah

6. Ihre Bestellung kommt leider **zu kurzfristig**,   baldmöglichst / zu kurz / nicht mehr termingerecht
   deshalb können wir Sie nicht mehr annehmen.

7. Wir würden gerne **längerfristig** mit   sofort / dauerhaft / vorübergehend
   Ihnen zusammenarbeiten.

Wortschatz Gespräche führen

1 Meinungen verstehen

▷ 63 **a** Hören Sie die Gespräche. Zu wem passt die Aussage?

Gespräch 1: „Konzentriertes Arbeiten ist in meinem Büro oft nicht möglich."

➔ passt ☐ zur Frau ☐ zum Mann ☐ zu beiden

Gespräch 2: „Durch flexible Arbeitszeiten hat man weniger Stress."

➔ passt ☐ zur Frau ☐ zum Mann ☐ zu beiden

b Was passt zusammen? Verbinden Sie.

a viel entspannter
1. konzentriert arbeiten
b länger produktiv arbeiten
2. weniger Stress
c ganz in Ruhe arbeiten
d nicht abgelenkt sein

c Was sagt die Person wahrscheinlich vorher? Kreuzen Sie an.

1. ☐ a Auf keinen Fall! …
   ☐ b Das ist doch toll! …

   Ich möchte mich bei meinen Kolleginnen und Kollegen ja nicht gleich unbeliebt machen.

2. ☐ a Da bin ich mir nicht so sicher. …
   ☐ b Das verstehe ich. …

   Bei mir ist es auch so, dass ich mich mit mehreren Kollegen im Büro nicht konzentrieren kann.

3. ☐ a Auf jeden Fall! …
   ☐ b Das kann ich mir vorstellen. …

   Ich wäre ja blöd, wenn ich die flexiblen Arbeitszeiten nicht nutzen würde.

4. ☐ a Ich sage es ja! …
   ☐ b Ich bin noch unentschlossen. …

   Einerseits ist man sehr flexibel, andererseits braucht man manchmal Hilfe von Kollegen, die noch nicht da sind oder schon weg sind.

5. ☐ a Na ja, es gibt schon Vorteile. …
   ☐ b Da bin ich mir nicht so sicher. …

   Es kann auch sein, dass ich allein im Büro mehr Stress habe.

6. ☐ a Das ist doch toll! …
   ☐ b Auf keinen Fall! …

   Dann kannst du arbeiten und dich vorher um private Dinge kümmern.

▷ 64 **d** Hören Sie die Aussagen aus 1c und vergleichen Sie.

127

Wortschatz   Gespräche führen

2 Ein Pausengespräch führen

a Was sagt man, wenn man …? Notieren Sie.

1. … etwas nicht versteht: ....
2. … Interesse zeigt und nach Details fragt: ....
3. … von eigenen Erfahrungen / Erfahrungen anderer berichtet: ....

a   Ach, du hast / bist / machst …? Das ist ja toll / interessant / …
b   Das kenne / verstehe / wusste /… ich nicht.
c   Das ist bei mir / uns ganz ähnlich. …
d   Was ist / bedeutet das denn? Kannst du mir erklären, was …?
e   Echt, du willst / kannst / wirst …?
f   Also bei mir / uns / in meiner Heimat / … ist es so, dass …
g   Wirklich? Das ist aber … Warum findest / machst /… du …?
h   Hast / Machst / Kannst / Gehst … du eigentlich auch …?
i   Das kenne ich. Bei mir / uns / …

b Reagieren Sie mit den Redemitteln aus 2a. Es gibt verschiedene Möglichkeiten.

1. Ich gehe eigentlich gern in die Kantine, obwohl die Auswahl manchmal nicht so gut ist.
   (nach Details fragen:) ....
   ....

2. Die Kernzeit soll bald eine Stunde früher beginnen. Wie findest du das?
   (sagen, dass man etwas nicht verstanden hat:) ....

3. Ich brauche jeden Morgen fast zwei Stunden bis in die Firma.
   (Interesse zeigen:) ....

4. Also um 4 Uhr morgens bin ich in der Nachtschicht immer total müde. Wie ist das bei dir?
   (von eigenen Erfahrungen berichten:) ....
   ....

c Welche Reaktion passt nicht? Kreuzen Sie an.

1. Was machst du an Silvester? Hast du schon Pläne?
   - [ ] a   Ja, ich habe eine Einladung von Freunden bekommen.
   - [ ] b   Also in meiner Heimat feiert man auch Silvester.
   - [ ] c   Ich bin noch nicht sicher. Vielleicht besuchen wir meine Schwester.

2. Ich spiele in einer Handballmannschaft und trainiere dreimal pro Woche.
   - [ ] a   Das kenne ich. Ich sehe auch dreimal in der Woche Handball im Fernsehen.
   - [ ] b   Echt? Dreimal in der Woche Training! Respekt.
   - [ ] c   Ach, du spielst in einer Mannschaft? In welcher Liga spielt ihr denn?

3. Und du? Fährst du auch mit öffentlichen Verkehrsmitteln zur Firma?
   - [ ] a   Ja, denn das geht viel schneller als mit dem Auto.
   - [ ] b   Das ist bei mir ganz ähnlich. Ich fahre auch lieber mit dem Auto.
   - [ ] c   Das ist unterschiedlich. Jetzt im Winter fahre ich lieber mit dem Auto.

Wortschatz   Gespräche führen

3 Gemeinsam ein Problem lösen

a Was hat eine ähnliche Bedeutung? Verbinden Sie.

1. Bei mir ist das auch so.
2. Wir müssen uns jetzt überlegen, wie wir vorgehen.
3. Meinst du nicht, wir sollten lieber …
4. Wir könnten doch …
5. Ich bezweifle, dass …
6. Das klingt gut.
7. Du hast recht, das ist besser.

a Wäre es nicht besser, wenn …
b Ich bin nicht sicher, ob …
c Das hört sich gut an.
d Das finde ich auch besser.
e Wie wäre es, wenn …
f Lass uns Ideen sammeln, was wir tun können.
g Ich habe dasselbe Problem.

▷ 65 **b** Hören Sie, was die Personen sagen. Welcher Satz a bis g aus 3a passt als Reaktion? Notieren Sie.

1. Ja! ....g....   2. .... das eine gute Idee ist.   3. Stimmt. ....   4. Ja. ....

▷ 65 **c** Hören Sie noch einmal und sprechen Sie in der Pause den passenden Satz.

d Ergänzen Sie das Gespräch. Zwei Sätze / Satzteile bleiben übrig.

> Das ist ein guter Vorschlag. | so können wir das machen. | Ich bezweifle, dass | Dann lass uns mal ein paar Ideen sammeln. | Ich habe die gleichen Erfahrungen gemacht. | Du, ich glaube, wir haben ein Problem. | Was hältst du davon, wenn | Und wie hast du dann reagiert? | ich würde vorschlagen | Es wäre besser | du hast recht. | Ich weiß nicht, ob das eine gute Idee ist.

● .... (1) mit dem neuen Pizzakäse. Einige Gäste haben sich über den Käse beschwert.

○ Ja. .... (2). Ein paar Gäste, die schon öfter bei uns gegessen haben, haben sofort gemerkt, dass die Pizza anders schmeckt und waren enttäuscht.

● Stimmt. Ein Gast hat die Pizza sogar zurückgehen lassen.

○ .... (3)

● Ich habe mich entschuldigt und er hat eine neue Pizza bekommen. Mit Edamer-Käse.

○ Ah, okay. .... (4), was wir tun können.

● Also, ... (5), dass wir uns den Käse einmal genau ansehen. Vielleicht ist nur diese Packung nicht gut, die anderen Packungen aber schon.

○ .... (6). Aber auf jeden Fall sollten wir dem Küchenchef Bescheid sagen.

● Richtig. Dann kann er erst mal bei allen Pizzen Edamer-Käse benutzen.

○ .... (7). Nicht alle Gäste mögen den Käse. Außerdem müsste man das auf die Karte schreiben.

● Stimmt, ... (8). Und was machen wir, wenn der Käse nicht abgelaufen ist?

○ .... (9) wir eine weitere Packung testen und wenn der Käse genauso schlecht schmeckt, dann informieren wir den Lieferanten.

● Einverstanden, ... (10).

129

Wortschatz   Berufliche Bildung

1 Ausbildung, Weiterbildung, Fortbildung und Umschulung

a Ergänzen Sie die passenden Wörter.

> Weiterbildung | Praktika | Auszubildende | Abschlussprüfung | Schulungen | Ausbildung | Studium | Meisterkurs | Umschulung | Schulabschluss | Fortbildungen

1. Wenn man am Ende der Schulzeit die Prüfungen besteht, bekommt man einen ....
2. In Deutschland besteht eine .... im dualen System aus dem Besuch der Berufsschule und der praktischen Arbeit in einem Betrieb.
3. Am Ende der Handwerksausbildung steht die Gesellenprüfung, in anderen Berufsausbildungen heißt sie einfach ....
4. Nach der Gesellenprüfung kann man einen .... machen und die Meisterprüfung absolvieren.
5. Wenn man Meister ist, kann man .... in dem Beruf ausbilden.
6. Um Arzt oder Ärztin zu werden, braucht man ein .... an einer Universität.
7. Während des Studiums lernt man nicht nur theoretisch, sondern macht auch viele ....
8. Wer Arzt oder Ärztin ist, kann noch eine .... zum Facharzt bzw. zur Fachärztin z. B. für Orthopädie machen.
9. Es ist wichtig, regelmäßig an beruflichen .... teilzunehmen, um auf dem neuesten Stand zu bleiben. Dabei kann es um die unterschiedlichsten Themen gehen, von Software-............................ bis hin zur Verbesserung der Zusammenarbeit im Team.
10. Wenn man im Beruf gesundheitliche Probleme hat, z. B. Allergien als Friseur, kann man eine .... machen und einen anderen Beruf lernen.

b Was passt? Kreuzen Sie an.

1. Lena möchte einen praktischen Beruf erlernen.
   - [a] Studium
   - [b] Ausbildung
2. Karim ist technischer Zeichner und möchte ein neues Grafikprogramm lernen.
   - [a] Weiterbildung
   - [b] Umschulung
3. Ulla arbeitet als Physiotherapeutin und möchte eine neue Behandlungstechnik lernen.
   - [a] Ausbildung
   - [b] Fortbildung
4. Abdullah hat die Schule in seiner Heimat abgebrochen und möchte hier das Abitur machen.
   - [a] Schulabschluss
   - [b] Umschulung
5. Nils hat das Abitur gemacht und möchte herausfinden, welcher Beruf zu ihm passt.
   - [a] Meisterkurs
   - [b] Praktikum

Wortschatz   Sich selbstständig machen

1 Eine Firma gründen

a Ordnen Sie den Wörtern die Definitionen zu.

1. die Marktlücke:
2. der Businessplan:
3. die Förderung:
4. das Startkapital:
5. der Kredit:
6. die Steuern:
7. das Netzwerk:
8. die Zielgruppe:

a   Unterstützung, z. B. durch Beratung oder Kredite
b   die Personen, die man mit dem Angebot erreichen will
c   Produkte oder Dienstleistungen anbieten, die es noch nicht gibt, die aber wahrscheinlich viele Leute brauchen könnten oder kaufen würden.
d   Geld, das man dem Staat zahlen muss
e   enthält die Beschreibung der Geschäftsidee, der gründenden Personen, Markt- und Wettbewerbsanalysen und einen Finanzplan
f   Geld, das man leiht
g   Zusammenschluss von Personen, die ähnliche Ziele verfolgen
h   Geld, das man zur Firmengründung braucht

b Eine Gründungsgeschichte. Ergänzen Sie die passenden Wörter aus 1a.

Meine Gründung sollte etwas Besonderes sein und etwas anbieten, das es so nicht schon überall gab: ein Kindercafé. In Berlin hatte ich etwas in der Art schon gesehen, aber nicht in meiner Stadt. Hier war das eine echte .... (1).

Mein Café ist der ideale Ort für Eltern mit kleinen Kindern. Für diese .... (2) gab es in meiner Stadt bisher noch kein Angebot. Die Besonderheit ist, dass es drinnen eine große Spielecke gibt und draußen eine Terrasse mit einem großen Spielplatz. Außerdem gibt es immer wieder Angebote für die Kinder, sodass die Eltern in Ruhe ihren Kaffee trinken können. Manche bringen sich sogar was zum Arbeiten mit.

Vor der Gründung habe ich mich bei der Arbeitsagentur beraten lassen. Dort habe ich auch die Adresse von einer Gründungsinitiative bekommen. Diese Initiative ist ein .... (3) von Leuten, die schon gegründet haben. Sie helfen sich gegenseitig und unterstützen auch andere bei ihren Gründungen. Sie haben mir geholfen, meinen .... (4) zu schreiben. Der ist wirklich gut geworden. Vor allem die Berechnung der Summe, die ich zur Gründung benötigte, also meines .... (5), war sehr realistisch. So konnte ich auch eine Bank davon überzeugen, mir einen günstigen .... (6) zu geben. Außerdem habe ich auch noch einen Gründungszuschuss bekommen. Dank dieser finanziellen .... (7) konnte ich mein Café vor 6 Wochen tatsächlich eröffnen und bisher läuft es sehr gut!

Wortschatz Sich selbstständig machen

2 Erfolgreiche Gründung
Welcher der markierten Ausdrücke im Text passt zu welchem Ausdruck unten? Ordnen Sie zu.

Eine syrisch-deutsche Erfolgsgeschichte

In Syrien hatte der Maurer Khaled Resho schon eine eigene Firma mit fünf Angestellten, aber hier in Deutschland musste er einen Neubeginn wagen. Zuerst nahm er erfolgreich an einem Integrationskurs teil, danach informierte er sich auf dem Arbeitsmarkt und stellte erleichtert fest: Die Erfahrungen und Kenntnisse, über die er verfügte, waren auch hier sehr gefragt.

Nachdem er seine Aufenthaltsgenehmigung bekommen hatte, konnte Khaled endlich ein Praktikum auf einer Baustelle machen. Die Firma hätte ihn sofort übernommen, aber die Bezahlung war ihm zu niedrig. „Außerdem bin ich es gewohnt, mein eigener Chef zu sein, deshalb wollte ich wieder eine eigene Firma gründen", erzählt Khaled lächelnd. Deshalb erkundigte er sich nach einer finanziellen Förderung. Dafür brauchte er einen Businessplan. Weil er damit überfordert war, suchte und fand er Hilfe bei einer speziellen Beratungsagentur für gründungswillige Migrantinnen und Migranten.

Inzwischen hat Khaled seinen Meister nachgeholt, seine Firma gegründet und sein Gewerbe angemeldet. Er kann von seinen Aufträgen leben und ist stolz darauf, dass er nicht mehr auf staatliche Unterstützung angewiesen ist.

---

1. ein zu geringes Gehalt: *die Bezahlung war zu niedrig*
2. kein Geld vom Staat mehr brauchen: .... sein
3. Qualifikationen: ....
4. mit einer Handvoll Mitarbeitern: ....
5. selbst einen Betrieb aufgemacht: ....
6. fragte nach einem Kredit: ....
7. ganz von vorne anfangen: ....
8. von einem Betrieb fest angestellt werden: .... werden
9. das nicht allein geschafft hat: ....
10. begehrt, danach sucht man, das braucht man: .... sein

Grammatik

Grammatik   Präpositionen

1 Welche Präposition passt?

a Verben mit Präpositionen: Ordnen Sie zu.

1. (sich) schützen … _vor_	5. dienen … sich entschließen … führen … kommen …	7. berichten … informieren … verfügen … verhandeln …
2. beauftragen … befassen … entgegenkommen … handeln … hantieren … rechnen … übereinstimmen ….		8. aufstocken sich beziehen … hinweisen … reagieren … sich spezialisieren … umstellen … zukommen
3. bitten … erhöhen … erweitern … reduzieren … sich kümmern …	an auf für nach um über mit von ~~vor~~ zu	9. sich erkundigen …
		10. abhängen … profitieren … (sich) überzeugen … zurücktreten …
4. sich beteiligen … sich orientieren … sich wenden …	6. aufkommen … gelten … sorgen	

b Ergänzen Sie die Präpositionen im Protokoll.

TOP 1:	Frau Berger bittet .... (1) die Genehmigung des Protokolls der letzten Sitzung.
TOP 2:	Herr Bär berichtet .... (2) den Stand der Verhandlung mit der Huber GmbH. Wir konnten .... (3) den niedrigen Einkaufspreisen profitieren und rechnen .... (4) Gewinnen. Bereits im Juli werden wir .... (5) der Produktion beginnen.
TOP 3:	Herr Huber aus der Abteilung Forschung und Entwicklung berichtet, dass sich erfreulich viele junge Menschen .... (6) einen Ausbildungsplatz bei uns beworben haben. Er weist aber erneut .... (7) die Gefahren hin, wenn Ungeübte .... (8) brennbaren Chemikalien hantieren. Hier kam es bereits .... (9) Unfällen.
TOP 4:	Frau Schrader informiert .... (10) fehlendes Personal in der Produktion. Man hat sich daher .... (11) einer Zusammenarbeit mit einer Zeitarbeitsfirma entschlossen. Die Firma Wolter Zeitarbeit wurde .... (12) der Vermittlung von 5 Zeitarbeitskräften beauftragt.
TOP 5:	Die IT-Abteilung und Software Inc. verhandeln gegenwärtig .... (13) den Ablauf, wenn wir kommendes Jahr .... (14) ein neues Betriebssystem umstellen. Herr Fellner sorgt .... (15) einen reibungslosen Ablauf und kommt mit Terminen .... (16) die einzelnen Abteilungen zu. Bei Fragen wenden Sie sich bitte .... (17) ihn.
TOP 6:	Herr Scheuer tritt ab nächstem Monat .... (18) seinen Aufgaben zurück. Er reagiert damit .... (19) die Vorwürfe des Vorstands.

134

Grammatik   Präpositionen

c Welche der beiden Präpositionen passt zu dem Nomen? Markieren Sie.

1. Zu / Über unserer großen Freude war Ihre Beteiligung von / an „Lauf und hilf" sehr groß.
2. Bei / In Bezug auf das Sortiment plant der Winzer-Betrieb Kaiserstuhl GmbH die Umstellung auf / mit Bio-Weißwein, denn der Handel an / mit Bio-Produkten ist einträglich.
3. Produkte unserer Firma wurden kopiert: Wir haben Hinweise auf / für Produktpiraterie. Die Verhütung von / vor Fälschungen und der Schutz bei / vor Diebstählen dieser Art ist wichtig, weil uns dadurch enormer wirtschaftlicher Schaden entsteht.
4. Bei / Mit Bedarf ist die Erhöhung der Arbeitszeit für / um eine Stunde pro Tag möglich.
5. Die Bedingungen auf / für den Rücktritt von / nach Ihrem Vertrag finden Sie unten in den Allgemeinen Geschäftsbedingungen (AGB).

d Ergänzen Sie die Präpositionen in der Nachfrage einer Bewerberin.

Sehr geehrte Frau Flesserod,

.... (1) großer Freude habe ich gelesen, dass ich .... (2) einem zweiten Gespräch eingeladen bin und sage gerne zu. Ich weiß, dass Ihre Anforderungen .... (3) die Bewerberinnen und Bewerber hoch sind, und dass Berufserfahrung eine entscheidende Rolle .... (4) der Auswahl eines Bewerbers spielt. Sie schreiben, dass meine Qualifikation Sie .... (5) mir überzeugt hat und es ein Bonus ist, dass ich .... (6) arabische Sprachkenntnisse verfüge. Den Ausschlag .... (7) meine Bewerbung bei Ihnen hat tatsächlich Ihre Spezialisierung .... (8) arabische Märkte gegeben. Ihre positive Reaktion .... (9) meine Arbeitsproben hat mich gefreut. Ich bin schon sehr gespannt .... (10) unser nächstes Gespräch. ...

e Unterstreichen Sie die Ausdrücke mit Präposition in den Fragen und Antworten und ordnen Sie zu.

1. Ist Dienstkleidung verbindlich für alle Mitarbeitenden?
2. Kommt der Betrieb für meine Dienstkleidung auf?
3. Wann geht die neue Maschine in Betrieb?
4. Ich würde meine Arbeitszeit gerne auf 38 Stunden erhöhen.
5. Wurden die Kollegen schon über die Neuerung informiert?
6. Ist Englisch wesentlich für meine Arbeit?
7. Arbeitet unser Team mit anderen zusammen?
8. Woran arbeiten Sie gerade?
9. Könnten Sie mir mit dem Rechnungsbetrag entgegenkommen?
10. Kann ich mit dem Thema noch mal auf Sie zukommen?

A Ja, wir arbeiten Hand in Hand mit der Marketing-Abteilung.
B Ja, sprechen Sie mich jederzeit darauf an.
C Wir übernehmen für Sie die Kosten.
D Einheitliches Aussehen ist uns wichtig und gilt für alle, Sie sind also dazu verpflichtet.
E Ich befasse mich mit der Entwicklung von Software.
F An dem Betrag können wir nichts mehr ändern.
G Natürlich haben wir sie bereits von der Umstellung in Kenntnis gesetzt.
H Wir beginnen bald damit, aber das ist abhängig von der Schulung.
I Im Moment können Sie leider nicht auf Vollzeit aufstocken.
J Unbedingt! Alle Mitarbeitenden müssen über gute Sprachkenntnisse verfügen.

Grammatik   Konnektoren

1 Zeitliche Beziehungen ausdrücken

a Was passt? Kreuzen Sie an.

1. Die Rechnung brauchen Sie erst zu bezahlen, ☐ als ☐ bis ☐ nachdem die Lieferung bei Ihnen eingetroffen ist.
2. Wir werden Sie umgehend verständigen, ☐ bevor ☐ seit ☐ sobald die Ware wieder vorrätig ist.
3. Der Vertrag tritt in Kraft, ☐ bis ☐ seit ☐ sobald Sie ihn unterschieben zurückgeschickt haben.
4. ☐ Nachdem ☐ Seitdem ☐ Während ich in der neuen Abteilung arbeite, muss ich nicht mehr so viele Überstunden machen.
5. ☐ Nachdem ☐ Seitdem ☐ Wenn ich mein Studium abgeschlossen hatte, bekam ich sofort eine feste Stelle bei der größten Telekommunikationsfirma in meiner Heimat.

b Verbinden Sie die Sätze mit den Konnektoren in Klammern. Es gibt immer zwei Möglichkeiten.

1. Es riecht überall unangenehm. Kolleginnen und Kollegen bringen ihre Hunde mit ins Büro. (seit)

2. Die Arbeitsbedingungen in meiner Branche hatten sich verschlechtert. Ich habe eine Umschulung gemacht. (nachdem)

3. Wir sollten die Verantwortung für den Fehler klären. Wir bieten dem Kunden eine Wiedergutmachung an. (bevor)

4. Die Kinder gehen noch zur Schule. Ich komme sehr früh ins Büro und gehe auch früh. (solange)

5. Ich kann nicht mehr konzentriert arbeiten. Die anderen Kollegen sind im Büro. (sobald)

c Welche Formulierung kann den unterstrichenen Ausdruck ersetzen? Kreuzen Sie an.

1. <u>Nach der Ausbildung</u> möchte ich mir in der Automobilbranche einen Job suchen.
   ☐ a Wenn ich die Ausbildung beendet habe, …   ☐ b Solange ich die Ausbildung nicht beendet habe, …

2. <u>Bei der Auftragserteilung</u> sind wir von einer Lieferung bis Ende des Monats ausgegangen.
   ☐ a Bis wir den Auftrag erteilt haben, …   ☐ b Als wir Ihnen den Auftrag erteilt haben, …

3. <u>Gleich nach Versand Ihrer Ware</u> schicken wir Ihnen eine Versandbestätigung.
   ☐ a Sobald wir Ihre Ware versandt haben, …   ☐ b Solange wir Ihre Ware nicht versandt haben, …

Grammatik Konnektoren

2 Gründe, Gegengründe und Einschränkungen ausdrücken

a Ergänzen Sie: *obwohl*, *dennoch*, *weil* (2x), *denn*.

1. Leider kam es in der Produktion zu Verzögerungen, ………………… sind wir zuversichtlich, dass wir die Geräte in der nächsten Woche liefern können.
2. Meine Kolleginnen und Kollegen sind sehr zufrieden, ………………… die Geschäftsleitung hat vor einem Monat allen Mitarbeitenden flexible Arbeitszeiten ermöglicht.
3. Die Präsentation musste verschoben werden, ………………… der Kunde kurzfristig Änderungswünsche geäußert hatte.
4. Der Kunde hat sich beschwert, ………………… wir die falschen Kabel geliefert haben.
5. Wir geben dem Kunden einen Rabatt auf den Kaufpreis, ………………… die Verantwortung für den Schaden nicht bei uns liegt.

b Vergleichen Sie die beiden Sätze und ordnen Sie zu.

1. Bedeutung und Struktur gleich: …………………
2. Bedeutung gleich, Struktur verschieden: …………………

a Dank der guten Auftragslage können wir zusätzliche Arbeitskräfte einstellen.
  Wegen der guten Auftragslage können wir zusätzliche Arbeitskräfte einstellen.
b Trotz unserer Bemühungen konnten wir die Teile nicht rechtzeitig fertigstellen.
  Obwohl wir uns bemüht haben, konnten wir die Teile nicht rechtzeitig fertigstellen.
c Weil die Waschmaschinen falsch eingestellt wurden, ist die Wäsche nicht richtig sauber geworden.
  Da die Waschmaschinen falsch eingestellt wurden, ist die Wäsche nicht richtig sauber geworden.
d Vegetarisches Essen in der Kantine finde ich gut, dennoch sollte jeder selbst über seine Ernährung bestimmen können.
  Vegetarisches Essen in der Kantine finde ich gut, trotzdem sollte jeder selbst über seine Ernährung bestimmen können.
e Wegen unserer Kinder würden wir beide lieber in Teilzeit arbeiten.
  Weil wir Kinder haben, würden wir beide lieber in Teilzeit arbeiten.

3 Absichten und Ziele ausdrücken: *Um … zu* oder *damit*? Schreiben Sie Sätze.

1. Fortbildungen sind sehr wichtig, …………………
   (sich beruflich weiterentwickeln)
2. Die Firma will Workshops gegen Stress anbieten, …………………
   (die Mitarbeiter gesund bleiben)
3. Manche Mitarbeiter können nicht auf das Auto verzichten, …………………
   (zur Arbeit kommen)
4. Der Betriebsausflug sollte auf jeden Fall stattfinden, …………………
   (alle im Team sich besser kennenlernen)
5. Die Mitarbeitenden müssen geschult werden, …………………
   (mit dem neuen Programm effizient arbeiten können)

Grammatik   Konnektoren

4 Gegensätze ausdrücken

a Was passt zusammen? Verbinden Sie.

1. Während viele Unternehmen mittlerweile Gleitzeit oder flexible Arbeitszeiten anbieten,
2. Früher war den Bewerbern ein gutes Gehalt am wichtigsten,
3. Die meisten Hochschulabsolventen wollen sich nicht selbstständig machen,
4. Normalerweise können die Mitarbeitenden pünktlich Feierabend machen,

a   dagegen ist heute vielen eine gute Work-Life-Balance wichtiger.
b   in letzter Zeit mussten sie jedoch manchmal Überstunden machen.
c   halten andere an festen Arbeitszeiten fest.
d   sondern suchen nach einem sicheren Job in einem bekannten Unternehmen.

b Lesen Sie das Beispiel und schreiben Sie je eine Variante.

Beispiel: Früher war den Bewerbern ein gutes Gehalt am wichtigsten. Heute ist vielen eine gute Work-Life-Balance wichtiger. (dagegen)
… *dagegen* ist vielen heute eine gute Work-Life-Balance wichtiger.
… vielen ist *dagegen* heute eine gute Work-Life-Balance wichtiger.
… heute ist vielen *dagegen* eine gute Work-Life-Balance wichtiger.

1. Normalerweise machen wir pünktlich Feierabend.
In letzter Zeit mussten wir auch Überstunden machen. (jedoch)

....

2. Gestern fing das Meeting um 17 Uhr an. Heute beginnt es schon um 15 Uhr. (dagegen)

....

3. Wir haben zwei verschiedene Produkte im Angebot. Momentan können wir nur eins liefern. (jedoch)

....

c Schreiben Sie Sätze mit *dagegen/hingegen* wie im Beispiel.

Beispiel: Viele meiner Kollegen finden die Pläne der Geschäftsleitung gut. Ich habe eine andere Meinung.
➔ Ich hingegen habe eine andere Meinung.

1. Ich bin für eine variable Gleitzeit. Meine Kollegin regt sich sehr darüber auf.

   Meine ....

   ....

2. Die Geschäftsleitung meint, wir können die Weiterbildungen selbst bezahlen. Ich finde das nicht in Ordnung.

   ....

   ....

3. Viele können sich Home-Office gut vorstellen. Die Geschäftsleitung zeigt sich unflexibel.

   ....

   ....

Grammatik Konnektoren

5 Bedingungen und Folgen ausdrücken: Ergänzen Sie die Sätze.

andernfalls | deshalb | falls | wenn | sodass | so … dass

1. Nach meiner letzten Weiterbildung wurde ich .... sicher, ... ich mich auf eine höhere Position beworben habe.

2. Wir hoffen, dass Sie die Probleme schnell lösen, ... müssen wir unsere Geschäftsbeziehungen beenden.

3. Immer mehr Mitarbeitende arbeiten im Home-Office, ... stehen mittlerweile viele Büros leer.

4. Die Mitarbeiter sollten besser fortgebildet werden, ... sie Kollegen auch in anderen Bereichen unterstützen können.

5. .... sich Mitarbeiter nicht an die Regeln halten, muss das Nicht-Beachten der Regeln in Zukunft sanktioniert werden.

6. .... wir die Weiterbildung während der Arbeitszeit machen können, ist das besser.

6 Art und Weise ausdrücken: Verbinden Sie die Sätze mit *indem*, *ohne dass* und *dadurch … dass*.

1. Man kann seine Jobchancen verbessern. Man meldet sich bei einem Karrierenetzwerk an. (indem)
Man kann ....

2. Man geht auf Jobmessen. Man kann interessante Unternehmen kennenlernen. (dadurch, dass)
Dadurch, ...

3. Man sitzt den ganzen Tag am Computer. Man bekommt schnell Schmerzen in Schultern, Nacken und Rücken. (dadurch, dass)
Dadurch, ...

4. Wir möchten den entstandenen Schaden wiedergutmachen. Wir erstatten Ihnen 50 % des Kaufpreises. (indem)
Wir ....

5. Ich erwarte, dass Sie den Fehler beheben. Uns entstehen weitere Kosten. (ohne dass)

Grammatik   Textzusammenhang

1 Übersicht: Ergänzen Sie die Wörter.

man | dieser | dann | sie | sondern | wofür | mittlerweile | sobald

Für einen verständlichen und gut aufgebauten Text müssen Sie Satzteile logisch miteinander verbinden, z. B. mit folgenden Wörtern:

Artikelwörter

bestimmter Artikel (der, das, die), Possessivartikel (mein, dein, sein, …)

Demonstrativartikel (............................ (1), jener, solcher, …)

Pronomen

Personalpronomen (er, es, ... (2), …), Demonstrativpronomen (dieser, jener, solcher, derjenige …),

Relativpronomen (der, das, die, in denen, für deren …),

Indefinitpronomen (jemand, niemand, ... (3), …)

Orts- und Zeitangaben

dort, hier, heute, früher, ... (4), im letzten/nächsten Monat, zuerst, ... (5), …

Konnektoren

Hauptsatz: Position 0: und, aber, oder, denn, ... (6)
Position 1 oder 3: daher, deshalb, trotzdem, …

Nebensatz: dass, weil, obwohl, wenn, ... (7), …
Zweiteilige Konnektoren (einerseits …, andererseits, zwar … aber, …)

Pronominaladverbien

dafür, damit, daran, ... (8), womit, woran, …

2 Pronomen

a Welches Pronomen passt? Kreuzen Sie an.

1. Und ☐ diejenige ☐ derjenigen ☐ diejenigen, die aus gesundheitlichen Gründen nicht mitmachen können, bleiben dann zu Hause?

2. Ich finde, die Geschäftsleitung sollte zuerst mit ☐ der ☐ dem ☐ denen sprechen, die besonders von der neuen Regelung betroffen wären.

3. Und was macht ☐ denjenigen ☐ derjenigen ☐ derjenige, der ohne Auto nicht zur Arbeit kommen kann, weil es keine öffentlichen Verkehrsmittel in der Nähe gibt?

4. Leider werden die Probleme ☐ jener ☐ jene ☐ jenen, die kleine Kinder haben, einfach ignoriert.

b Ergänzen Sie *man, niemand, keiner, nichts* (2x), *etwas*.

1. Wisst ihr .... darüber, dass wir nächstes Jahr ins Stadtzentrum ziehen? Bis gestern wusste ich gar .... von diesen Plänen der Geschäftsleitung.

2. Ich denke, ... müsste mit der Leitung sprechen, aber ich glaube, das hat bisher noch .... gemacht.

3. Wenn wir .... gegen die Pläne unternehmen, darf sich hinterher .... beschweren.

140

Grammatik   Textzusammenhang

c Ergänzen Sie das passende Relativpronomen und (wo nötig) die passende Präposition.

1. Für Personen, *für die* Deutsch nicht die Muttersprache ist, finanzieren wir Deutschkurse sowie Kommunikations- und Schreibtrainings.
2. Wir suchen einen Standort, ... nicht weiter als 30 Kilometer entfernt ist.
3. Außerdem sind wir auf der Suche nach einem Influencer, ... wir Werbung für unsere neue Kollektion machen können.
4. Sie können an religiösen Feiertagen, ... in Deutschland keine gesetzlichen Feiertage sind, freibekommen, wenn Sie die Arbeitszeit nachholen.
5. Im zweiten Stock unserer Firma steht Ihnen ein interreligiöser Andachtsraum zur Verfügung, ... Sie in den Arbeitspausen nutzen können.
6. Wir haben bei der Zeitarbeitsfirma *flexibelhelp*, ... wir seit Jahren gut zusammenarbeiten, fünf Aushilfskräfte angefordert.
7. Ihre Frage bezieht sich auf die „Dienstkleidung", ... Sie privat aufkommen müssen.

d Formulieren Sie den zweiten Satz in einen eingeschobenen Relativsatz um. Achten Sie auf Kasus und Satzzeichen.

1. Eine vorgeschriebene Weiterbildung kommt für manche nicht in Frage. Man muss die Weiterbildung selbst bezahlen.
   Eine vorgeschriebene Weiterbildung, die man
2. Interne Fortbildungen finden laut Fortbildungsplan statt. Der Fortbildungsplan hängt am Schwarzen Brett.
3. Auf Mitarbeitende kann sich die vegetarische Ernährung positiv auswirken. Die Mitarbeitenden haben gesundheitliche Probleme.
4. Die schlechten Arbeitsbedingungen kennen wir alle. Die Angestellten dort leiden unter den Arbeitsbedingungen.
5. Von dem Lieferanten haben wir uns mittlerweile getrennt. Mit dem Lieferanten gab es häufig Probleme.
6. Wir sollen mit Bussen und Bahnen zur Arbeit fahren. Für die Nutzung der Busse und Bahnen bekommen wir finanzielle Unterstützung.

Grammatik   Textzusammenhang

3 Pronominaladverbien

a Was passt? Ergänzen Sie.

| dafür | darüber | worüber | damit | wonach |

1. Die Geschäftsleitung hat uns ja gestern .... informiert, dass der Betriebsausflug ausfällt.
2. Der neue Dienstplan ist etwas, ... wir uns alle ab sofort richten müssen.
3. Keine Fleischgerichte mehr in der Kantine? Ich bin .... absolut einverstanden.
4. Die Pflicht zur Weiterbildung ist das, ... sich einige Kolleginnen und Kollegen ärgern.
5. Die Parkplätze werden vermietet. .... hat sich die Leitung gestern entschieden.

b Schreiben Sie den Relativsatz mit *wo*-.

1. Alle Mitarbeitenden sollen die Möglichkeit bekommen, im Homeoffice zu arbeiten. (einige – sicher – werden verzichten)

   Alle Mitarbeitenden sollen die Möglichkeit bekommen, im Homeoffice zu arbeiten, worauf einige ....
   ....

2. Die Firma plant, für das Weihnachtsgeschäft mehr Aushilfskräfte einzustellen. (ich - mich freue)

   ....
   ....

3. Die Produktpalette soll vergrößert werden. (die Geschäftsleitung – gestern – berichtet hat)

   ....
   ....

4. Morgen findet die Fortbildung zum neuen Abrechnungssystem statt. (alle – schon gebeten hatten)

   ....
   ....

4 Zweiteilige Konnektoren: Was passt? Ergänzen Sie.

| einerseits … andererseits | zwar … aber | nicht nur … sondern auch | weder … noch | sowohl … als auch |

1. Ich fahre .... mit den öffentlichen Verkehrsmitteln .... mit dem Auto zur Arbeit, weil ich zu Fuß laufen kann.
2. .... die IT-Abteilung .... die Marketing-Abteilung ziehen in das neue Gebäude. Deren Abteilungsleiter haben gerade viel zu organisieren.
3. .... hat man keine lange Anfahrt, ... vermisst man die Gespräche mit Kollegen, wenn man nicht im Büro ist.
4. Ihre Ware wurde .... rechtzeitig fertiggestellt, ... der Versand verzögerte sich leider wegen eines Systemfehlers in der Logistik.
5. Wir müssen .... viele Aufgaben gleichzeitig erledigen, ... auch noch an vielen Fortbildungen teilnehmen.

Grammatik Textzusammenhang

5 Einen Zusammenhang herstellen

a Lesen und vergleichen Sie die beiden Forumsbeiträge. Markieren Sie im zweiten Forumsbeitrag Ausdrücke, die einen Textzusammenhang herstellen und im ersten Forumsbeitrag nicht vorkommen.

Forumsbeitrag 1

Hallo zusammen!
Habt ihr schon gelesen, dass hier in der Firma bald ein Fitness- und Gesundheitsprogramm startet? Das Fitness- und Gesundheitsprogramm besteht aus verschiedenen Kursen. Wir können an den verschiedenen Kursen teilnehmen. In den Kursen geht es zum Beispiel um gesunde Ernährung, Entspannung und Gymnastik am Arbeitsplatz und Afterwork-Fitness. Ich habe sehr oft Rückenschmerzen. Ich bewege mich zu wenig. Ich möchte auf jeden Fall an einigen Kursen teilnehmen. Man lernt bestimmt auch, Stress abzubauen und gesünder zu leben. Meiner Meinung nach sind die Kurse eine gute Sache. Man muss für einige Kurse etwas bezahlen. Was denkt ihr?

Forumsbeitrag 2

Hallo zusammen!
Habt ihr schon gelesen, dass hier in der Firma bald ein Fitness- und Gesundheitsprogramm startet? Es besteht aus verschiedenen Kursen, an denen wir teilnehmen können. In diesen Kursen geht es zum Beispiel um gesunde Ernährung, Entspannung und Gymnastik am Arbeitsplatz und Afterwork-Fitness. Da ich sehr oft Rückenschmerzen habe und mich zu wenig bewege, möchte ich auf jeden Fall an einigen Kursen teilnehmen. Dadurch lernt man bestimmt auch, Stress abzubauen und gesünder zu leben. Meiner Meinung nach sind diese Kurse eine gute Sache, obwohl man für einige dieser Kurse etwas bezahlen muss.
Was denkt ihr darüber?

b Ergänzen Sie die E-Mail. Achten Sie auf Groß- und Kleinschreibung.

und | es | dadurch | da | mittlerweile | die | deshalb | dieser | das

Sehr geehrte Frau Schukowa,

_____ (1) tut uns sehr leid, dass das von uns gelieferte Öl nicht die übliche Qualität hatte. Wir entschuldigen uns vielmals für die Unannehmlichkeiten, _____ (2) Ihnen _____ (3) entstanden sind.

_____ (4) wir von anderen Kunden ähnliche Beschwerden bekommen haben, haben wir uns mit den Herstellern in Spanien in Verbindung gesetzt.

_____ (5) wurde dort das Problem gelöst _____ (6) die Kontrollen verbessert. In Zukunft werden wir nur noch einwandfreies Öl liefern, _____ (7) versichere ich Ihnen.

Keinesfalls möchten wir Sie als Kundin verlieren. _____ (8) bieten wir Ihnen an, Ihre letzte Bestellung von 10 Flaschen Öl komplett und kostenfrei zu ersetzen. Die Lieferung habe ich bereits veranlasst.

Wir hoffen, dass Sie mit _____ (9) Lösung einverstanden sind.

Mit freundlichen Grüßen

Tabea Kunze

Lösungen

Kommentierter Modelltest

Hören und Schreiben

(Mögliche) Lösung

41 Grund für den Anruf: b Bestellung/Buchung
42 Name: Bühren
43 Kontakt: 0541 876 45 2
44 Weitere Informationen:
– Nachmeldung ok
– 5 % Rabatt
– andere Trainerin
– Team erinnern: feste Schuhe + lange Hosen mitbringen
45 Zu erledigen: Rückruf wg. Essen, grillen

Schreiben

So könnte ein Forumsbeitrag zu **Thema A** aussehen:

> Hallo zusammen,
>
> also ich finde die Idee, dass in der Kantine nur noch fleischloses Essen angeboten werden soll, gut! Man weiß doch, dass vegetarische Ernährung gesünder als Ernährung mit Fleisch ist.
> Außerdem haben wir auch alle schon von der Tierquälerei und den schlechten Arbeitsbedingungen für die Angestellten in den Schlachtbetrieben gelesen.
> Wenn die Firma jetzt also eine fleischlose Kantine und Bioqualität einführt, dann zeigt sie damit, dass ihr unsere Gesundheit wichtig ist. Dafür bezahle ich auch gern etwas mehr.
> Andererseits verstehe ich auch, dass manche Kollegen diese Idee der Geschäftsleitung nicht so gut finden, weil sie gerne Fleisch essen oder nicht mehr Geld für Kantinenessen ausgeben wollen. Aber man kann sich ja auch etwas mitbringen.
>
> Ich bin gespannt, was ihr denkt.
>
> Revathi

So könnte ein Forumsbeitrag zu **Thema B** aussehen:

> Liebe Kolleginnen, liebe Kollegen,
>
> unsere Firma möchte, dass wir eine Weiterbildung machen.
>
> Das ist super, denn durch Weiterbildungen lernt man immer etwas Neues! Nachdem ich meine letzte Weiterbildung „Online-Marketing" gemacht hatte, wurde ich fachlich so sicher, dass ich mich als Teamleiterin beworben habe.
> Für die Weiterbildung spricht auch, dass wir sie während unserer Arbeitszeit machen können. Das heißt, die Firma investiert in uns, denn unsere Arbeitszeit kostet sie viel Geld.
>
> Andererseits sollen wir die Weiterbildung selbst bezahlen, das könnte für manche Mitarbeiter ein Problem sein, denke ich.
> Aber meine ehrliche Meinung ist: Kann man Geld besser als für eine Weiterbildung ausgeben? Nein! Ich werde die Weiterbildung auf jeden Fall machen und freue mich schon.
>
> Schreibt mal, was ihr denkt.
>
> Temesgen Habtom

Fertigkeitentraining

Fertigkeitentraining Lesen Teil 1

1a 1. Ausbildung im IT-Bereich.; 2. Ideen, … Restaurant … werben.
3. wo … nach Abschluss ihrer Ausbildung arbeiten

1b a 2., b 1., 2., 3., c 1., 2., 3., d 1., 2., 3., e 3.

1c 1. wie Elektriker wird, 2. ob Elektrobetrieb eröffnen; a sich selbständig machen, b wie … Beruf des Elektrikers erlernen, c Texte über Firmengründungen … interessant; d Informationen über … Ausbildung; 1. b, d; 2. a, c

2 a Karrierebeginn in einem Start-up, b Ausbildung im Handwerk, c Lukrative Geschäftskonzepte

3a Erfolgsgeschichten … Wirtschaft

3b c … Erfolgsgeschichten, Wirtschaft
geniale Businessideen, kometenhaften Aufstieg, millionenschweren Branchenriesen, bekannten Firmenlegenden n, c

3c Erfolgsgeschichten, Wirtschaft; Chance auf schnellen Erfolg; b; geniale Businessideen, kometenhaften Aufstieg

4b 1. Tipps gegen Mobbing, 2. Personalverantwortung, Führungsstrategien, 3. nach … Elternzeit weitergeht

4c 1. c, 2. d, 3. a

4d c, Angriffe, Arbeit nicht gut machen, d, Souverän führen, Teamleitung, Team professionell begleiten, a Wiedereinstieg, Neubeginn nach der Familienphase

4e 1. c, 2. d, 3. a

Fertigkeitentraining Lesen Teil 2

1a Die Sprachförderangebote richten sich nur an ausländische Mitarbeitende.

1b Für unsere ausländischen Mitarbeitenden organisieren wir kostenlose berufsbegleitende Deutschkurse, denn uns ist es wichtig, dass alle am gesellschaftlichen Leben teilhaben können. Dafür sind deutsche Sprachkenntnisse wesentlich. Mittlerweile

144

bieten wir für alle Mitarbeitenden auch Englisch-Sprachkurse an.
… Mitarbeitende unterschiedlicher Herkunft, um im Austausch die jeweilige Sprache zu lernen

1c ausländischen Mitarbeitenden, Deutschkurse, alle Mitarbeitenden, Englisch-Sprachkurse; falsch

2a
7 Mitarbeitende, die ein Tandem machen möchten,
a bekommen von Kollegen Auskunft über das Programm.
b finden im internen Webportal einen Partner.
c treffen sich während der Arbeit zum Lernen.

2b Außerdem gibt es die Möglichkeit, außerhalb der Arbeitszeiten an unserem Tandem-Programm teilzunehmen. In einem Tandem treffen sich regelmäßig Mitarbeitende unterschiedlicher Herkunft, um im Austausch die jeweilige Sprache zu lernen sowie soziale Kontakte und kulturelle Kompetenzen zu verbessern. An diesem Angebot Interessierte, finden weitere Informationen dazu im Intranet unter „Angebote für Mitarbeitende/Sprachförderung". Unter „Tandem" können Sie dort Gesuche von Kolleginnen und Kollegen lesen oder selbst ein Gesuch aufgeben.

2c Antwort b passt, Antworten a und c passen nicht

2d 6 falsch, 7 b

3a 1 Die Chip-Karten für die Kantine kosten Geld.
2 Der Speicherort für den Speiseplan ist für alle Mitarbeitende zugänglich.

3b 1 falsch (Pfand bekommt man sofort wieder); 2 richtig (jeder kann auf das Laufwerk (= Speicherort) zugreifen.)

3c Pfand: 5,50 €; bekommen Sie bei Rückgabe der Chip-Karte sofort wieder
Laufwerk: „J", Gemeinsamen Dateien; im Ordner … abgelegt, jeder kann zugreifen und von dort ausdrucken

4a 8 Es gibt sowohl verpflichtende als auch freiwillige Fortbildungen für die Mitarbeitenden.
9 Um an einer externen Fortbildung teilzunehmen, muss man
a mit der Vorgesetzten über die Teilnahme sprechen.
b seinen Wunsch am Jahresende per E-Mail einreichen.
c warten, bis die Teamleiterin eine Fortbildung empfiehlt.

4b zu 8: Die Teilnahme an den internen Fortbildungen sind für alle Mitarbeitenden verbindlich!; … externe Fortbildungen mit den Mitarbeitenden besprechen, um dann zu entscheiden, ob die Maßnahme sinnvoll ist; wird die Teamleiterin den Mitarbeitenden individuelle Fortbildungen vorschlagen.

zu 9: Teamleiterin externe Fortbildungen zunächst mit dem Mitarbeitenden besprechen;

4c 8 richtig, 9 a

Fertigkeitentraining Lesen Teil 3

1a Tipps für Arbeitnehmerinnen und Arbeitnehmer

1c Fortbildungen; Weiterbildungen; Bildungsurlaub; Kosten; Arbeitszeit; Freizeit

2 10 a, 11 c, 12 c, 13 c

3a c, d; c: Sprachkurs in Mailand, Firma hat fast alles bezahlt, weil ich Italienisch beruflich brauche; d: kannst im Bildungsurlaub lernen, was du willst. Wichtig … Kurs als Bildungsurlaub anerkannt

3b d, Bildungsurlaub lernen; Sprachkurs; ich Italienisch beruflich brauche

3c c, e, c: Kurs in Mailand; Firma hat fast alles bezahlt; e: Fortbildungen selbst bezahlen; wenn Arbeitgeber Weiterbildung verlangt, muss er sie bezahlen; c… alles bezahlt, e, du selbst bezahlen, er auch bezahlen

3d Zu Levi passt kein Tipp. Tipp a passt zu Igor.
10 d, 11 e, 12 x, 13 a

Fertigkeitentraining Lesen Teil 4

1b
14 Das Protokoll
a der letzten Sitzung wurde angenommen.
b nennt auch Personen, die nicht teilgenommen haben.
c wird von Herrn Masur geschrieben.

2a Protokoll, TOP 1

2b 15: TOP 3, 16: TOP 4

3a a: wird diskutiert und von FR überarbeitet;
b: Abwesend; c: Protokollant: Wolfgang Jansen
3b b, abwesend, a, c, 1, angenommen. Protokollant, Wolfgang Jansen

3c 15 c; 16 b

4 17 c

Fertigkeitentraining Lesen und Schreiben

1a 19 Frau Leone beschwert sich, dass
a die falsche Wäsche geliefert wurde.
b ein Teil der Wäsche nicht richtig gereinigt wurde.
c es keine sauberen Tischdecken gab.

20 Das Personal
a hat länger für die Zimmerreinigung gebraucht.
b konnte das Restaurant erst später öffnen.
c muss für die Mehrarbeit entschädigt werden.

Lösungen

1b … Leider mussten wir feststellen, dass die Wäsche nicht einwandfrei sauber war. Auf einigen Tischdecken befanden sich noch Fettflecken und auch einige Handtücher und die Bettwäsche waren nicht richtig sauber. Das Reinigungspersonal musste alle Textilien zuerst überprüfen und nach sauberen Exemplaren durchsuchen. Dadurch erhöhte sich der Zeitaufwand, um die Zimmer und das Restaurant herzurichten. Auch die Abläufe im Restaurant wurden gestört und einige Zimmer konnten nicht rechtzeitig für die Gäste bereitgestellt werden. …

1c 19 b; 20 a

2a Du kannst der Kundin ruhig erklären, welche Probleme wir in der Wäscherei hatten. Ganz wichtig: Bitte schreib der Kundin auch, dass wir die Probleme mittlerweile gelöst haben und mach ihr ein Angebot als Wiedergutmachung.

2b 1: Welches Problem in der Wäscherei
2: Problem gelöst
Punkt 3: Angebot als Wiedergutmachung

3a b, d

3b richtig: 2, 4

3c *Wenn Sie an einer weiteren Zusammenarbeit mit uns als Neukunden interessiert sind* (das heißt, die Kundin droht damit, die Zusammenarbeit zu beenden und eine neue Wäscherei zu beauftragen)

3d 1. Rabatt … Rechnung, 2. berechnen, 3. kostenlos

4a 1. … wir das Problem mittlerweile gelöst haben.,
2. … wir das Problem mittlerweile gelöst.
3. … wir haben das Problem mittlerweile gelöst.,
4. … Angebot als Wiedergutmachung machen,
5. wiedergutzumachen, bieten … an

4b 1. d; 2. e; 3. c; 4. a; 5. b

4c 1. … bieten Ihnen an, dass Sie die aktuelle Rechnung nicht bezahlen müssen.
2. … geben wir Ihnen einen Rabatt von … % auf die nächste Rechnung. 3. … die schmutzige Wäsche heute noch abzuholen, sie zu reinigen und sie zurückzubringen.

4d Mögliche Lösung
Sehr geehrte Frau Leone,
es tut uns sehr leid, dass die von uns gelieferte Wäsche nicht einwandfrei sauber war. Wir bitten Sie, die Unannehmlichkeiten, die dadurch bei Ihnen entstanden sind, zu entschuldigen.
…, dass uns der Lieferant ein falsches, weniger leistungsfähiges Waschmittel geliefert hat.
Mittlerweile haben wir das Problem gelöst und so ein Vorfall wird sich nicht wiederholen, das kann ich Ihnen versichern / versichere ich Ihnen.
…, deshalb bieten wir Ihnen an, die schmutzige Wäsche noch einmal kostenlos zu reinigen. …
Mit freundlichen Grüßen
…

5 Sehr geehrte Frau Leone,
wir bedauern sehr, dass die Wäsche der letzten beiden Lieferungen nicht vollständig war und bitten Sie, die Unannehmlichkeiten, die durch unseren Fehler entstanden sind, zu entschuldigen.
Zu den unvollständigen Lieferungen kam es wahrscheinlich dadurch, dass wir gerade viele neue Mitarbeiter einarbeiten müssen. Wir werden dafür schnell eine bessere Lösung finden.
Wir möchten Sie bitten, die fehlenden Stücke neu zu kaufen – dafür übernehmen wir selbstverständlich die Rechnung. Wären Sie mit dieser Lösung einverstanden? In Zukunft werden wir alles dafür tun, dass sich dieser Fehler nicht wiederholt.
Mit freundlichen Grüßen
…

Fertigkeitentraining Hören Teil 1

1 1 a, 2 b, 3 a

2a 22 Der Kunde hat Probleme mit einer Rechnung.

2b/c falsch, weil Herr Fechner ein Problem mit einer Farbe hat.

3b

Herr Fechner, das tut mir sehr leid. …	c
Mit dem Betrag der alten Rechnung kann ich aus Buchhaltungsgründen leider nichts mehr machen, aber wenn Sie jetzt wieder bei uns einkaufen, dann gebe ich Ihnen auf die nächste Lieferung einen Nachlass in Höhe von 50 % des damaligen Rechnungsbetrags.	a b

3c b, *auf die nächste Lieferung … einen Nachlass*,
a, *Mit dem Betrag der alten Rechnung … aus Buchhaltungsgründen leider nichts mehr machen*; c, *Herr Fechner, das tut mir sehr leid*

4a 24 Der Chef möchte über die Messe nächste Woche sprechen.

25 Vor der Messe muss noch
a das Werbematerial produziert werden.
b die Besetzung des Standes abgesprochen werden.
c die Standfläche reserviert werden.

4b 24 falsch. (Es ist zwar richtig, dass der Chef über die Messe sprechen möchte, aber die Messe ist nicht nächste Woche, sondern erst in zwei Monaten.)
25 a (a passt, denn der Prospekt zu der Maschine (= das Werbematerial) muss noch entworfen werden und, das hört man etwas später, auch noch gedruckt

Lösungen

(= produziert) werden. Antwort b passt nicht, denn der Plan, wer wann am Stand ist (= die Besetzung des Standes), ist schon fertig (= ist schon abgesprochen). Antwort c passt nicht, denn die Standfläche ist schon gebucht (= reserviert).

Fertigkeitentraining Hören Teil 2

1b (Büro)Hunde

2a 28 d

2b c; Angst, d; mich wohl anpassen; nicht gleich bei allen unbeliebt machen

3 29 b

Fertigkeitentraining Hören Teil 3

1a b

1b Wer hört der Präsentation zu? die Abteilungsleiter. (Hier können Sie an der ersten Folie auch das Thema der Präsentation erkennen: Datensicherheit)

1c 32 Die Mitarbeiterinnen und Mitarbeiter
a halten sich nicht an die Regeln.
b melden Sicherheitslücken nicht.
c wissen zu wenig über Datensicherheit.

33 Um die Sicherheit zu erhöhen,
a müssen auf Verstöße Konsequenzen folgen.
b sollen neue Regeln erarbeitet werden.
c wird eine bessere Technik installiert.

2a Pause; keine; Beispiel; Aufgabe 1; Schlüsselwörter; Frage

2b a – Dass es doch zu den genannten …
b – Oder die Anhänge verdächtiger E-Mails zu öffnen, anstatt sie zu melden …
c – Wir haben festgestellt, dass …

3a c, b, a, so genau genommen, sorglos

3c b; an mehreren Stellen, was die Leitenden tun sollen.

4a
34 Mitarbeitende sollen Daten
a bis auf Weiteres in der Cloud speichern.
b in gesicherten Videokonferenzen besprechen.
c nur über Firmengeräte austauschen.

35 Die Unternehmensleitung
a erlaubt die private Nutzung der Handys.
b wird die Nutzung der Handys überprüfen.
c programmiert eine App für geschäftliche Telefonate.

4b 34c, 35b

Fertigkeitentraining Hören Teil 4

1 36 Mario
a bittet um zusätzliche Batterien für die Fernbedienung.
b braucht noch die Datei mit der Präsentation.
c hat das Verlängerungskabel vergessen.

2a a Präsentation: gerade schon kontrolliert;
b Verlängerungskabel: daran habe ich schon gedacht;
c Batterien für die Fernbedienung: bitte noch welche besorgen

2b 36 a

3 37 a

Fertigkeitentraining Hören und Schreiben

1a c Beschwerde

1b 42 Späinghaus; 43 0155793234,
44 Klimaanlage defekt, bis 17 Uhr im Büro, nach 17 Uhr anrufen
45 sofort reparieren!

2a 41 Grund für Anruf: noch nichts, 42 Name: Anfang, gegen Ende, 43 Kontakt: gegen Ende, 44 Weitere Informationen: noch nichts, 45 Zu erledigen: in der Mitte.

2b/c 41 b Bestellung/Buchung, 42 Apitzsch,
43 069 542 86 12, 44 bestellt neu online, Möbel: noch warten, 45 alles stornieren

3a/b Guten Tag, hier spricht Timo Gießhübel vom Modepark. Es geht um die Flyer, die Sie für uns entwerfen und drucken sollen. Sie haben uns ja die Kalkulation über 1000 Stück geschickt, das liegt deutlich unter unserem Budget. Schicken Sie uns doch bitte auch die Preise für 2000 Stück.
Ihr erster Entwurf hat uns schon gut gefallen, nur die Adresse ist noch die alte. Falls Sie noch Fragen haben: Mein Name ist Gießhübel: G - I - E - ß - H - Ü - B - E – L. Die Telefonnummer ist die 0187 432 77 9. Ach ja, noch etwas: Ich bin mir nicht sicher, ob der blaue oder der grüne Hintergrund besser ist. Wir müssten auch bald über die Termine für den Katalog sprechen. Danke!

Für Aufgabe 44 könnten Sie notieren: Adresse auf Entwurf alt!; Farbe Hintergrund?, Termine für Katalog?

3c 41 B; 42 B; 43 A; 44 A, B; 45 A, B

4a geschrieben: Woehrlig, gesprochen: „Wörlich"

4b Wir kommen an: *Ankunft*, am Freitag: *Fr.*, ungefähr: *ca.*, um drei Uhr nachmittags: *15 Uhr*, mit fünf Personen: 5 Pers., Rufen Sie mich doch bitte mal zurück: *Rückruf!*, Sollen wir ein Taxi zu Ihrer Fima nehmen: *Taxi?*, oder: *o.*, holen Sie uns vielleicht sogar ab: *abholen?*

Lösungen

5 **41 Grund** b Bestellung/Buchung
42 Name Frau/Herr *Röm-Yanak*
43 Kontakt (Telefon) *040.14.474.0.5*
44 Weitere Informationen
größeren Raum
Tische + Stühle f. 30 Pers.
Kuchen anbieten?
Musikanlage i. Raum?
45 Zu erledigen *Rückruf*

Fertigkeitentraining Sprachbausteine Teil 1

1b 1. WIE

1c 2. GEGEN; 3. DAHER

2 1. WÄHREND; 2. ALS; 3. WENN

3a Lücke 46 ist am Satzanfang. Das Wort in der Lücke ist Teil einer temporalen Angabe. (Wann haben Sie mir das Angebot gemacht?) In Lücke 1 fehlt eine Präposition. Ohne das Wort in Lücke 47 versteht man den Satz auch. Man kann nach dem Wort fragen: Worüber muss ich nicht länger nachdenken? (über das Angebot). Das Wort in der Lücke bezieht sich auf den Satz davor. In der Lücke fehlt ein Pronominaladverb.

3b 46 BEI; 47 DARÜBER

Fertigkeitentraining Sprachbausteine Teil 2

1 Angebot

2b Anfrage; 52 b

3a Auf das Gerät gibt es zwei Jahre Garantie. Der Schreiber der Mail weist auf die Wartungsverträge (= jährlich überprüfen und reparieren) und den Preis hin.

3b 53 a an dieser Stelle

4 54 c, 55 a, 56 b, 57 c

Fertigkeitentraining Schreiben

2a … Gewürzmuseum; … (der Veranstaltung) Lauf und hilf …; … Betriebsausflug …

2b + „Lauf und hilf" gute Idee, Gutes tun und helfen,
+ gutes Image für die Firma,
+ stärkt Teamgeist mehr als Museum
– einige können nicht laufen, z. B. Kollegen mit Knieproblemen,
– auf Museum gefreut, alle können mitmachen

3a Hallo ihr Lieben,
Hey Leute!
Liebe Kolleginnen und Kollegen,
Hallo zusammen,
Guten Morgen zusammen!

3b 1 d; 2 a; 3 c; 4 b

3c D, B, E, A, C
Mögliche Lösung für den Anfang:
(Anrede) Liebe Kolleginnen und Kollegen,
(Einleitungssatz) habt ihr schon gehört, dass es dieses Jahr keinen Betriebsausflug zum Gewürzmuseum geben wird? …

4 Mögliche Lösung für Thema B:

Guten Morgen zusammen!
Wisst ihr schon, dass wir zukünftig möglichst mit den öffentlichen Verkehrsmitteln zur Arbeit kommen sollen? Ich weiß noch nicht genau, was ich davon halte. Einerseits können wir damit einen Beitrag für die Umwelt leisten. Andererseits wäre das für mich und sicher auch für einige andere schwierig, da wir keine Haltestelle in der Nähe unserer Wohnung haben. In der Stadt gibt es sehr gute Verbindungen, aber außerhalb sind öffentliche Verkehrsmittel keine gute Alternative zum Auto.
Meiner Meinung nach sollte die Geschäftsleitung deshalb beide Zuschüsse anbieten. Jeder kann dann wählen, ob man einen Zuschuss für Parkplätze oder für öffentliche Verkehrsmittel haben möchte.
Was meint ihr dazu?

Viele Grüße
Milan Osman

Fertigkeitentraining Sprechen Teil 1

1 TN A fängt an und spricht in Teil 1A über sein Thema. Direkt danach stellt P ihm in Teil 1B Fragen. TN B hört zu und macht sich Notizen. In Teil 1C bittet der zweite P dann TN B, einen oder zwei Aspekte aus den Antworten von TN A zu erläutern. Im Anschluss macht TN B weiter und spricht in Teil 1A über ihr Thema. P stellt auch ihr in Teil 1B einige Fragen zu ihrem Thema. TN B antwortet, TN A hört zu und macht sich Notizen. Abschließend bittet der zweite P in Teil 1C TN A, etwas aus den Antworten von TN B zu erläutern.

3b gutes Arbeitsumfeld

3c 1, 3, 5, 6, 8

6a Flexibilität: ungern früh aufstehen, gut: abends länger arbeiten …; Überstunden: in Ordnung, aber bezahlt oder ausgleichen durch Freizeit; Wochenendarbeit: gelegentlich ok

6b er arbeitet gerne flexibel, findet er akzeptabel, dafür einen Ausgleich durch mehr Freizeit, nicht regelmäßig

6c Mögliche Lösung:
Frage: Auch andere Branche?
Antwort: am liebsten Arzthelferin, aber auch: Erziehung / Arbeit mit Kindern und Jugendlichen
Frage: praktische Berufserfahrung?
Antwort: hilft Onkel in Kopierladen
Aufgaben: Papier nachfüllen, Kunden helfen, kassieren

Lösungen

6e Mögliche Lösung:
Ja, also, sie kann sich irgendetwas im pädagogischen Bereich vorstellen. Sie meint, sie kann gut mit Kindern und Jugendlichen arbeiten. Ja, und die Berufserfahrungen. Also, sie hat da in einem Kopierladen geholfen, wenn ich das richtig verstanden habe. Ihre Tätigkeiten dort waren in Kopierern Papier nachzufüllen, Kunden zu beraten und auch zu kassieren.

7 1. D, 2. C, 3. A, 4. B

Fertigkeitentraining Sprechen Teil 2

1a d, a, f, b, e, g, c

1d 1. Was machst du <u>denn</u> abends, treibst du Sport?, 2. Also, machst du <u>eigentlich</u> irgendwas, Joggen, Fußball, Fitnesscenter …?, 3. Respekt, dreimal die Woche Training, das ist <u>ja ganz schön</u> sportlich!, 4. Das ist <u>aber</u> schade. Machst du <u>denn</u> jetzt etwas anderes?

2a Gespräch 1: beide TN verstehen das Thema nicht; die TN sprechen deshalb nicht direkt über das Thema, sondern allgemein über die Situation im Betrieb. Gespräch 2: ein/e TN versteht das Thema und erklärt; ein/e TN spricht über seine/ihre Meinung zum Thema; ein/e TN fragt, welche Erfahrung der/die andere TN hat; ein/e TN nutzt die Antwort des/der anderen TN, um das Thema zu wechseln.

2b 3. nach Details und Meinungen zum Thema fragen, 1. von Erfahrungen anderer Personen berichten, 2. das Thema wechseln

Fertigkeitentraining Sprechen Teil 3

1a 1. Wo arbeiten Sie? in einem Restaurant
2. Was ist das Problem?
einige Gäste haben sich über das Salatöl beschwert
3. In welchem Beruf arbeiten Sie?
als Kellner*in oder Leitung des Service
4. Mit wem sollen Sie eine Lösung suchen?
mit einer Kollegin / einem Kollegen

1b 2

2a Was meinst du, wie könnten wir die anderen Gäste kontaktieren? / Wenn aber wirklich mehrere Flaschen schlecht sind, müssen wir den Lieferanten kontaktieren./ Ich finde, wir sollten wieder dasselbe Öl nehmen wie früher.

3 (1) Ich glaube, wir haben ein Problem mit …
(2) Ich hatte dasselbe Problem.
(3) Was hältst du davon
(4) wir sollten wieder …
(5) das sollten wir zuerst tun.
(6) Ja, du hast recht, das ist sicher besser.
(7) Das ist ein guter Vorschlag.
(8) Glaubst du, das ist eine gute Idee?
(9) Man sollte mit … sprechen.
(10) Ich kann mich darum kümmern.
(11) Was meinst du, …
(12) So machen wir das.

4a Mögliche Lösung:
Einige Gäste haben sich beschwert, dass die Matratzen zu hart sind.

4b Mögliche Lösung: Track 56, Transkriptionen S. 165.

Wortschatz

Branchen und Berufe

1a 1. ~~Altenpflegerin~~, Restaurantfachfrau 2. ~~Tischler~~, Grundschullehrerin, 3. ~~Busfahrer~~, Altenpflegerin, 4. ~~Restaurantfachfrau~~, Tischler, 5. ~~Grundschullehrerin~~, Gebäudetechniker, 6. ~~Gebäudetechniker~~, Busfahrer

1b 1. Erzieherin, 2. Anlagenmechaniker, 3. Rezeptionistinnen, 4. Altenpflegerin

2 1. Praktikum, 2. Berufsberatung, 3. geeignet, 4. Praktikumsbetreuerin, 5. Team, 6. Tätigkeit, 7. austauschen

Arbeitssuche

1a 1. Jobcenter, 2. Ausbildung, 3. Initiativbewerbung, 4. Zeitarbeit, 5. Stellenanzeige, 6. Kontakte, 7. Netzwerke; Lösungswort: Jobbörsen

1b 1. Netzwerken, Stellenanzeigen, 2. Zeitarbeit, 3. Ausbildung, 4. Initiativbewerbung, 5. Jobcenter, 6. Kontakte

Bewerbung

1a 1. bezugnehmend auf; 2. ausgeschriebene; 3. bewerben; 4. verfüge über; 5. entnehmen; 6. angefügten; 7. bestätigen; 8. überzeuge

1b 1f, 2a, 3g, 4e, 5b, 6c, 7d

1c 1. Bezug, bezugnehmend, bezüglich, 2. Anhang; angehängt, 3. Eingang, eingegangen, 4. Bestätigung, bestätigt, 5. ausgewählt, Auswahl

2a Berufsfeld; Vorbereitung; Kleidung; Typische Fragen

2b 1. a, b, c; 2. c; 3. b, c, d

2c 1. vorhersehbar; Selbstpräsentation, üblich, wichtig, Informationen
2. anders, Kunden, passend, aussehen

2d verstanden, Deutschland, üblich, sich selbst, wichtiger, empfiehlt / rät, vorzubereiten, übt

Abteilungen und Aufgaben

1a 1. leitet das Unternehmen, 2. ist für die Mitarbeitenden zuständig, 3. ist für die Finanzen

Lösungen

zuständig, 4. installiert und betreut die Hard- und Software, 5. beschafft Material, Werkzeug und Maschinen, 6. entwirft neue Modelle und Produkte, 7. stellt Produkte her, 8. verwaltet den Bestand an Material und fertigen Produkten, 9. macht Werbung für die Produkte, 10. liefert Produkte aus, 11. betreut die Kundschaft, 12. kontrolliert Produkte und Service

1b 1. die Abteilung Forschung und Entwicklung, 2. die IT-Abteilung, 3. der Einkauf, 4. das Marketing, 5. der Vertrieb, 6. das Qualitätsmanagement, 7. der Kundendienst, 8. die Geschäftsführung, 9. die Personalabteilung, 10. die Produktion, 11. die Buchhaltung, 12. das Lager

2a 2. die Arbeitnehmerin, der Arbeitnehmer; die/der Arbeitnehmende, 3. die Arbeitgeberin, der Arbeitgeber; die/der Arbeitgebende, 4. die Leiterin, der Leiter; die/der Leitende / die Leitung, 5. die Vertreterin, der Vertreter; die / der Vertretende / die Vertretung, 6. die Beraterin, der Berater; die / der Beratende / die Beratung

2b 2. die / der Anwesende; 3. die / der Beauftragte; 4. die / der Beschäftige; 5. die / der Angestellte, 6. protokollieren, der Protokollant, die / der Protokollierende

2c 1. Kolleginnen; 2. Arbeitgeber; 3. Angestellte; 4. Abteilungsleitung; 5. Vorgesetzter; 6. Vertreterin; 7. Auszubildenden 8. Betriebsrat; 9. Externer

3 1. anfangen / ~~aufhören~~, 2. beenden / ~~beginnen~~, 3. ~~empfangen~~ / geben, 4. erklären / ~~erledigen~~, 5. besprechen / ~~haben~~

Arbeitszeit

1a Nomen: 2. Nachtarbeit, 3. Überstunden, 4. Kernzeit, 5. Gleitzeit, 6. Teilzeit, 7. Vollzeit, 8. Schichtarbeit. Verben: 9. aufstocken, 10. abbauen, 11. beantragen, 12. reduzieren, 13. arbeiten, 14. genehmigen

1b 2. Vollzeit - 40 Stunden die Woche, 3. Kernzeit - Zwischen 10 und 15 Uhr, 4. Teilzeit - nur 20 Stunden die Woche, 5. Gleitzeit - morgens kann ich zwischen 7 und 10 Uhr anfangen und nachmittags kann ich zwischen 14 und 18 Uhr gehen, 6. Minijob - 450 Euro im Monat, zehn Stunden pro Woche, 7. Schichtarbeit - Arbeitszeiten wechseln oft, mal muss ich morgens arbeiten, mal abends, mal nachts, 8. Überstunden - arbeite viel mehr als vereinbart

1c 1. In Teilzeit / ~~In Vollzeit~~ arbeiten.
2. Die Arbeitszeit erhöhen/~~reduzieren~~.
3. ~~In Teilzeit~~ arbeiten / In Vollzeit arbeiten.
4. Überstunden ~~erhöhen~~ / reduzieren.
5. Arbeitszeit dokumentieren / ~~nacharbeiten~~.
6. Die verbindliche / ~~verschobene~~ Kernarbeitszeit.
7. Arbeitszeit ~~zugeteilt bekommen~~ /bezahlt bekommen

2a 1. die Zeiterfassung; 2. das Arbeitszeitkonto; 3. die flexible Arbeitszeit; 4. die Kurzarbeit; 5. der Überstundenausgleich; 6. das Arbeitszeitgesetz; 7. die variable Gleitzeit

2b Gespräch 1: Überstundenausgleich; Gespräch 2: Arbeitszeitgesetz; Gespräch 3: Kurzarbeit

2a 1. Brückentag; 2. Gesetzliche Feiertage; 3. Urlaubstage; 4. Werktage; 5. Gleittag

Arbeitsschutz

1a 1. Lack, 2. ätzende, 3. Belastung, 4. Maschinen, 5. Kälte, 6. Nachtarbeit, 7. dauernder

1b A: 6.: In der Nacht zu arbeiten bringt meinen Biorhythmus durcheinander; 4: gefährlich, Geräten, aufpassen, passiert ganz schnell etwas; 3: sehr laut
B: 7.: Nacken - und Rückenschmerzen
C: 1., 2.: gefährlichen Stoffen; 5: schwitzt, Hautprobleme

1c 1. C - medizinische Cremes, Einbau einer Klimaanlage
2. B - ergonomische Arbeitsplatzgestaltung, Arbeitsplatzbrille, Blaulichtfilter in den Gläsern
3. A - vorgeschriebenen Ruhezeiten, Pausenregeln, Arbeitsschutzeinweisungen, Notauseinrichtungen an den Maschinen regelmäßig testen, Gehörschutz, versetzen lassen, nicht mehr Schicht arbeiten

2 1. zu tragen, 2. einzuhalten, 3. brauchen, 4. betragen, 5. anzulegen

3 A: 1. Monat, 2. Uhr, 3. Nachtschichten, 4. Kilogramm, 5. Stoffen, 6. stehen
B: 1. Ausnahmen, 2. maximal, 3. gilt, 4. sonntags, 5. Beispiel, 6. Gastronomie, 7. Veranstaltungen, 8. Recht, 9. Anspruch, 10. Werktage, 11. Ausbildung

Computer und Internet

1a 1b, 2a, 3a

1b 1. c, 2. f, 3. a, 4. h, 5. b, 6. i, 7. e, 8. g, 9. d

1c 1. aufbauen, 2. installieren, 3. hochladen, 4. stecken, 5. ablegen

1d 1. projizieren, 2. der Absturz, 3. scannen, 4. downloaden, 5. die Verschlüsselung, 6. der Chat, 7. bloggen, 8. posten, 9. einloggen, 10. die Mail

Probleme und Lösungen am Arbeitsplatz

1a 1. u, 2. f, 3. f, 4. u, 5. u

1b 1. a, 2. a, 3. b, 4. b, 5. a, 6. a

1c Mögliche Lösungen:
1. Hast du dir schon mal überlegt, dich krankschreiben zu lassen?
2. Ich würde dir raten, mit der Kollegin zu sprechen.

Lösungen

3. An deiner Stelle würde ich mit der Sicherheitsbeauftragten sprechen.
4. Du musst das unbedingt mit dem Chef klären.
5. Ich finde, du solltest dich krankschreiben lassen.

Beschwerden

1a 1. a, 2. b, 3. a, 4. a

1b 1. Wir haben heute Ihre Lieferung erhalten.; 2. Bei der Prüfung mussten wir leider einen Fehler feststellen.; 3. Unsere Papierreserven sind fast aufgebraucht.; 4. Das beanstandete Papier steht abholbereit in unserem Laden.; 5. Bitte bestätigen Sie mir den Eingang dieser Nachricht per Mail.

1c 1. beanstanden – die Beanstandung, die beanstandete Lieferung; 2. reklamieren, die Reklamation, die reklamierte Ware; 3. beschädigen – die Beschädigung, die beschädigte Verpackung; 4. prüfen – die Prüfung, das geprüfte Papier; 5. sich beschweren, die Beschwerde

2a 1. c; 2. b; 3. f; 4. a; 5. d; 6. e

2b 1: b, d, f, i, n; 2: a, e, g, h, k, l; 3: c, j, m

2c umgehend, augenblicklich, unverzüglich

2d 1. umgehend; 4. unverzüglich

3a 1. Rabatt, Kaufpreis; 2. Warengutschein, Höhe von, zukommen; 3. Lieferung, Bestellung; 4. Umtausch, bestellten Ware

3b 1. Wir bedauern sehr, dass …; 2. Für die Unannehmlichkeiten möchten wir uns / Wir möchten uns für die Unannehmlichkeiten …; 3. …, dass wir die Probleme mittlerweile gelöst haben.; 4. wir Ihnen folgendes Angebot machen.; 5. Wir gewähren Ihnen einen Rabatt von 30 %

3c 1 Folgendes passiert; 2 daher kam es; 3 zwischenzeitlich behoben; 4 darauf achten; 5 wieder vorkommt; 6 mittlerweile lieferbar; 7 entstandenen Ärger; 8 zukommen lassen

3d 1. bitten, funktionieren.; 2. werden … kümmern, zu beheben.; 3. schlagen … vor.; 4. können … versichern, wiederholt.; 5. möchten … verlieren, machen

Geschäftsbriefe

1a 1. die Anfrage, 2. die Auftragsbestätigung, 3. die Auftragserteilung, 4. das Angebot

1b Kundin / Kunde: Anfrage, Auftragserteilung (Bestellung); Anbieterin / Anbieter: Angebot, Auftragsbestätigung (Auftragsannahme)

1c Reginald Grohse: c, d, e, f, i; Herta Sonntagbauer: a, b, g, h

1d 1. vielen Dank für Ihre schnelle Rückmeldung auf, 2. die genannte Adresse, 3. zu dem angegebenen Preis

2a 1. beantworten / ~~ausschlagen~~, 2. ~~anfordern~~ / erläutern; 3. ~~annehmen~~ / einholen, 4. ablehnen / ~~annehmen~~, 5. bestätigen / ~~überprüfen~~, 6. ausgeführt / ~~zurückgenommen~~ und Ihre Ware ~~bestellt~~ / verschickt, 7. bearbeitet / ~~beantwortet~~

2b 1. a sagen … zu, b Zusage, c zugesagten
2. a lösen, b gelöst, c Lösung, d lösbar
3. a umfasst, b Umfang, c umfangreicher
4. a liefernde, b Lieferung, c geliefert, d liefern

2c 1. c, 2. f, 3. a, 4. h, 5. d, 6. e, 7. b, 8. g

2d 2. Leider werden wir den Liefertermin nicht wie versprochen einhalten können.; 3. Wir weisen Sie darauf hin, dass Sie sich durch das Absenden dieses Formulars zum Kauf verpflichten.; 4. Für Ihre gerechtfertigte Reklamation entschuldigen wir uns.

2e 1. unverbindlich, 2. ausstehende, beglichen, 3. genannten, ungerechtfertigt, 4. unangekündigte; 5. begrenzte

2f 1. c, 2. b, 3. c, 4. c, 5. a

3 1. schnellstmöglich, 2. In der kommenden, 3. In zwei Wochen, 4. innerhalb von, 5. fristgerecht, 6. nicht mehr termingerecht, 7. dauerhaft

Gespräche führen

1a Gespräch 1: zur Frau; Gespräch 2: zu beiden

1b 1. b, d; 2. a, c

1c/d 1. a; 2. b; 3. a; 4. b; 5. b; 6. b

2a 1. … etwas nicht versteht: b, d;
2. … Interesse zeigt und nach Details fragt: a, e, g, h;
3. … von eigenen Erfahrungen / Erfahrungen anderer berichtet: c, f, i;

2b Mögliche Lösungen:
1. Wirklich? Warum findest du die Auswahl manchmal nicht gut?; 2. Kernzeit? Was bedeutet das denn? Kannst du mir das erklären?; 3. Wirklich? Das ist aber lange. Fährst du mit dem Auto oder mit öffentlichen Verkehrsmitteln?; 4. Das kenne ich. Ich muss gegen 4 Uhr immer einen schwarzen Tee trinken.

2c 1b; 2a; 3b

3a 1. g; 2. f; 3. a; 4. e; 5. b; 6 c; 7. d

3b/c 1. g; 2. b; 3. d; 4. c

3d 1. Du, ich glaube, wir haben ein Problem.; 2. Ich habe die gleichen Erfahrungen gemacht.; 3. Und wie hast du dann reagiert?; 4 Dann lass uns mal ein paar Ideen sammeln.; 5. ich würde vorschlagen; 6. Das ist ein guter

151

Lösungen

Vorschlag.; 7. Ich weiß nicht, ob das eine gute Idee ist.; 8. du hast recht; 9. Was hältst du davon, wenn; 10. so können wir das machen.

Berufliche Bildung

1a 1. Schulabschluss, 2. Ausbildung, 3. Abschlussprüfung, 4. Meisterkurs, 5. Auszubildende, 6. Studium, 7. Praktika, 8. Weiterbildung, 9. Fortbildungen, Schulungen, 10. Umschulung

1b 1. b, 2. a, 3. b, 4. a, 5. b

Sich selbstständig machen

1a 1. c, 2. e, 3. a, 4. h, 5. f, 6. d, 7. g, 8. b

1b 1. Marktlücke, 2. Zielgruppe, 3. Netzwerk, 4. Businessplan, 5. Startkapitals, 6. Kredit, 7. Förderung

2 1. die Bezahlung war zu niedrig, 2. nicht mehr auf staatliche Unterstützung angewiesen, 3. Erfahrungen und Kenntnisse, 4. mit fünf Angestellten, 5. seine Firma gegründet, 6. erkundigte sich nach einer finanziellen Förderung, 7. einen Neubeginn wagen, 8. übernehmen, 9. damit überfordert war. 10. sehr gefragt

Grammatik

Präpositionen

1a 2. mit, 3. um, 4. an, 5. zu, 6. für, 7. über, 8. auf, 9. nach, 10. von

1b 1. um, 2. über, 3. von, 4. mit, 5. mit, 6. für/um, 7. auf, 8. mit, 9. zu, 10. über, 11. zu, 12. mit, 13. über, 14. auf, 15. für, 16. auf, 17. an, 18. von, 19. auf

1c 1. Zu, an 2. In, auf, mit, 3. auf, von, vor, 4. Bei, um, 4. für, von

1d 1. mit, 2. zu, 3. an, 4. bei, 5. von, 6. über. 7. für, 8. auf, 9. auf, 10. auf

1e 1. verbindlich für – D gilt für alle, sind dazu verpflichtet, 2. Kommt auf für – C übernehmen für; 3. geht in Betrieb – H beginnen damit, ist abhängig von; 4. auf erhöhen – I auf … aufstocken; 5. über… informiert – G von … in Kenntnis gesetzt; 6. Ist … wesentlich für – J über … verfügen; 7. Arbeitet mit zusammen – A arbeiten Hand in Hand mit; 8. Woran arbeiten – E befasse mich mit der Entwicklung von; 9. mit … entgegenkommen – F An ändern; 10. auf Sie zukommen – B sprechen … darauf an.

Konnektoren

1a 1. nachdem, 2. sobald, 3. sobald, 4. Seitdem, 5. Nachdem

1b 1. Es riecht überall unangenehm, seit Kolleginnen und Kollegen ihre Hunde mit ins Büro bringen. / Seit Kolleginnen …, riecht es …
2. Nachdem sich die Arbeitsbedingungen in meiner Branche verschlechtert hatten, habe ich eine Umschulung gemacht. Ich habe …, nachdem sich …
3. Wir sollten die Verantwortung für den Fehler klären, bevor wir dem Kunden eine Wiedergutmachung anbieten. Bevor wir …, sollten wir …
4. Solange die Kinder noch zur Schule gehen, komme ich sehr früh und gehe auch früh. / Ich komme …, solange die …
5. Ich kann nicht mehr konzentriert arbeiten, sobald die anderen Kollegen im Büro sind. / Sobald …, kann ich …

1c 1. a, 2. b, 3. a

2a 1. dennoch, 2. denn, 3. weil, 4. weil, 5. obwohl

2b 1. a, c, d; 2. b, e

3 1. Fortbildungen sind sehr wichtig, um sich beruflich weiterzuentwickeln.; 2. Die Firma will Workshops gegen Stress anbieten, damit die Mitarbeiter gesund bleiben.; 3. Manche Mitarbeiter können nicht auf das Auto verzichten, um zur Arbeit zu kommen.; 4. Der Betriebsausflug sollte auf jeden Fall stattfinden, damit sich alle im Team besser kennenlernen.
5. Mitarbeitenden müssen geschult werden, um mit dem neuen Programm effizient arbeiten zu können.

4a 1. c; 2. a; 3. d; 4. b

4b 1. jedoch mussten wir in letzter Zeit auch Überstunden machen. / in letzter Zeit mussten wir jedoch auch Überstunden machen. / wir mussten jedoch in letzter Zeit auch Überstunden machen.
2. dagegen beginnt es heute schon um 15 Uhr. / es beginnt dagegen heute schon um 15 Uhr. / heute beginnt es dagegen schon um 15 Uhr.
3. jedoch können wir momentan nur eins liefern. / wir können jedoch momentan nur eins liefern. / momentan können wir jedoch nur eins liefern.

4c 1. Meine Kollegin hingegen/dagegen regt sich sehr darüber auf.; 2. Ich hingegen/dagegen finde das nicht in Ordnung. ; 3. Die Geschäftsleitung hingegen/dagegen zeigt sich unflexibel.

5a 1. so … dass; 2. andernfalls; 3. deshalb; 4. sodass; 5. Falls (Wenn); 6. Wenn

Lösungen

5b 1. Man kann seine Jobchancen verbessern, indem man sich bei einem Karrierenetzwerk anmeldet.; 2. Dadurch, dass man auf Jobmessen geht, kann man interessante Unternehmen kennenlernen.; 3. Dadurch, dass man den ganzen Tag am Computer sitzt, bekommt man schnell Schmerzen in Schultern, Nacken und Rücken., 4. Wir möchten den entstandenen Schaden wiedergutmachen, indem wir Ihnen 50 % des Kaufpreises erstatten., 5. Ich erwarte, dass Sie den Fehler beheben, ohne dass uns weitere Kosten entstehen.

Textzusammenhang

1 1. dieser; 2. sie; 3. man; 4. mittlerweile; 5. dann; 6. sondern; 7. sobald; 8. wofür

2a 1. diejenigen; 2. denen; 3. derjenige; 4. jener

2b 1. etwas, nichts; 2. man, niemand/keiner, 3. nichts, niemand/keiner

2c 1. für die; 2. der; 3. mit dem; 4. die; 5. den; 6. mit der; 7. für die

2d 1. Eine vorgeschriebene Weiterbildung, die man selbst bezahlen muss, kommt für manche nicht in Frage.
2. Interne Fortbildungen finden laut Fortbildungsplan, der am Schwarzen Brett hängt, statt.
3. Auf Mitarbeitende, die gesundheitliche Probleme haben, kann sich die vegetarische Ernährung positiv auswirken.
4. Die schlechten Arbeitsbedingungen, unter denen die Angestellten dort leiden, kennen wir alle.
5. Von dem Lieferanten, mit dem es häufig Probleme gab, haben wir uns mittlerweile getrennt.
6. Wir sollen mit Bussen und Bahnen, für deren Nutzung wir finanzielle Unterstützung bekommen, zur Arbeit fahren.

3a 1. darüber; 2. wonach; 3. damit; 4. worüber; 5. Dafür

3b 1. … , worauf einige sicher verzichten werden.; 2. … , worüber/worauf ich mich freue.
3. …, worüber/wovon die Geschäftsleitung gestern berichtet hat.;
4. …, worum alle schon gebeten hatten.

4 1. weder … noch; 2. Sowohl … als auch; 3. Einerseits … andererseits; 4. zwar … aber; 5. nicht nur … sondern auch

5a Hallo zusammen!
Habt ihr schon gelesen, dass hier in der Firma bald ein Fitness- und Gesundheitsprogramm startet? **Es** besteht aus verschiedenen Kursen, **an denen** wir teilnehmen können. In **diesen** Kursen geht es zum Beispiel um gesunde Ernährung, Entspannung und Gymnastik am Arbeitsplatz und Afterwork-Fitness. **Da** ich sehr oft Rückenschmerzen habe **und** mich zu wenig bewege, möchte ich auf jeden Fall an einigen Kursen teilnehmen. **Dadurch** lernt man bestimmt auch, Stress abzubauen und gesünder zu leben. Meiner Meinung nach sind **diese** Kurse eine gute Sache, **obwohl** man für einige **dieser** Kurse etwas bezahlen muss. Was denkt ihr **darüber**?

5b 1. es; 2. die; 3. dadurch; 4. Da; 5. Mittlerweile; 6. und; 7. das; 8. Deshalb; 9. dieser

Transkriptionen

Kommentierter Modelltest

Hören Teil 1

 1 **Nummer 22 und 23**
Mann: Guten Tag, hier ist Gernot Schröder von Schröder-Bürotechnik. Spreche ich mit Frau Heimann?
Frau: Ja! Herr Schröder, endlich! Wir warten schon dringend auf Ihren Anruf.
Mann: Das tut mir sehr leid, Frau Heimann, das ist heute nicht optimal gelaufen. Ich war nicht im Haus, als Sie angerufen haben, aber Herr Stumpf hat mir ausgerichtet, dass bei den Beamern nicht die korrekten Fernbedienungen dabei waren.
Frau: Ja, richtig, aber die brauchen wir schnell. Können Sie die denn gleich nachschicken? Nächste Woche starten die Mitarbeiterschulungen bei uns im Haus!
Mann: Einen Moment bitte, ich suche gerade die Bestellnummer und die Teilenummer. Eigentlich werden die Beamer immer zusammen mit den Fernbedienungen vom Hersteller geliefert, wir packen das normalerweise nie um. Gehen die Fernbedienungen denn gar nicht?
Frau: Doch, aber wir wollten ja die mit diesem … äh … na … dem … äh … Laser, mit dem man beim Vortrag mit einem roten Punkt auf etwas zeigen kann.
Mann: Ah, Sie meinen die Laserpointer.
Frau: Genau, die Laserpointer. Wir wollten die, die in der Fernbedienung mit dabei sind.
Mann: Ich verstehe, die Fernbedienungen mit dem integrierten Laserpointer.
Frau: Genau.
Mann: So, hier habe ich alles. …Tatsächlich! Da hat der Versand einen Fehler gemacht. Von hier aus kann ich nicht sagen, warum Sie die falsche Sendung bekommen haben, ich muss das überprüfen … und mich entschuldigen! Wir lassen die richtigen Fernbedienungen dann direkt von der Herstellerfirma schicken, denn eventuell haben wir die nicht auf Lager. Ich kümmere mich aber sofort darum. Als kleine Wiedergutmachung schlage ich Ihnen einen Rabatt von 5 % auf die nächste Lieferung vor.
Frau: Ach, das ist ja …

 2 **Nummer 24 und 25**
Leitung: Hallo zur Teambesprechung. Lasst mich mit dem wichtigsten Punkt heute anfangen: Ich wurde heute in meiner Funktion als Stationsleitung angesprochen.
Sabine: … von Frau Schäfer?
Leitung: Genau. Sie hat völlig zu Recht festgestellt, dass ihr Mann Gewicht verloren hat. Das hatten wir so auch schon dokumentiert. Wie ihr alle wisst, kann er wegen seines hohen Alters und seiner fortgeschrittenen Demenz nicht mehr allein essen und man muss ihm die Nahrung anreichen. Marcus, du bist ja momentan die verantwortliche Pflegekraft. Frau Schäfer sagt, dass du aufhörst Essen zu geben, wenn Herr Schäfer ablehnt.
Marcus: Was soll ich machen, wenn er den Mund zumacht? Er mag einfach nicht mehr weiteressen.
Leitung: Ja, aber wahrscheinlich lehnt er aus Erschöpfung ab, weil für viele alte Menschen das Kauen und Schlucken eine große Anstrengung ist. Das Problem ist, er bekommt nicht mehr ausreichend Kalorien und das müssen wir schnellstens ändern!
Marcus: Ich hab ihm ja schon hochkalorische Getränke gegeben.
Sabine: Ja … mehr Kalorien. Aber die Drinks schmecken echt nicht so super. Seine Frau hat doch erzählt, dass er immer so gerne Erdbeereis mochte und sich manchmal noch nachts welches an der Tankstelle geholt hat.
Leitung: Stimmt, sie hat erzählt, dass er gerne Süßes isst. Hm … Dann machen wir es so: Herr Schäfer bekommt weiterhin fünf Mal am Tag Essen angeboten, aber nachmittags bekommt er 300 ml Erdbeereis und mittags und abends probieren wir es öfter mit was Süßem. Pfannkuchen oder Brei mit Kompott. Auch mal püriertes Obst, damit er auf seine Vitamine kommt. Wie er das annimmt, muss dokumentiert werden. Und Marcus, lass dir Zeit, wenn du ihm Essen gibst.

Nummer 26 und 27
Chefin: So, Yolanda, das waren die Kühlräume und die Küche. Da, hinter der Glastür ist der Saal mit der Kegelbahn und der Bar und hier ist die Treppe zu den Gästezimmern. Jetzt zeige ich Ihnen das Restaurant.
Yolanda: Arbeite ich auch im Zimmer-Service?
Chefin: Sie schnuppern überall rein, damit Sie wissen, wie der Betrieb funktioniert, aber Sie sind als Bedienung hier. Ich schlage vor, dass Sie im Restaurant anfangen, am besten in der Frühschicht, da ist nicht so viel los wie beim Abendessen.
Yolanda: Ja, gerne. Was muss ich da genau machen?
Chefin: Zum Frühstück haben wir ein Buffet und die Gäste bedienen sich selbst. Sie fangen um halb sechs an und decken die Tische. Wenn die Gäste kommen, sind Sie im Gastraum. Wenn die Gäste den Tisch verlassen, räumen Sie ab und decken neu ein. Wenn Sie sehen, dass auf dem Buffet etwas fehlt, gehen Sie in die Küche und sagen Bescheid. Das Küchenpersonal bringt die fehlenden Speisen dann. Sie arbeiten Hand in Hand mit der Küche.
Yolanda: Ich habe eine Frage: Wie bezahlen die Gäste?
Chefin: Wir haben ein elektronisches Tablet-Kassensystem. Aber das Frühstück ist in den Zimmerpreisen drin, das muss nicht extra bezahlt werden. Mhm, was noch … Mitte der Woche reisen sehr viele Gäste ab, dann laufen Sie einen Tag beim Room-Service mit und sehen auch mal eine Schicht an der Rezeption zu.
Yolanda: Einverstanden. Wann lerne ich denn die Kolleginnen kennen?
Chefin: Jetzt über Mittag sind viele nicht da. Ich mach Sie dann nachher bekannt. Wir sind ein nettes Team und Sie werden gut zu uns passen.

Transkriptionen

Hören Teil 2

 3 **Nummer 28**
Andreas: Marina! Hi, seh ich dich auch mal wieder! Wie geht es dir im Home-Office?
Marina: Hallo, Andreas! Super, zu Hause arbeiten liegt mir.
Andreas: Ich würde ja ständig etwas anderes machen wollen. Wirst du gar nicht abgelenkt?
Marina: Man muss halt diszipliniert sein und ein Arbeitszimmer haben. Mein privates Handy bleibt draußen und mein Mann und die Katze dürfen auch nicht rein.
Andreas: Klingt, als ob du richtig produktiv arbeiten könntest. Gar keine Nachteile?
Marina: Doch, ganz klar. Mit den Kollegen mal telefonieren ist nett, aber es ersetzt mir nicht die gemeinsamen Mittagessen und die Gespräche in der Kaffeeküche. Das vermisse ich schon sehr.

4 **Nummer 29**
Alina: Na, Martin, sieht man dich auch mal wieder arbeiten?
Martin: Hallo Alina, … na, arbeiten sieht man mich zu Hause immer. Aber du hast recht: Für die Besprechung mit dem Kunden bin ich heute im Büro zu sehen, wie übrigens jeden Mittwoch. Nur letzte Woche hatte ich Urlaub.
Meike: Urlaub, Arbeiten zu Hause … bei euch Kollegen im Home-Office weiß man das ja nie so genau. Letzten Donnerstag habe ich dich um halb sechs angerufen, aber du bist nicht drangegangen.
Martin: Um halb sechs arbeite ich auch nicht mehr, weder im Home-Office noch im Büro! Meine Arbeitszeiten sind hier wie dort immer von 8 bis 17 Uhr und um 13 Uhr mache ich Mittagspause. Wenn du mich also erreichen willst, kannst du das …

Nummer 30
Marta: Sag mal, Federico, wie hast du dich mit dem Home-Office entschieden? Nimmst du das Angebot vom Chef an und arbeitest drei Tage die Woche von zu Hause?
Federico: Auf jeden Fall. Ich wohne ja so weit draußen. Ich fahre über eine Stunde ins Geschäft und dann abends wieder über eine Stunde zurück – da wäre ich ja schön blöd, wenn ich das Angebot nicht annehmen würde. Und du?
Marta: Ich bin noch unentschlossen.
Federico: Warum? Du hast doch auch eine lange Anfahrt.
Marta: Ach, das macht mir nichts aus. Ich habe zu Hause kein Arbeitszimmer und irgendwie gehe ich gerne morgens aus dem Haus und zur Arbeit. Und die Kollegen würde ich auch vermissen.

Nummer 31
Ernesto: Ansgar, bist du zur Konferenz hier?
Ansgar: Ja, und ich freue mich echt, mal wieder unter Kollegen zu sein. Immer so alleine vor sich hinzuarbeiten …
Ernesto: Kann ich mir vorstellen! Aber hier kommt alle Nase lang jemand ins Büro und der Müller telefoniert immer noch so laut, dass alle mithören können und sich keiner gut konzentrieren kann.
Ansgar: So gesehen. Aber zu Hause gibt's auch genug Nachteile! Die Zwillinge schreien oft, mehr brauche ich wohl nicht zu sagen. Das bringt mich sehr oft von der Arbeit ab.
Ernesto: Aber ganz zurück ins Büro würdest du auch nicht wollen, oder?
Ansgar: Nein, das ist schon gut für mich, so wie es geregelt ist.

Hören Teil 3

Teamleiter: Schön, dass ihr alle da seid. Ihr habt ja schon aus der Einladung zu dieser Präsentation erfahren, dass viele Unternehmen ihre Hygieneregeln aktualisiert haben. Der Seniorchef hat mich als euren Vorgesetzten darum gebeten, das für euch zusammenzufassen, denn für uns als Reinigungsunternehmen ändert sich einiges. Uns treffen diese neuen Hygieneregeln besonders, denn nicht nur unser Hauptauftraggeber, die Firma Wannspacher, sondern eigentlich alle Unternehmen, deren Firmengebäude wir reinigen, haben ihre bestehenden Aufträge entsprechend ihrer neuen Regeln geändert. Wie ihr euch denken könnt heißt das … 5
Beatríz: … wir haben mehr Arbeit!
Teamleiter: Jetzt warte erstmal ab und hör dir an, was sich ändert, Beatríz. Es ist nicht so viel. Wir fangen wie bisher um 17 Uhr an und machen pünktlich Schluss. Da ist auch wie immer die Pause drin.
Beatriz: Was ändert sich?
Teamleiter: Ich beginne mit unserem Hauptauftraggeber, der Firma Wannspacher.

Teamleiter: Ich beginne mit unserem Hauptauftraggeber, der Firma Wannspacher. Die größte Änderung dort betrifft die Reinigung der Bodenflächen in den Produktionshallen. Wir setzen neu Trockendampfreiniger ein. Dafür wird es im Laufe dieser Woche noch Schulungen geben. Die Geräte sind nicht schwierig in der Anwendung, im Prinzip funktionieren sie wie Staubsauger, die mit feuchter Luft arbeiten. Wir haben uns für den Kauf von Trockendampfreiniger entschieden, weil fast alle unsere Auftraggeber in ihren Firmengebäuden hygienesensible Bereiche haben und der Dampf auch eine desinfizierende Wirkung hat. Mit dem Trockendampfreiniger gewinnt ihr bei den Bodenflächen die Zeit, die ihr dann in den Büro- und Personalräumen mehr braucht, weil er ja gleichzeitig putzt und desinfiziert. Ihr müsst nicht mehr zwei Mal drüber wischen.
Carlos: Was müssen wir in den Büros und Personalräumen mehr machen?

155

Transkriptionen

Teamleiter: In den Büro- und Personalräumen reinigen und desinfizieren wir wie immer alle Türklinken und die Flächen rund um die Klinke, wo man sie beim Öffnen und Schließen anfasst. Die Fensterrahmen und -griffe und alle Stuhllehnen wie bisher, aber nicht nur einmal die Woche, sondern jeden Abend. Ja … und … in den … ähm … in den Aufenthaltsräumen, den Teeküchen, den Kopierräumen und auf den Korridoren müsst ihr alles, womit die Mitarbeiterinnen und Mitarbeiter in Berührung kommen, reinigen und desinfizieren.
Carlos: Entschuldige, noch eine Frage zu den Büros: Du hast die Schreibtische gar nicht erwähnt? Die machen wir ja auch immer sauber. Was ist mit denen?
Teamleiter: Gut dass du fragst. Die lassen wir in Zukunft in Ruhe, dafür sind nur noch die Bürokräfte selbst zuständig. Dafür werden sie ausgestattet und bekommen gebrauchsfertige Multi-Cleans in Spenderboxen.
Frau: Was sind denn Multi-Cleans?
Teamleiter: Das sind Hygienetücher, die reinigen und desinfizieren. Man kann sie für Hände und Oberflächen einsetzen. Die Bürokräfte haben die Tücher in bunten Spenderboxen auf dem Schreibtisch stehen. Ihr müsst abends für Ersatz sorgen, wenn ihr seht, dass nur noch sehr wenige Tücher drin sind.
Frau: Packst du uns die Tücher auch auf die Reinigungswagen?
Teamleiter: Die Tücher sind erst bestellt und noch nicht da. Wenn sie da sind, sag ich euch Bescheid und mache es dann gleich. So, ich komme jetzt zu den Sanitärräumen. Die Firma Wannspacher hat die Spender für das Desinfektionsmittel nach dem Händewaschen und die Seifenspender ausgetauscht. Die sind jetzt berührungslos. Sie verwenden wieder Einmalhandtücher, weil das hygienischer als die Lufttrockner sein soll, wie man mir erklärt hat. Das wusste ich vorher auch nicht. Die Einmalhandtücher hat die Firma Wannspacher schon bestellt, ihr müsst sie dort nur aus dem Lager holen.
Mann: Und die Nachfüllseife und das Desinfektionsmittel?
Teamleiter: Da hat sich nichts geändert. Die bestellen wir wie bisher und stellen sie den Firmen dann in Rechnung. Die Kanister nehmt ihr wie immer auf euren Wagen mit. Aber es gibt für die Dispenser neue Schlüssel, die werden euch am ersten Tag ausgehändigt.
Beatríz: Ja … ok, Chef, das ist doch insgesamt schon viel mehr Arbeit. Gibt es dafür denn auch mehr Geld?
Teamleiter: Ja, wir stellen der Firma Wannsperger die Zusatzarbeit in Rechnung. Dazu sage ich später noch was. Jetzt aber noch zu …

Hören 4

 7 **Nummer 36**
Hi, hier Tina. Ich bin bei einer Kundin, der wir ein falsches Netzkabel für ihren neuen Fernseher geliefert hatten. Ich wollte jetzt gerade das Kabel austauschen, habe aber wieder ein falsches dabei. Die Länge stimmt jetzt, aber der Stecker passt nicht. Er muss flach sein. Bitte pack ein 3-Meter-Kabel mit flachem Stecker ein, wenn du zu unserem gemeinsamen Termin um 15 Uhr in die Südstadt fährst, dann bringe ich das der Kundin hier später. Es wird wieder nichts mit einem pünktlichen Feierabend. Na ja, selbst schuld! Danke und bis später!

Nummer 37 8
Hallo, Daniel hier. Es tut mir wirklich leid, aber ich muss mich für morgen schon wieder entschuldigen. Nachdem ich endlich meine üble Erkältung überstanden habe, hat es jetzt meinen Sohn richtig schlimm erwischt. Vielleicht hat er sogar die Grippe. Er kann auf keinen Fall morgen in die Schule, deswegen muss ich auch zu Hause bleiben. Eigentlich wollte ich ja morgen in der Teambesprechung endlich mal an alle weitergeben, was ich in der Fortbildung gelernt habe, aber das müssen wir dann wohl nochmal verschieben.

Nummer 38
Guten Tag, hier spricht Beate Mirke von der Gemüsegroßhandlung Mirke. Leider können wir den von Ihnen bestellten weißen Spargel aus Brandenburg nicht liefern, weil es wegen des trockenen Wetters weniger Ware gibt als erwartet. Als Ersatz dafür können wir Ihnen aber grünen Spargel anbieten, den wir aus Italien importieren. Der wäre dann vom Preis her sogar etwas günstiger. Falls Sie daran Interesse haben und wir den morgen mitliefern sollen, melden Sie sich bitte umgehend, am besten telefonisch, bei mir. Danke!

Nummer 39
Hallo, hier spricht Max Grün von Business Solutions. Es geht um unser Büromaterial. Ich hatte Ihnen ja die Bestellung letzte Woche übermittelt, aber leider ist da wieder was schiefgelaufen. Wir wollten 20 A4-Ordner und 5 Kartons Kopierpapier, aber Sie haben uns 5 Ordner und 20 Kartons Papier geliefert. Bitte schicken Sie jemanden vorbei, der das umtauscht. Und ich möchte Sie auch schon mal vorwarnen, dass ich das bei unserer nächsten Teamsitzung der Chefin mitteilen werde, weil es in letzter Zeit schon öfter Probleme mit den Materialbestellungen gab.

Nummer 40
Hallo Katja, wir waren gerade bei einem Kunden in der Nähe vom Restaurant „Die goldene Gans". Dein Vorschlag war ja, bei unserem Betriebsausflug dort zu Mittag zu essen. Aber die renovieren gerade und haben geschlossen. Da müssten wir also den Termin für den Ausflug verschieben – aber das ist ja immer schwierig. Es gibt hier eine schöne Alternative direkt am Seeufer. Wir haben gerade dort gegessen, super lecker! Die könnten uns bestimmt ein sehr gutes Angebot für ein Buffet machen. Was meinst du? Ruf mich mal zurück.

Transkriptionen

Hören und Schreiben

 9 Hallo, hier ist Jessica Bühren von Outdoor-Experience. Ihre Nachmeldung geht klar. Da es jetzt über 20 Personen sind, können wir Ihnen einen Nachlass von 5 Prozent gewähren. Frau Holler, Ihre ursprünglich vorgesehene Trainerin, musste leider kurzfristig für uns ins Ausland fahren. Deshalb wird jetzt Frau Altenstein, ebenfalls eine sehr erfahrene Trainerin, Ihr Team betreuen. Am ersten Abend wird gegrillt, ich bitte Sie, telefonisch noch besondere Essenswünsche durchzugeben. Mein Name ist Bühren, B - Ü - H - R - E - N, die Telefonnummer 0541 876 45 2. Erinnern Sie Ihr Team bitte außerdem daran, festes Schuhwerk und lange Hosen mitzubringen. Beim Klettern dürfen Sie auch keinen Schmuck tragen. Wir freuen uns schon sehr auf das Wochenende mit Ihrem Team. Danke und bis bald.

Sprechen Teil 1

 10 **Prüferin 1:** Hallo und herzlich willkommen zur mündlichen Prüfung. Mein Name ist Sandra Meister, und das ist mein Kollege, Herr Behrens. Diese Prüfung hat drei Teile. Im ersten Teil sprechen Sie über ein Thema, im zweiten Teil führen Sie ein Gespräch unter Kollegen und im dritten Teil sollen Sie gemeinsam eine Lösung für ein Problem finden. Würden Sie uns am Anfang bitte ganz kurz etwas über sich erzählen?
TN A: Mein Name ist Juan Carlos Jimenez. Ich komme von Teneriffa und lebe seit 2 Jahren hier in Deutschland. In Teneriffa war ich Lehrer an einer Privatschule, aber hier bin ich jetzt Musiklehrer. Ich unterrichte Gitarre.
Prüferin 1: Danke. Und Sie?
TN B: Ich heiße Oxana Lisovina und komme aus der Ukraine und lebe seit 3 Jahren hier. In der Ukraine habe ich schon in der IT-Branche gearbeitet. Hier in Deutschland möchte ich später eine Ausbildung zur Fachinformatikerin machen.
Prüferin 1: Vielen Dank. Jetzt kommen wir zur eigentlichen Prüfung, zu Teil 1 A. Herr Jimenez, fangen Sie bitte an. Suchen Sie sich ein Thema aus und sprechen Sie darüber.
TN A: Ja, gerne. Hm … Ich möchte über Ereignisse und Erfahrungen sprechen, die meine Berufswahl beeinflusst haben.
Prüferin 1: Mhm, bitte …
TN A: Also, ich bin ja Musiker, und Musik war schon immer ein Teil meines Lebens. Meine Eltern haben in einer Band gespielt. Als ich ein Baby war, haben sie mich immer mitgenommen und ich habe dann während der Konzerte geschlafen. Mit drei Jahren habe ich meine erste kleine Gitarre bekommen. Viele andere Kinder muss man ja zwingen zu üben, aber ich habe immer sehr gern auf der Gitarre gespielt. Mein großes Vorbild war mein Onkel. Er war wirklich ein super Gitarrist und er hat sogar Preise gewonnen, und er hat auch eine eigene CD veröffentlicht. Also mein Onkel war schon sehr wichtig für mich. Hm … und später in der Schule war ich im Schulorchester, da habe ich allerdings schon Geige gespielt, das ist mein zweites Instrument. Ich habe auch, als ich 17 war, mit ein paar Freunden zusammen eine Band gegründet. Später habe ich Musik studiert und war danach an einer Privatschule Musiklehrer. Bei einem Orchesterprojekt habe ich meine jetzige Frau kennengelernt, sie hat damals ein Freiwilliges Soziales Jahr auf Teneriffa gemacht. Ich bin dann später zu ihr nach Deutschland gezogen und musste mir hier eine neue Arbeit suchen, weil ich hier nicht mehr an einer Schule unterrichten konnte. Deswegen bin ich jetzt Gitarrenlehrer an einer Musikschule. Das macht mir sehr viel Spaß.
Prüferin 1: Danke. Ich habe eine Frage. Sie haben die Band erwähnt, die Sie gegründet haben. Können Sie dazu noch ein bisschen mehr erzählen?
TN A: Ja, gerne. Also, ich habe Gitarre gespielt, also akustische Gitarre, aber elektrisch verstärkt, und ein Freund hat Schlagzeug gespielt und eine Freundin Klavier. Und … ja … eine Sängerin hatten wir auch. Wir haben alle möglichen Songs gespielt, was man so kennt aus Rock und Pop. Wir haben aber auch selbst Songs geschrieben. Ich bin nicht so gut im Komponieren, aber mein Freund, der Schlagzeuger, der konnte ganz toll komponieren. Und unsere Sängerin hatte super Ideen für die Texte.
Prüferin 1: Ah ja. Mich würde interessieren, wie lange diese Band existierte.
TN A: Ja, diese Band gab es eigentlich, bis ich Teneriffa verlassen habe. Danach hat sie sich leider aufgelöst. Zwei Bandmitglieder hatten zu der Zeit auch schon Familie und kleine Kinder und nicht mehr so viel Zeit.
Prüferin 1: Und noch eine Frage: Wo sind Sie mit dieser Band aufgetreten?
TN A: Wir haben am Anfang natürlich auf Schulkonzerten gespielt oder auf privaten Festen. Auch auf Hochzeiten haben wir Musik gemacht und so ein bisschen Geld verdient. Und natürlich haben wir oft in Kneipen gespielt, und auf Stadtfesten sind wir auch aufgetreten.
Prüfer 2: Danke, Herr Jimenez. Frau Lisinova, jetzt habe ich eine Bitte an Sie: Ich habe nicht ganz verstanden, was Herr Jimenez darüber berichtet hat, wo die Band Konzerte gespielt hat. Könnten Sie mir das noch einmal erläutern?
TN B: Ja, gerne. Also, wenn ich das richtig verstanden habe, hat er zuerst in der Schule und bei privaten Festen gespielt mit seiner Band. Sie sind auf Hochzeiten aufgetreten, oder sie haben in Kneipen gespielt und auf Festen in der Stadt.
Prüfer 2: Haben Sie auch verstanden, aus welchen Gründen die Band sich aufgelöst hat?
TN B: Ja. Ich glaube das war, weil Herr Jimenez von Teneriffa weggegangen ist. Außerdem hatten einige Mitglieder der Band auch weniger Zeit, weil sie schon Kinder bekommen hatten.
Prüferin 1: Danke. Frau Lisinova, dann sprechen Sie jetzt bitte über Ihr Thema.
TN B: Ja, also ich würde gerne eine Geschäftsidee beschreiben. Ich möchte später eine Ausbildung

Transkriptionen

als Fachinformatikerin machen. Danach möchte ich mich selbstständig machen. Ich hoffe, das klappt. Für Computer habe ich mich schon immer interessiert. Ich finde spannend, wie sie funktionieren, und in Informatik war ich auch sehr gut in der Schule. Weil ich mir nicht so gut vorstellen kann, immer eine Person über mir zu haben, die mir sagt, was ich tun muss, träume ich davon, mich nach meiner Ausbildung selbständig zu machen. Meine Idee ist, dass ich Gastronomiebetrieben, also Imbissen, Cafés oder Restaurants anbiete, ihren Internetauftritt zu gestalten. Ich fotografiere auch sehr gern und ich stelle mir das so vor, dass ich eventuell auch kurze Interviews machen könnte mit den Personen, um sie so vorzustellen. Natürlich würde ich auch die Speisekarte zeigen und die speziellen Angebote und was besonders ist … äh … und die üblichen Sachen wie eine Wegbeschreibung und die Seite mit dem Kontakt und natürlich Reservierungsmöglichkeiten. Ganz wichtig finde ich auch die Bestellmöglichkeiten über das Internet. Ich glaube, wenn man das professionell macht, hilft das auch den Gastronomiebetrieben. Heutzutage orientieren sich ja fast alle über ihre Handys und recherchieren online, wo sie einen Kaffee trinken oder eine Kleinigkeit essen können. Und ich finde, es gibt sehr viele Webseiten, die überhaupt nicht professionell gemacht sind und so potentielle Gäste eher abschrecken. Ich denke, ich könnte da helfen. Außerdem kann ich den Leuten Tipps geben, wie sie es schaffen, gute Bewertungen im Netz zu bekommen. Das ist ja heutzutage sehr wichtig.
Prüferin 1: Danke. Eine Frage auch an Sie: Wie möchten Sie Ihre zukünftigen Kundinnen und Kunden ansprechen?
TN B: Ich habe hier einen großen Bekanntenkreis. Einige davon haben selbst schon Gastronomiebetriebe, zum Beispiel ein Café mit Spezialitäten aus der Ukraine. Für eine Freundin habe ich auch schon einen Internetauftritt gemacht. Es ist immer gut, ein Muster zu haben, ein Modell, auf das man verweisen kann. Und ich habe festgestellt, dass es am meisten bringt, wenn man die Personen direkt anspricht. Deshalb habe ich vor, einfach in die Cafés oder Kneipen zu gehen und zu sagen: Ich finde dein Essen super, aber ich glaube, dass man an deinem Internetauftritt noch einiges verbessern kann. Wenn du hier Unterstützung möchtest, kann ich das anbieten. Natürlich nicht umsonst, ich muss ja auch Geld verdienen, aber ich habe faire Preise.
Prüferin 1: Glauben Sie, dass Sie davon leben können?
TN B: Ich habe mir das so überlegt, dass ich das am Anfang nebenher mache. Das heißt, ich suche nach meiner Ausbildung zuerst eine Stelle und fange nebenher an mit dieser Geschäftsidee. Idealerweise bekomme ich vielleicht eine Teilzeitstelle, damit ich genug Zeit habe. Wenn ich dann genug Aufträge habe, dann kann ich auch die feste Stelle kündigen
Prüfer 2: Danke, Frau Lisinova. Herr Jimenez, ich habe jetzt eine Bitte an Sie. Ich habe nicht ganz verstanden, was Frau Lisinova zum Thema Kundenakquise gesagt hat. Wie möchte sie ihre Auftraggeberinnen und Auftraggeber finden? Könnten Sie mir das bitte kurz erläutern?
TN A: Wenn ich das richtig verstanden habe, möchte sie erst einmal mit ihrem Freundeskreis anfangen. Sie hat zum Beispiel erzählt, dass sie für eine Freundin schon einen Internetauftritt gemacht hat. Und eine Idee von ihr ist noch, dass sie einfach direkt zu den Personen hingeht und ihnen erzählt, was sie macht. So will sie versuchen, die Leute von ihrem Angebot zu überzeugen und Aufträge zu bekommen.
Prüfer 2: Sagen Sie mir bitte auch noch, was Frau Lisinova nach ihrer Ausbildung vorhat.
TN A: Sie möchte zuerst eine Stelle suchen, wenn es klappt in Teilzeit. Parallel dazu möchte sie sich selbständig machen. Wenn sie mit ihrer selbständigen Arbeit genug Geld verdient, plant sie, diese feste Stelle zu kündigen.
Prüferin 1: Vielen Dank, das war Teil 1. Wir kommen jetzt zu Teil 2.

Sprechen Teil 2

Prüferin 1: Wir kommen jetzt zu Teil zwei. Sie sind Kollegen und führen ein Gespräch in der Pause. Dazu bekommen Sie zwei Fragen. Frau Lisinova, fangen Sie bitte an und beginnen Sie das Gespräch?
TN B: Ich pendle täglich über eine Stunde mit dem Bus zur Arbeit. Wie sieht es bei dir aus?
TN A: Oh, du fährst fast eine Stunde? Das ist aber lang! Ich brauche nur 15 Minuten und ich fahre meistens mit dem Fahrrad.
TN B: Mit dem Fahrrad? Aber was machst du, wenn das Wetter schlecht ist?
TN A: Wenn es regnet, fahre ich trotzdem meistens mit dem Fahrrad. Aber im Winter, wenn es sehr kalt ist, fahre ich auch mal mit dem Auto. Warum fährst du denn nicht mit dem Auto?
TN B: Früher bin ich auch oft mit dem Auto gefahren, aber jetzt haben wir nur noch ein Auto in der Familie, und das braucht immer mein Mann, weil er seine Arbeit nicht mit den öffentlichen Verkehrsmitteln erreichen kann.
TN A: Wo wohnst du eigentlich, wenn du so lange zur Arbeit fahren musst?
TN B: Naja, ich wohne außerhalb der Stadt, ziemlich weit auf dem Land.
TN A: Aber die Busverbindung ist okay?
TN B: Ja, morgens und abends schon. Spät am Abend und am Wochenende gibt es wenige Verbindungen. Aber für den Berufsverkehr, also zu den Zeiten, an denen die Leute zur Arbeit und wieder nach Hause fahren, geht es.
TN A: Und sind die Busse morgens dann sehr voll?
TN B: Ach, weißt du, weil ich so weit außerhalb einsteige, bekomme ich immer einen Sitzplatz. Aber je näher man ans Zentrum kommt, desto voller wird es. Am Ende müssen immer einige Leute stehen.
TN A: Mhm, das kenne ich, ich bin früher oft morgens mit der S-Bahn gefahren. Da habe ich eigentlich nie einen Sitzplatz bekommen. Das fand ich immer sehr

anstrengend. Und vor allem abends müde dann wieder in eine volle Bahn … das war stressig!
Prüferin 1: Danke. Herr Jimenez. Stellen Sie bitte die nächste Frage.
TN A: Ja, äh …: Was machst du im Sommer, hast du schon Pläne für den Urlaub?
TN B: Ach, wir wissen das noch nicht so genau. Wir würden gern meine Familie besuchen, also meine Eltern. Sie leben in einer kleinen Stadt in der Ukraine, und ich habe dort auch noch viele andere Verwandte. Die freuen sich immer alle, uns zu sehen. Aber die Fahrten dahin sind leider zu teuer! Das können wir uns nicht jedes Jahr leisten.
TN A: Ja, das verstehe ich, das ist bei mir ganz ähnlich. Ich habe auch noch viel Verwandtschaft in meinem Heimatland. Da muss man dann aber immer hinfliegen und das Gepäck kostet extra … und mit den Kindern, das ist auch nicht so … äh … stressfrei.
TN B: Ja, genau. Deshalb machen wir dieses Jahr vielleicht einfach Urlaub an der Nordsee. Da war ich noch nie, und mein Mann wollte mir das endlich einmal zeigen. Ich glaube, für die Kinder ist das auch sehr schön dort. Die können dann einfach viel im Sand spielen. Und ihr, was macht ihr?
TN A: Na ja, meine Schwägerin heiratet und ich habe für das Fest sehr viel organisiert. Deswegen werden wir dieses Jahr auch gar nicht wegfahren, weil die Hochzeit mitten in meinem Urlaub liegt. Davor muss ich noch sehr viel vorbereiten. Nach der Feier brauche ich sicher einfach nur Erholung. Ich glaube, da will ich nur ein paar Tage bei mir zu Hause auf dem Sofa bleiben und ein bisschen im Park spazieren gehen und sonst nicht viel machen.
Prüferin 1: Vielen Dank, das war Teil 2.

Sprechen Teil 3

 12 **Prüferin 1:** Vielen Dank, das war Teil zwei der Prüfung. Kommen wir zum letzten Teil. Sie sollen als Kollegen Lösungswege diskutieren. Hier sind die Situation und ein paar Stichwörter, die Ihnen helfen können. Bitte lesen Sie das Problem und beginnen Sie dann.
TN B: Juan Carlos, bist du fertig?
TN A: Ja, alles klar. Willst du anfangen?
TN B: Mhm, … ja, okay. Ähm, du weißt ja, dass unser Computerprogramm für die Zimmerbuchungen schon ein paar Mal nicht funktioniert hat und Gäste ein Zimmer gebucht hatten und wir von nichts wussten.
TN A: Ja, schrecklich, mir ist das auch passiert. Ich stand an der Rezeption und eine Frau wollte einchecken und ich hatte keine Buchung von ihr.
TN B: Wir müssen uns jetzt überlegen, wie wir vorgehen. So etwas darf nicht passieren. Wir sind ein Hotel! Unsere Gäste kommen nach einer langen Reise vom Flughafen hier an und erwarten, dass sie ein Zimmer bekommen.
TN A: Du hast recht. Wenn eine Buchung nicht geklappt hat, ist das eine Katastrophe! Lass uns einfach mal Ideen sammeln, was wir tun können. Mir fällt da gerade etwas ein. Wir könnten zuallererst auf unserer Webseite das Buchungssystem ausschalten und die Gäste bitten, dass sie uns telefonisch oder per E-Mail kontaktieren und persönlich bei uns buchen.
TN B: Hm, ich weiß nicht, ob das eine gute Idee ist. Ein Hotel ohne elektronisches Buchungssystem? Aber auf der anderen Seite haben noch vor ein paar Jahren alle Hotels es so gemacht. Es müsste halt Tag und Nacht jemand nur für die Buchungen da sein.
TN A: Ja, stimmt. Das ist viel Zusatzarbeit. Und wir werden Gäste verlieren, weil das mehr Zeit kostet. Also keine so gute Idee. Was schlägst du vor?
TN B: Das Computerprogramm war teuer und wir können erwarten, dass es funktioniert. Ich würde sagen, wir reklamieren bei der Computerfirma, dass sich gleich ein Programmierer darum kümmert.
TN A: Ja, das finde ich gut. Aber wir müssen uns überlegen, was wir bis dahin machen. Was machen wir, wenn das Buchungssystem wieder einen Fehler macht? Und noch ein Gast vor uns steht, dem wir kein Zimmer geben können?
TN B: Lass uns vorher noch überlegen, was wir den Gästen als Entschädigung anbieten, bei denen der Fehler schon passiert ist. Wir hatten bisher zum Glück immer ein Zimmer frei und mussten niemanden wegschicken. Wir haben den Gästen dann mit einer Entschuldigung Blumen aufs Zimmer gebracht. Aber manche waren doch ziemlich böse. Was meinst du, was wäre eine gute Entschädigung?
TN A: Ich schlage vor, wir schicken ihnen nachträglich noch einen Gutschein mit einer Gratisübernachtung.
TN B: Ach, das wird teuer. Wollen wir nicht lieber einen Gutschein mit einer Ermäßigung für die nächste Buchung schicken und uns noch einmal entschuldigen?
TN A: Ja, auch gut. Einverstanden.
TN B: Und was wollen wir als Entschädigung von der Computerfirma?
TN A: Zuallererst sollen sie den Schaden beheben. Dafür zahlen wir natürlich nichts. Und dann sollen sie sich überlegen, was sie uns anbieten. Wir könnten verlangen, dass sie die Entschädigung für die Hotelgäste zahlen.
TN B: Ja, warum nicht. Auf jeden Fall könnten wir die Programmierfirma auch fragen, ob das in anderen Hotels auch passiert ist.
TN A: Stimmt, die Antwort würde mich auch interessieren. Meinst du, es wäre besser, gleich nach einem neuen Programm zu fragen? Oder den Vertrag sofort zu kündigen und eine andere Firma zu suchen?
TN B: Du meinst, dass wir ein ganz anderes Buchungssystem verlangen? Ich weiß nicht. Das finde ich nicht so gut. Ich bin dafür, dass wir nicht gleich wechseln. Alle Mitarbeiter sind so gut in das Programm eingearbeitet. Und der Programmierfirma sollten wir erstmal die Chance geben, das System zu reparieren.
TN A: Stimmt, du hast recht. Wir wissen ja auch nicht, ob das neue Programm besser wäre. Dann geben wir der Firma und dem Programm noch eine Chance. Und wenn es wieder nicht klappt, könnten wir auch die Firma wechseln.
TN B: Ok, dann machen wir es so.
Prüferin 1: Ja … vielen Dank.

Transkriptionen

Übungsteil Fertigkeitentraining

Fertigkeitentraining Hören Teil 1

 Nummer 1 und 2
Frau: Farbenhandlung Regenbogen, Basler am Apparat. Was kann ich für Sie tun?
Mann: Hallo, hier spricht Malermeister Fechner. Ich bin ja schon lange ein zufriedener Kunde bei Ihnen, aber kürzlich hatte ich leider Ärger mit einer Außenfarbe. Da musste ich eine Garagenwand dreimal streichen, um den gewünschten Effekt zu erzielen. Dabei war die Farbe gar nicht billig, ich habe damals eine ziemlich hohe Rechnung bezahlt. Ja, das wollte ich Ihnen sagen, und auch fragen: Können Sie mir da vielleicht einen anderen Typ Farbe empfehlen?

Nummer 1 und 2
Frau: Farbenhandlung Regenbogen, Basler am Apparat. Was kann ich für Sie tun?
Mann: Hallo, hier spricht Malermeister Fechner. Ich bin ja schon lange ein zufriedener Kunde bei Ihnen, aber kürzlich hatte ich leider Ärger mit einer Außenfarbe. Da musste ich eine Garagenwand dreimal streichen, um den gewünschten Effekt zu erzielen Dabei war die Farbe gar nicht billig, ich habe eine ziemlich hohe Rechnung bezahlt. Ja, das wollte ich Ihnen sagen, und auch fragen: Können Sie mir da vielleicht einen anderen Typ Farbe empfehlen?
Frau: Herr Fechner, das tut mir sehr leid. Schon einige Kunden haben uns gesagt, dass sie mit dieser Farbe Probleme hatten. Wir führen sie deshalb gar nicht mehr in unserem Sortiment. Aber ich kann Ihnen die Farbe „Alle Wetter Pro" empfehlen, mit der haben wir sehr gute Erfahrungen gemacht. Ähm … Mit dem Betrag der alten Rechnung kann ich aus Buchhaltungsgründen leider nichts mehr machen, aber wenn Sie jetzt wieder bei uns einkaufen, dann gebe ich Ihnen auf die nächste Lieferung einen Nachlass in Höhe von 50 Prozent des damaligen Rechnungsbetrags.
Mann: Ja, danke, das ist doch ein gutes Angebot, ich schau mir die Farbe auf Ihrer Homepage an und melde mich dann nochmal.
Frau: Sehr gerne, Herr Fechner, und vielen Dank für Ihr Verständnis.

 Nummer 3 und 4
Chef: Hallo Frau Bertram, hallo Herr Sauter! Schön, dass Sie pünktlich sind. Fangen wir gleich an, wir müssen heute viel besprechen.
Frau: Ja, natürlich, Herr Wachtler.
Chef: Also, es geht um unsere Teilnahme an der Messe. Die Messe ist zwar erst in zwei Monaten, aber ich möchte, dass wir in Ruhe alles planen. Wir wollen dort ja vor allem unsere neue Maschine präsentieren. Und das müssen wir natürlich entsprechend vorbereiten. Und jetzt möchte ich von Ihnen hören, wie da der aktuelle Stand ist.
Frau: Ja, also, zum Stand der Organisation kann Ihnen sicher Herr Sauter gleich etwas sagen. Mein dringendstes Problem ist der Prospekt zu der Maschine. Die Werbeagentur, die ich damit beauftragt habe, hat den Entwurf immer noch nicht geliefert.
Chef: Dann rufen Sie bitte dort nachher gleich an und sagen Sie, dass wir den Entwurf unbedingt Anfang nächster Woche brauchen.
Frau: Ja, wird erledigt.
Chef: Gut. Denn wir müssen ja den Entwurf noch freigeben, bevor die Prospekte dann gedruckt werden können. So, Herr Sauter, kommen wir zum nächsten Punkt. Wie sieht es denn bitte mit dem Messestand aus?
Mann: Da ist alles organisiert, die Standfläche habe ich schon gebucht, und den Plan, wer wann am Stand ist, habe ich auch fertig. Und natürlich habe ich auch für alle, die mitfahren, die Hotelzimmer gebucht.
Chef: Wunderbar, dann ist das ja schon erledigt, vielen Dank dafür.

Fertigkeitentraining Hören Teil 2

(Ansage Hören Teil 2)

Nummer 28
Sebastian: Hi Stefan. Wie gefällt es dir denn in der neuen Firma?
Stefan: Na ja, ich bin ein bisschen genervt von den zwei Bürohunden.
Sebastian: Oh, bei euch gibt es Bürohunde? Das ist doch toll!
Stefan: Ja, für die Hundebesitzer. Und die anderen Kollegen sind von den Hunden auch ganz angetan.
Elsa: Du nicht? Du hast doch nicht etwa Angst vor Hunden?
Stefan: Nein. Ich bin einfach kein Hundefan und das ganze Büro riecht nach Hund. Das mag ich nicht.
Sebastian: Kannst du das nicht mal ansprechen?
Stefan: Auf keinen Fall! Ich bin neu in der Firma und muss mich wohl anpassen. Ich möchte mich auch nicht gleich bei allen unbeliebt machen.
Elsa: Ja, das kann ich verstehen.

Nummer 29
Meike: Hallo Uta, ist das dein Hund?
Uta: Hi, Meike. Ja, ich habe ihn seit sechs Wochen.
Meike: Der ist ja süß! Aber wo bleibt er, wenn du arbeitest? Nimmst du ihn mit? Dann komme ich öfter in eure Abteilung rüber!
Uta: Leider nicht. Meine Mutter kommt mittags und kümmert sich um ihn. Ich habe in der Firma gefragt, ob er mitdarf, aber ein Kollege hat eine Allergie gegen Hundehaare. Und wir haben ja nur ein Großraumbüro.
Meike: Schade. Bürohunde sollen ja für „eine größere Zufriedenheit und weniger Stress" sorgen.
Uta: Ja, sie „lockern auch die Stimmung auf und beugen Depressionen und Burnout vor", ich habe auch den Artikel in der Mitarbeiterzeitung gelesen.
Meike: Wenn du ein Einzelbüro hättest, könntest du ihn sicher mitnehmen. Aber gut, dass deine Mutter dir hilft.

Transkriptionen

Fertigkeitentraining Hören Teil 3

▶ 19 (Ansage Hören Teil 3)

▶ 20 **Beraterin:** Liebe Leitende, ich begrüße Sie ganz herzlich zur heutigen Präsentation über die Lage der Datensicherheit in Ihrem Unternehmen. Sie kennen mich ja bereits, in den vergangenen Wochen war ich als externe Beraterin für Datensicherheit in Ihren Abteilungen unterwegs und habe mich unter anderem mit Ihnen, aber auch den Mitarbeitenden Ihrer Abteilungen unterhalten. Heute möchte ich Ihnen die Ergebnisse präsentieren. Wie konnte es in der Vergangenheit dazu kommen, dass ein Virus Ihr Netzwerk lahmgelegt hat und ein Hacker sich Zugriff zu Ihren Kundendaten verschaffen konnte? Zu Ihrer Erleichterung kann ich gleich sagen, dass Sie im Prinzip gut aufgestellt sind. Dass es doch zu den genannten Problemen gekommen ist, lag an „menschlichen Sicherheitslücken". Wir haben festgestellt, dass Ihre Mitarbeiterinnen und Mitarbeiter die Datenschutzregeln zwar kennen – alle haben die Datenschutzregeln gelesen und unterschrieben. Gelegentlich werden die Regeln aber nicht so genau genommen und Ihre Mitarbeiter verhalten sich sorglos, indem sie Mails auch auf dem privaten Mobiltelefon oder dem Notebook zu Hause lesen. Oder die Anhänge verdächtiger E-Mails öffnen, anstatt sie zu melden oder die Mail gleich zu löschen. Wenn Sie verhindern möchten, dass sich Kriminelle erneut an Ihren Daten bedienen, müssen Sie hier nachbessern.
Mann: Ja, aber was können wir dafür tun? Muss eventuell auch die Technik erneuert werden?
Beraterin: Wie gesagt, die gute Nachricht …

▶ 21 **Beraterin:** … dass sich Kriminelle erneut an Ihren Daten bedienen, müssen Sie hier nachbessern.
Mann: Ja, aber was können wir dafür tun? Muss eventuell auch die Technik erneuert werden?
Beraterin: Wie gesagt, die gute Nachricht ist, dass Sie bereits über alle notwendigen technischen Mittel verfügen. Neue Regeln kommen auch nicht dazu. Ihre Aufgabe wird es sein, und das ist keine leichte, das kann ich Ihnen versichern, Ihre Mitarbeitenden erneut und immer wieder auf die vereinbarten Regeln zur Datensicherheit hinzuweisen und die Einhaltung zu kontrollieren. Machen Sie nochmal auf die Konsequenzen aufmerksam, die ein sorgloser Umgang mit den Regeln für die Sicherheit haben kann. Machen Sie auch deutlich, dass Ihr Unternehmen das Nicht-Beachten der Regeln in Zukunft sanktioniert. Das muss den Mitarbeitenden bewusst sein. Es geht um die Sicherheit innerhalb Ihres Unternehmens und letztendlich auch um das Vertrauen Ihrer Kunden und Geschäftspartner.
Frau: Gut, aber was sollen wir beachten? Können Sie uns da Genaueres sagen?

▶ 22 **Frau:** Gut, aber was sollen wir beachten? Können Sie uns da Genaueres sagen?

Beraterin: Dazu komme ich jetzt: Was muss zukünftig also strenger als bisher beachtet werden? Geschäftliche E-Mails von privaten Notebooks sind weiterhin nicht erlaubt! Dafür dürfen nur die Computer im Unternehmen oder die besonders gesicherten Dienst-Notebooks eingesetzt werden. Dateien, die das Unternehmen betreffen, sind ausschließlich auf diesen Geräten zu speichern und für alle abzulegen. Im Moment überprüfen wir noch, inwieweit die Cloud den Anforderungen entspricht und werden Sie dann informieren. Bis dahin bitte: Kein Hochladen von Dokumenten und Dateien in die Cloud und auch keine Sicherung dort! Video-Konferenzen dürfen nur noch über ein gesichertes Konferenz-Programm stattfinden, andere Programme sind dafür nicht mehr erlaubt.
Mann: Und was ist mit den Handys?
Beraterin: Gut, dass Sie das ansprechen, Herr Müller. In den nächsten Monaten werden die meisten Ihrer Mitarbeiterinnen und Mitarbeiter von Ihrem Unternehmen ein Diensthandy ausschließlich für den geschäftlichen Gebrauch bekommen. Nur darüber dürfen Telefonate mit Kunden oder Geschäftspartnern geführt werden. Ihren Mitarbeitern geht eine schriftliche Vereinbarung zu, welche Apps sie auf dem Diensthandy installieren dürfen. Keine privaten Chats oder Mails über dieses Telefon, auch nicht mit Kolleginnen und Kollegen. Ihr Unternehmen wird das kontrollieren und in einzelnen Fällen auch Handyrechnungen oder aufgerufene Webseiten überprüfen.
Frau: Werden denn die Mitarbeiterinnen und Mitarbeiter dazu auch geschult?

Fertigkeitentraining Hören Teil 4

Nummer 36 ▶ 23
Hi, hier ist Mario. Ich bin grade im Veranstaltungsraum und checke alles für unseren großen Auftritt. Auf diesem Laptop hier ging die Datei ganz schnell auf und die Folien laufen super, das habe ich schon kontrolliert. Der Beamer funktioniert auch, aber mir ist aufgefallen, dass wir keine Ersatzbatterien für die Fernbedienung haben. Die Batterien sind eigentlich neu, aber ich gehe lieber auf Nummer sicher. Kannst du bitte noch welche besorgen? Ansonsten ist alles da, ich habe sogar dieses Mal an das Verlängerungskabel gedacht. Dann danke und bis nachher. Tschüss.

Nummer 37
Hallo, hier spricht Nour. Es tut mir sehr leid, aber ich kann jetzt am Samstag die Schicht doch nicht übernehmen. Wir hatten ja extra unseren Urlaub später geplant, damit wir an dem Wochenende vom Stadtfest noch da sind. Ich weiß, dass ihr da ganz viele Leute braucht. Jetzt muss aber mein Mann am Samstag auf eine Fortbildung. Greta ist ja krank, und wir haben niemanden gefunden, der auf sie aufpasst. Ich kann dafür aber am Sonntag arbeiten. Da war ich ja bisher nicht eingeplant. Bitte melde dich schnell bei mir. Danke!

161

Transkriptionen

Fertigkeitentraining Hören und Schreiben

▷ 25 Hallo, hier Späinghaus von der Firma Walter & Co. Es gibt ein großes Problem. Die Klimaanlage, die Sie erst letzte Woche gewartet haben, ist schon wieder defekt. Wir haben in unseren Büroräumen jetzt über 30 Grad, das ist nicht akzeptabel! Schicken Sie bitte umgehend einen Techniker, der das in Ordnung bringt! Das muss heute noch erledigt werden!
Bis 17 Uhr bin ich im Büro. Nach 17 Uhr können Sie mich anrufen, dann komme ich in die Büroräume, ich wohne in der Nähe. Meine Nummer ist 0 - 1- 55 - 79 - 323 - 4, und mein Name ist Späinghaus. Das schreibt man mit ä, also S - P - Ä - I - N - G - H - A - U - S. Bis hoffentlich bald!

▷ 26 Hallo, hier spricht Angelika Apitzsch von Logistik Müller.
▷ 27 Sie hatten uns gestern wegen des Kopierpapiers und anderer Artikel angerufen. Unsere Aushilfe hat diesmal die Aufstellung gemacht. Sie kennt sich leider noch nicht gut aus. Von den blauen Stiften wollen wir 30 Stück, nicht 30 Kartons. Die Artikelnummern sind da ähnlich. Aber: Stornieren Sie bitte alles. Ich mache das gleich alles nochmal richtig über Ihr Online-Formular. Letztes Mal mussten wir ja leider viel umtauschen, das war nicht so erfreulich. Sie können mich unter der Nummer 0 – 69 – 542 – 86 – 12 erreichen. Ich heiße Apitzsch, das scheibt man A-P-I-T-Z-S-C-H. Ach, und ich wollte Ihnen noch sagen, dass ich noch keine Rückmeldung zu den Möbeln habe. Da müssen wir noch warten. Danke!

▷ 28 Guten Tag, hier spricht Timo Gießhübel vom Modepark. Es geht um die Flyer, die Sie für uns entwerfen und drucken sollen. Sie haben uns ja die Kalkulation über 1000 Stück geschickt, das liegt deutlich unter unserem Budget. Schicken Sie uns doch bitte auch die Preise für 2000 Stück. Ihr erster Entwurf hat uns schon gut gefallen, nur die Adresse ist noch die alte. Falls Sie noch Fragen haben: Mein Name ist Gießhübel: G - I - E - ß - H - Ü - B - E - L. Die Telefonnummer ist die 0 - 1 - 8 - 7 – 432 - 77 - 9. Ach ja, noch etwas: Ich bin mir nicht sicher, ob der blaue oder der grüne Hintergrund besser ist. Wir müssten auch bald über die Termine für den Katalog sprechen. Danke!

▷ 29 W-o-e-h-r-l-i-g

▷ 30 Hallo, hier spricht Roland Woehrlig von Geritek. Wir kommen am Freitag so ungefähr um 3 Uhr nachmittags mit fünf Personen. Rufen Sie mich doch bitte mal zurück. Meine Nummer ist 0-3 -14 -276 – 67-4. Roland Woehrlig, W-o-e-r-h-l-i-g. Sollen wir ein Taxi zu Ihrer Fima nehmen, oder holen Sie uns vielleicht sogar ab? Wenn es nicht weit ist, können wir auch zu Fuß gehen. Danke.

▷ 31 Hallo, das ist eine Nachricht von Mila Röm-Yanak von der Firma Konrad. Es geht um den Raum, den ich für unsere Veranstaltung am 11.11. brauche. Es muss bitte der größere Raum sein. Mit Tischen und Stühlen für 25, nein, zur Sicherheit lieber für 30 Personen, bitte. Und eine Frage noch: Sie haben gesagt, Sie können dann Getränke bereitstellen. Ist es denn möglich, dass Sie uns auch Kuchen dazu anbieten, oder soll ich den woanders bestellen? Ist denn in dem Raum eine gute Musikanlage vorhanden? Bitte rufen Sie mich morgen Vormittag unter folgender Nummer zurück: 0 -4 -0 -14- 474 -0- 5. Ach, und hier auch nochmal mein Name: R - Ö - M - Bindestrich - Y - A- N - A - K, Röm-Yanak. Danke.

Fertigkeitentraining Sprechen Teil 1

▷ 32 **Prüferin 1:** Jetzt kommen wir zur eigentlichen Prüfung, zu Teil 1 A. Herr Jimenez, fangen Sie bitte an. Suchen Sie sich ein Thema aus und sprechen Sie darüber.
TN A: Ja, gerne. Hm … Ich möchte über Ereignisse und Erfahrungen sprechen, die meine Berufswahl beeinflusst haben.
Prüferin 1: Mhm, bitte …
TN A: Also, ich bin ja Musiker, und Musik war schon immer ein Teil meines Lebens. …
Prüferin 1: Danke. Ich habe eine Frage. Sie haben die Band erwähnt, die Sie gegründet haben. Können Sie dazu noch ein bisschen mehr erzählen?
TN A: Ja, gerne. Also, ich habe Gitarre gespielt, also akustische Gitarre, aber elektrisch …
Prüfer 2: Danke, Herr Jimenez. Frau Lisinova, jetzt habe ich eine Bitte an Sie: Ich habe nicht ganz verstanden, was Herr Jimenez berichtet hat, wo die Band Konzerte gespielt hat. Könnten Sie mir das noch einmal erläutern?
TN B: Ja. Ich glaube das war, weil Herr Jimenez von Teneriffa weg …
Prüferin 1: Danke Frau Lisinova, dann sprechen Sie jetzt bitte über Ihr Thema.
TN B: Ja, also ich würde gerne eine Geschäftsidee beschreiben. Ich möchte später …
Prüferin 1: Danke. Eine Frage auch an Sie: Wie möchten Sie Ihre zukünftigen Kundinnen und Kunden ansprechen?
TN B: Ich habe hier einen großen Bekanntenkreis. Einige davon haben selbst schon Gastronomiebetriebe …
Prüfer 2: Danke, Frau Lisinova. Herr Jimenez, ich habe jetzt eine Bitte an Sie. Ich habe nicht ganz verstanden, was Frau Lisinova zum Thema Kundenakquise gesagt hat. Wie möchte sie ihre Auftraggeberinnen und Auftraggeber finden? Könnten Sie mir das bitte kurz erläutern?
TN A: Wenn ich das richtig verstanden habe, möchte sie erst einmal mit ihrem Freundeskreis anfangen. Sie hat zum Beispiel erzählt, …
Prüferin 1: Vielen Dank. Das war Teil 1.

▷ 33 Ich habe das Thema „gutes Arbeitsumfeld" gewählt. Für dieses Thema habe ich mich entschieden, weil das Arbeitsumfeld ganz wichtig für den Beruf ist. Also, ich finde es wichtig, eine gute Arbeit zu finden. Aber was ist eine gute Arbeit für mich? Der Aspekt der Jobsicherheit ist für mich noch nicht so interessant, weil ich noch

Transkriptionen

jung und flexibel bin. Ich möchte in verschiedenen Firmen arbeiten, um unterschiedliche Erfahrungen zu sammeln. Aber ich denke, wenn man Familie will, ist Sicherheit im Job wichtig. Zum Thema Lohn und Gehalt habe ich folgende Einstellung: Meiner Meinung nach muss die Bezahlung schon fair sein. Ich will auf jeden Fall so viel verdienen, dass ich mir eine schöne Wohnung leisten kann und ein Auto. Einmal im Jahr in Urlaub zu fahren wäre natürlich auch nicht schlecht. Was die Karrierechancen angeht: Ich kann mir nicht vorstellen, 40 Jahre lang denselben Job zu machen. Es ist mir wichtig, mich auch beruflich immer weiterzuentwickeln. Und ich wünsche mir, dass eine Firma das auch unterstützt, sodass man zum Beispiel Weiterbildungen machen kann.

Zur Kommunikation in der Firma kann ich Folgendes sagen: Ich finde es notwendig, dass die Chefin den Mitarbeiterinnen und Mitarbeitern Entscheidungen klar mitteilt. Als eigenes Beispiel kann ich von meinem Praktikum berichten. Da war die Kommunikation leider nicht so gut. Ich habe in einer Eventagentur gearbeitet und die Chefin hat dort nie mit den Mitarbeitenden über ihre Entscheidungen gesprochen. Deshalb waren die Mitarbeitenden oft unsicher, was sie machen sollten und das Betriebsklima war auch nicht sehr gut.

▷ 34 **Thema 1:** Sie haben uns ja einen Arbeitgeber vorgestellt, den Sie interessant finden. Können Sie sich auch vorstellen, in einer ganz anderen Branche zu arbeiten, und warum beziehungsweise warum nicht?

▷ 35 **Thema 2:** Sie haben darüber gesprochen, wie ein gutes Arbeitsumfeld für Sie aussieht. Bitte erklären Sie uns jetzt noch, welche Aspekte für Sie im Zusammenhang mit der Vereinbarkeit von Familie und Beruf wichtig sind.

▷ 36 **Thema 3:**
P: Sie haben ja über Ihre Berufswahl gesprochen. Eine Frage dazu: Wo sehen Sie sich in 10 Jahren beruflich?
TN: Entschuldigung, das habe ich nicht verstanden.
P: Äh, ja, welchen Beruf möchten Sie in 10 Jahren ausüben, was möchten Sie bis dahin erreichen, wo möchten Sie dann arbeiten?

▷ 37 **Thema 4:** Inwiefern können Sie sich vorstellen, selbst einmal ein berufliches Vorbild für andere Personen zu sein? Was können Sie gut, was möchten Sie weitergeben?

▷ 38 **Thema 5:** Sie haben jetzt die Arbeitssuche in Ihrem Land beschrieben. Haben Sie hier in Deutschland auch schon einmal eine Arbeit gesucht? Falls ja, wie?

▷ 39 **Thema 6:** Hatten Sie schon einmal ein Bewerbungsgespräch hier in Deutschland? Oder hat Ihnen jemand von einem Bewerbungsgespräch berichtet? Wie lief das ab?

▷ 40 **Thema 7:** Sie haben uns gerade ein Produkt beschrieben. Können Sie sich vorstellen, in der Firma zu arbeiten, die dieses Produkt herstellt? Und in welcher Funktion wären Sie dort am liebsten tätig und warum?

▷ 41 **Thema 8:** Sie haben Ihre Geschäftsidee beschrieben. Möchten Sie sich allein selbstständig machen oder mit anderen Personen zusammen? Warum? Und haben Sie sich schon über die Finanzierung Gedanken gemacht?

▷ 42 **Prüferin:** Sie haben uns erklärt, wie Sie sich ein gutes Arbeitsumfeld vorstellen. Mich würde noch interessieren, wie für Sie ideale Arbeitszeiten aussehen.
TN: Mir ist Flexibilität sehr wichtig. Ich stehe zum Beispiel nicht so gerne früh auf und finde es gut, wenn ich erst um 9 oder sogar erst um 10 in der Firma sein muss. Dafür würde ich abends auch gerne noch länger arbeiten, wenn etwas Dringendes zu erledigen ist.
Prüferin: Mich würde auch ihre Meinung zum Thema Überstunden interessieren.
TN: Ja, also, wie gesagt, ab und zu abends länger bleiben ist schon in Ordnung. Aber ich finde, die Überstunden müssen dann auch bezahlt werden. Oder man muss sie durch Freizeit ausgleichen dürfen und dann eben später weniger arbeiten.
Prüferin: Besteht bei Ihnen prinzipiell die Bereitschaft, auch am Wochenende zu arbeiten?
TN: Ja, wieso nicht. Also, nicht jedes Wochenende, aber gelegentlich könnte ich mir das schon vorstellen.

▷ 43 **Prüfer:** Frau Wu, könnten Sie mir bitte noch einmal erläutern, was Herr Akin zum Thema Arbeitszeiten gesagt hat?
TN: Ja, er arbeitet gerne flexibel. Und er arbeitet lieber abends als morgens. Überstunden findet er akzeptabel, also er ist dazu bereit, manchmal welche zu machen. Herr Akin findet aber, dass die Überstunden dann natürlich auch bezahlt werden müssen. Oder er möchte dafür einen Ausgleich durch mehr Freizeit. Zum Thema Wochenendarbeit, ja damit ist er prinzipiell auch einverstanden, aber nicht regelmäßig.

▷ 44 **Prüfer:** Sie haben uns ja einen Arbeitgeber vorgestellt, den Sie interessant finden. Können Sie sich auch vorstellen, in einer ganz anderen Branche zu arbeiten, und warum beziehungsweise warum nicht?
TN: Ja, also, wie gesagt würde ich ja am liebsten Arzthelferin werden. Aber wenn ich es nicht schaffe, da einen Ausbildungsplatz zu bekommen, kann ich mir auch vorstellen, einen erzieherischen Beruf zu erlernen. Ich glaube, ich kann gut mit Kindern und Jugendlichen umgehen. Das würde mir sicher auch viel Spaß machen.
Prüfer: Sie haben ja das Praktikum erwähnt, das Sie absolviert haben. Haben Sie denn sonst schon praktische Berufserfahrungen gesammelt?
TN: Ja, ein bisschen Erfahrung habe ich. Mein Onkel hat einen Kopierladen, und da habe ich schon oft ausgeholfen.
Prüfer: Was genau waren da Ihre Aufgaben?

163

Transkriptionen

TN: Na ja, ich habe Papier nachgefüllt, Kunden geholfen, wenn sie mit den Maschinen nicht klarkamen, kassiert, und so weiter.
Prüferin 1: Vielen Dank.

▷ 45 **Prüferin:** Könnten Sie mir bitte noch einmal erläutern, in welcher Branche sich Frau Karnowski noch vorstellen kann zu arbeiten und welche Berufserfahrungen sie zusätzlich zu ihrem Praktikum schon gesammelt hat?

Fertigkeitentraining Sprechen Teil 2

▷ 46 **Frau:** Was machst du denn abends, treibst du Sport?
▷ 47 **Mann:** Äh, ob ich Sport treibe?
Frau: Ja, genau. Also, machst du eigentlich irgendwas, Joggen, Fußball, Fitnesscenter …?
Mann: Naja, früher war ich in einer Fußballmannschaft. Da habe ich dreimal pro Woche trainiert.
Frau: Respekt! Dreimal die Woche Training, das ist ja ganz schön sportlich!
Mann: Ja, nicht schlecht, oder? Aber dann hatte ich leider Probleme mit dem Knie und musste aufhören.
Frau: Das ist aber schade. Machst du denn jetzt etwas anderes?
Mann: Ja, ich gehe jetzt manchmal zum Tanzen. Salsa, dafür braucht man auch ganz schön Kondition. Und du?
Frau: Bei mir ist das ganz anders, ich war noch nie sehr sportlich. Fußball interessiert mich schon, aber eher als Zuschauerin! Ich sehe mir wichtige Spiele im Fernsehen an.
Mann: Und selbst machst du keinen Sport? Aktiv, meine ich.
Frau: Doch. Meine Ärztin hat nämlich gesagt, dass ich unbedingt Sport machen muss. Deshalb gehe ich einmal pro Woche schwimmen.
Mann: Ah, du gehst regelmäßig schwimmen? Wo denn? Ich suche nämlich auch schon länger nach einer guten Möglichkeit zum Schwimmen.
Frau: Im Sommer fahre ich einfach mit dem Fahrrad an den Waldsee, da ist es wirklich schön. Und im Winter gehe ich dann eben ins städtische Schwimmbad. Wenn man gleich früh morgens geht, ist es auch nicht so voll.
Mann: Ah ja, danke, das ist ja interessant.

▷ 48 Was machst du denn abends, treibst du Sport?
Also, machst du eigentlich irgendwas, Joggen, Fußball, Fitnesscenter …?
Respekt! Dreimal die Woche Training, das ist ja ganz schön sportlich!
Das ist aber schade. Machst du denn jetzt etwas anderes?

▷ 49 **Gespräch 1**
Frau: Ich hätte gerne Gleitzeit? Du auch?
Mann: Äh … Gleitzeit. Was ist das denn?
Frau: Hm, also ehrlich gesagt weiß ich das auch nicht so genau.
Mann: Komisch. Da sollte uns der Chef doch erst mal erklären, was das ist. Ich finde nicht gut, wenn in der Firma einfach etwas Neues gemacht wird, und wir Mitarbeiter wissen gar nicht, worum es geht. Oder was meinst du?
Frau: Ja, da stimme ich dir zu. Ich finde das Thema Arbeitszeiten ist wichtig und es gibt immer viele Meinungen dazu. Wir könnten ja mal den Betriebsrat fragen, was das ist, oder?
Mann: Der Betriebsrat weiß das bestimmt. Die Kollegen vom Betriebsrat sprechen ja auch mit der Geschäftsleitung, wenn es Änderungen im Betrieb geben soll. Wir können ja gleich mal Alexandra anrufen, die ist doch im Betriebsrat.
Frau: Witzig, mit der bin ich gleich zum Mittagessen verabredet. Komm doch mit und …

Gespräch 2
Frau: Es gibt Pläne, bei uns Gleitzeit einzuführen. Wie findest du das?
Mann: Gleitzeit? Was war das denn noch mal genau? Kannst du mir das erklären, bitte?
Frau: Gleitzeit ist, wenn du morgens zum Beispiel zwischen 7 und 10 Uhr zur Arbeit kommen kannst. Also, hättest du gerne Gleitzeit?
Mann: Ich weiß nicht. Ich habe noch nie gearbeitet, ich war nur in der Schule, und dann bin ich nach Deutschland gekommen. Aber warum würdest du denn gerne Gleitzeit haben?
Frau: Na ja, ich finde eine feste Anfangszeit einfach stressig. Weißt du, ich habe zwei kleine Kinder, und bis die morgens immer fertig sind, das dauert oft total lang. Da ist es einfach entspannter, wenn ich nicht um Punkt 8 Uhr bei der Arbeit sein muss.
Mann: Ach, du hast zwei Kinder, das ist ja schön. Wie alt sind die denn?
Frau: Meine Große ist jetzt gerade in die Schule gekommen, und der Kleine ist 4 Jahre alt. Und du? hast du eigentlich auch Kinder?
Mann: Ja, ich habe drei Kinder. Der Älteste ist …

Fertigkeitentraining Sprechen Teil 3

Frau: Du, ich glaube, wir haben ein Problem mit dem Salatöl. Einige Gäste haben sich darüber beschwert. ▷ 50
Mann: Ich hatte dasselbe Problem. Eine Stammkundin hat den Salat sogar zurückgehen lassen! ▷ 51
Frau: Und, wie hast du reagiert? ▷ 52
Mann: Ich habe mich entschuldigt und dann in der Küche das Öl probiert. Es schmeckte tatsächlich etwas bitter. Der Stammkundin habe ich statt dem Salat die Suppe zum Mittagsmenü gebracht, damit war sie zufrieden. ▷ 53
Frau: Was hältst du davon, wenn wir uns zuerst das Öl nochmal genau ansehen? Vielleicht war ja nur diese eine Flasche schon abgelaufen.
Mann: Ja, stimmt, das sollten wir zuerst tun. Und wir sollten auch mit der Küchenchefin sprechen. Die muss wissen, worüber sich die Gäste beschweren.
Frau: Was meinst du, wie könnten wir die anderen Gäste kontaktieren?

Mann: Wir könnten sie direkt ansprechen und sie fragen, wie sie das Öl finden.
Frau: Glaubst du, das ist eine gute Idee? Wenn sie sich nicht über das Öl beschweren, dann würde ich sie auch nicht darauf ansprechen.
Mann: Ja, du hast recht, das ist sicher besser. Wenn aber wirklich mehrere Flaschen schlecht sind, müssen wir den Lieferanten kontaktieren.
Frau: Das ist ein guter Vorschlag. Dem Lieferanten sollten wir auf jeden Fall Bescheid sagen. Vielleicht sind wir ja nicht das einzige Restaurant, in dem es Beschwerden gab.
Mann: Ich finde, wir sollten wieder dasselbe Öl nehmen wie früher. Und auch wieder den alten Lieferanten. Das war doch gut.
Frau: Das sehe ich auch so. Aber wir können das nicht allein entscheiden. Der Chef hat das neue Öl genommen, weil es billiger ist.
Mann: Man sollte mit der Küchenchefin und mit dem Chef darüber sprechen. Wenn die Gäste sich so oft beschweren, ist das nicht gut.
Frau: Ich kann mich darum kümmern. Und dann können sie das entscheiden und den Lieferanten informieren.
Mann: Gut. So machen wir das.

Prüferin: So ... Haben Sie die Situation verstanden? Gut, dann fangen Sie an, bitte.
Frau: Einige Gäste haben sich beschwert, dass die Matratzen zu hart sind.
Mann: Ja, stimmt, das habe ich auch schon gehört. Da müssen wir was machen. Aber was?
Frau: Wir könnten Matratzenauflagen bestellen und die den Gästen anbieten.
Mann: Ja, aber die müssten wir erst bestellen. Das dauert. Wenn sich heute wieder Gäste über die harte Matratze beschweren, könnten wir diesen Gästen eine zusätzliche, weiche Decke anbieten, oder?
Frau: Das ist doch eine gute Lösung. Und was machen wir mit den Gästen, die sich schon beschwert haben? Sollen wir die kontaktieren?
Mann: Das können wir machen. Die Kontaktdaten dieser Gäste haben wir ja im Computer. Denen sollten wir vielleicht auch noch was anbieten, oder? Damit sie auch wiederkommen.
Frau: Dann können wir diese Gäste ja per E-Mail anschreiben und ihnen einen 10-Euro-Gutschein für die nächste Übernachtung bei uns schicken.
Mann: Einverstanden. Das können wir aber nicht entscheiden und müssten das mit dem Management absprechen. Das können wir nicht alleine entscheiden.
Frau: Richtig. Das muss eigentlich das Management entscheiden. Zuerst müssen wir es aber über das Problem informieren.
Mann: Du hast recht, das müssten wir zuerst tun. Willst du das übernehmen? Man müsste dann ja auch mit dem Lieferanten sprechen.
Frau: Das kann ich gerne erledigen. Was meinst du, was sollte man von dem Lieferanten fordern? Wir hatten ja harte Matratzen bestellt.

Mann: Ja, da kann man nichts fordern. Aber vielleicht kann man ein paar weiche Matratzen bestellen und beim Einchecken die Gäste fragen, ob sie lieber auf harten oder weichen Matratzen schlafen wollen. Denn sicher werden nicht nochmal für das ganze Hotel neue Matratzen angeschafft.
Frau: Weiche Matratzen mag auch nicht jeder. Lass uns das doch im Team besprechen.
Mann: Ja, das ist eine gute Idee! Mal sehen, ob sich auch bei den anderen schon Gäste beschwert haben. Wenn alle im Team sagen, dass das ein Problem ist, dann macht das Management auch was.
Prüferin: Vielen Dank, die Zeit ist um. Ihre Ergebnisse ...

Übungsteil: Wortschatz

Branchen und Berufe

1 Das ist wirklich gut, dass Sie so schnell bei uns anfangen konnten. So ... seid ihr mal bitte kurz leise, ich will euch Frauke vorstellen. Frauke ist ab heute in eurer Gruppe und spielt mit euch und hilft euch bei der Vorschule ...

2 Hallo Naida, hier ist Ron. Ich versuche hier gerade, die kaputte Heizung von Frau Mumelter zu reparieren. Jetzt habe ich aber festgestellt, dass sie ein ganz altes Modell hat. Dafür brauche ich eine bestimmte Dichtung, die ich nicht dabei habe. Kannst du mal im Lager nachschauen, ob da vielleicht noch ...

3
Frau 1: ... die Gäste empfangen. Die Gruppe wollte dann noch Auskunft über verschiedene Abläufe im Hotel, aber er konnte dazu nichts sagen. Er wusste offensichtlich überhaupt nicht, wie das hier bei uns abläuft.
Frau 2: Ja, das habe ich auch schon bei ihm gesehen. Er konnte nicht mal ein Taxi bestellen.
Frau 1: Das geht so nicht weiter, da müssen wir was machen. Vielleicht können wir ...

4 Galina, du gehst heute bitte auch noch zu Herrn Schröter, weil Agata krank ist. Sei beim Anreichen des Mittagessens besonders aufmerksam, er verschluckt sich leicht. Lass dir beim Waschen von Semi helfen, der ist heute auch in der Frühschicht.

Bewerbung

Maik: Ich möchte darüber sprechen, worauf es in einem Bewerbungsgespräch in Deutschland ankommt. Als erstes werde ich etwas über die richtige Vorbereitung auf das Bewerbungsgespräch erzählen. Je nachdem, in welcher Branche und für welchen Beruf man sich bewirbt, sind Vorstellungsgespräche unterschiedlich. ... Ja, ähm ... Jetzt spreche ich über angemessene Kleidung für das Vorstellungsgespräch – denn auch die Kleiderwahl ist davon abhängig, wo man sich bewirbt. Angemessen ...
... erscheinen. Zum Schluss möchte ich noch über

Transkriptionen

typische Fragen sprechen, die Bewerbern oft gestellt werden. Fast immer …

▷ 58 **Maik:** Ich möchte darüber sprechen, worauf es in einem Bewerbungsgespräch in Deutschland ankommt. Als erstes werde ich etwas über die richtige Vorbereitung auf das Bewerbungsgespräch erzählen. Je nachdem, in welcher Branche und für welchen Beruf man sich bewirbt, sind Vorstellungsgespräche unterschiedlich. Einer Erzieherin werden andere Fragen gestellt als einem Kellner. Ich empfehle jedem, sich sehr gründlich auf das Vorstellungsgespräch vorzubereiten. Man sollte sich zum Bespiel genau über den Betrieb informieren, bei dem man sich beworben hat. Das kann man beispielsweise, indem man sich die Webseite sehr genau ansieht. Auch den eigenen Lebenslauf und das Anschreiben durchzulesen, halte ich für wichtig. In Deutschland ist es üblich, dass man Bewerber dazu auffordert, etwas über sich zu erzählen. Diese Selbstpräsentation muss mit dem übereinstimmen, was man geschrieben hat, deshalb sollte man hier nicht improvisieren, sondern diesen Teil vorher auch trainieren.
Ja, ähm … Jetzt spreche ich über angemessene Kleidung für das Vorstellungsgespräch – denn auch die Kleiderwahl ist davon abhängig, wo man sich bewirbt. Angemessen heißt, es muss zur Branche, zum Betrieb und zur Position, aber auch zu einem selbst passen. In der Baubranche zum Beispiel wird eher kein Anzug erwartet, aber wer sich für eine leitende Position bewirbt, darf auch nicht im Jogginganzug erscheinen. Zum Schluss möchte ich noch über typische Fragen sprechen, die Bewerbern oft gestellt werden. Fast immer wird man nach den Gründen für die Bewerbung gefragt. Man muss natürlich erklären können, warum man sich gerade bei der Firma beworben hat. Andere typische Fragen sind, wo man seine Stärken oder Schwächen sieht. Oder, warum man denkt, die richtige Person für diese Stelle zu sein. Viele wollen auch wissen, wo man sich in 5 Jahren sieht oder aus welchem Grund man beim vorherigen Arbeitgeber aufhören möchte. …

▷ 59 **Prüfer:** Sie haben gesagt, die Vorbereitung ist wichtig. Könnten Sie das noch einmal genauer erklären?
Maik: Ja, sehr gerne. Viele Fragen in einem Vorstellungsgespräch sind vorhersehbar. Man weiß, dass man etwas über sich erzählen muss, Selbstpräsentation ist in Deutschland im Bewerbungsgespräch üblich und ja … auch sehr wichtig. Die Firma kennt den Bewerber ja nicht und auf dem Papier sieht ein Leben anders aus. Wenn man die Selbstpräsentation gut übt und viele Informationen über die Firma gesammelt hat und deshalb weiß, worauf die Wert legen, hat man schon viel gewonnen.
Prüfer: Könnten Sie noch mal verdeutlichen, warum im Vorstellungsgespräch je nach Berufsfeld unterschiedliche Anforderungen an den Bewerber gestellt werden?

Maik: Hm … Weil die Berufsfelder anders sind. Man hat dort unterschiedliche Ziele und Aufgaben und auch Kundinnen und Kunden. Der Arbeitgeber erwartet im Vorstellungsgespräch, dass der Bewerber sich zum Beruf und Unternehmen passend verhält und aussieht. Wenn Sie sich zum Beispiel als Kundenbetreuer in einem Fitness-Center vorstellen, wird man von Ihnen erwarten, dass Sie sportlich auftreten und freundlich, so dass man weiß: Ja, der kann mit unseren Kunden gut umgehen. Anzug und Krawatte passen da nicht gut. Wenn Sie sich dagegen für eine leitende Position in einer Versicherung oder so bewerben, wird man ein anderes Auftreten und formelle Kleidung voraussetzen, weil man das auch so von den Mitarbeitern im Betrieb erwartet.

Wortschatz Arbeitszeiten

Gespräch 1 60
Gernot: Hi Isa, du siehst ja nicht gerade gut gelaunt aus, was ist los?
Isa: Ach, das Übliche, ich mache Überstunden ohne Ende und dann bietet mir mein Chef einen finanziellen Ausgleich an.
Gernot: Ja und? Was ist daran schlecht, wenn du die zu viel gearbeitete Zeit bezahlt bekommst? Andere arbeiten mehr als sie müssten und bekommen kein Geld dafür!
Isa: Ja, aber ich wollte die Überstunden lieber abfeiern und einen Freizeitausgleich dafür haben. Das geht aber nicht, weil wir im Moment unterbesetzt sind, weil so viele Kollegen krank sind.
Gernot: Ach so …
Isa: Ja, ich muss ja auch mal wieder ausschlafen oder einen Tag nichts tun. Jetzt habe ich nur das Geld.

Gespräch 2
Bellinda: Sag mal, Amadeo, kennst du dich eigentlich mit den ganzen Regelungen für die Arbeit aus?
Amadeo: Wieso? Was meinst du genau?
Bellinda: Na so die ganzen Regeln, wie viel man pro Tag arbeiten darf, wie viele Überstunden man machen darf und wie es mit Nachtarbeit ist und all das.
Amadeo: Du meinst die Gesetze? Ja, damit kenne ich mich gut aus. Was willst du denn wissen?
Bellinda: Wie ist es denn zum Beispiel mit den Pausen?
Amadeo: Du hast das Recht auf mindestens 30 Minuten Pause, wenn du zwischen sechs und neun Stunden arbeitest. Wenn du neun Stunden arbeitest, darfst du 45 Minuten Pause machen.
Bellinda: Das kann ich bei uns im Restaurant vergessen. Und wie viele Stunden darf man pro Woche maximal arbeiten?

Gespräch 3
Franziska: Hallo Abdullah. Du gehst vormittags einkaufen? Hast du denn heute frei?
Abdullah: Frei, na ja, wie man´s nimmt. Mein Betrieb hat fast keine Aufträge mehr, sodass wir alle weniger arbeiten.

Franziska: Was? Das heißt doch dann auch, dass du weniger Geld bekommst?
Abdullah: Ja. Wir bekommen weniger Lohn. Wir kennen das aber schon. Wir sind alle schon länger in der Baubranche, das ist im Winter immer so, da wird einfach weniger gebaut. Ich bin nicht unzufrieden. Und dass wir kürzer als sonst arbeiten, ist ja auch nicht für immer. Im Frühjahr, wenn es wärmer wird, geht es wieder los, dann holen wir das Geld wieder rein. Und bei dir?
Franziska: Ich arbeite in einem Krankenhaus, da gibt es keine Chance, weniger zu arbeiten.

Wortschatz Computer und Internet

▷ 61 **1** Hallo, hier ist Muriel. Ich bin im Tagungsraum und der Beamer funktioniert nicht richtig. Ein Bild ist da, aber total verschwommen. Entweder ist die Linse oder so verschmutzt oder die Hardware ist defekt. Keine Ahnung. Vielleicht ist es auch eine Kontaktstörung oder irgendein Defekt im Netzkabel? Der Stecker ist ganz heiß geworden, nachdem ich ihn in die Steckdose gesteckt hatte. Kann Samuel bitte mal kommen und das überprüfen? Und er soll bitte auch neue Batterien für den Laserpointer mitbringen, die müssen ausgetauscht werden. Danke.

2 Hallo Kollegen, Samuel hier. Danke für die Nachricht. Es gibt also wieder mal Probleme mit dem Beamer im Tagungsraum? Na, da ist bestimmt eine Birne durchgebrannt oder der hat irgendwo einen Wackelkontakt, das war schon mal. Ich bin noch in der Kantine und trink meinen Kaffee in Ruhe aus. Danach geh ich dann direkt zu Muriel. Das heißt, ihr müsst den neuen Drucker in die Buchhaltung bringen und die Software installieren, die warten da nämlich schon. Tschö.

3 Hallo Samuel, hier ist Nguyen Bu aus dem Vertrieb. Ich wollte gerade im Firmenforum eine Nachricht posten. Ihr habt ja gehört, es soll in der Kantine nur noch fleischloses Essen in Bioqualität geben, und dafür sollen wir auch noch mehr als sonst bezahlen. Ähm, … ja … Ich habe also gerade mehrmals versucht, mich einzuloggen, aber es wird keine Verbindung aufgebaut. Ich kann Dateien auf dem Laufwerk ablegen und in die Cloud hochladen funktioniert auch, aber ins Forum komme ich nicht rein. Nicht, dass uns gleich noch der Server abstürzt …

Beschwerden

▷ 62 Guten Tag, Jansen von Uni-Copy hier. Wir haben heute Ihre Lieferung erhalten. Bei der Prüfung mussten wir leider feststellen, dass Sie uns 80g-Papier geliefert haben. Wir hatten aber 50g-Papier bestellt. Dieses benötigen wir dringend, da unsere Papierreserven fast aufgebraucht sind.
Ich muss Sie daher bitten, schnellstmöglich das 50g-Papier kostenfrei zu liefern. Das beanstandete Papier steht abholbereit in unserem Laden und kann dann wieder mitgenommen werden.
Bitte bestätigen Sie mir den Eingang dieser Nachricht per Mail oder rufen Sie mich zurück unter der Nummer …

Wortschatz Gespräche führen

Gespräch 1 ▷ 63
Mann: Du bist heute ja auch wieder früh da.
Frau: Ja, ich versuche, mindestens zweimal die Woche schon um 7 im Büro zu sein.
Mann: Aha … Kannst du nicht mehr schlafen oder warum?
Frau: Na ja, es gibt schon Vorteile, früh anzufangen. Wenn ich richtig produktiv arbeiten will, dann geht das besser, wenn ich alleine im Büro sitze. Wir sind ja sonst zu dritt.
Mann: Das verstehe ich. Ich könnte mit mehreren Leuten im Zimmer auch nicht gut arbeiten. Deine Kollegen telefonieren manchmal so laut, dass ich sie sogar noch in meinem Zimmer höre! Ich kann nachvollziehen, dass man da wirklich schnell abgelenkt ist.

Gespräch 2
Mann: Sag mal, Simone, bist du auch noch da? Ist doch schon gleich 18 Uhr …
Frau: Du bist ja auch noch im Büro. Ich habe heute auch erst um 10 angefangen.
Mann: Wirklich? Warum?
Frau: Weil ich das mache, wozu flexible Arbeitszeiten eingeführt wurden. Aber wenn du es genau wissen willst: Ich musste mich um ein paar private Dinge kümmern. Manche Termine sind ja früher am Vormittag einfacher zu erledigen. Warum bist du denn noch da?
Mann: Heute will ich gleich nach der Arbeit zu einem Kochkurs gehen, der fängt um 18 Uhr 45 an. Ich muss auch ehrlich sagen, so spät kann man mal ganz in Ruhe arbeiten.
Frau: Ich sag ja, flexible Arbeitszeiten haben viel für sich, da geht vieles einfach entspannter.

▷ 64 **1** Auf keinen Fall! Ich möchte mich bei meinen Kolleginnen und Kollegen ja nicht gleich unbeliebt machen.
2 Das verstehe ich. Bei mir ist es auch so, dass ich mich mit mehreren Kollegen im Büro nicht konzentrieren kann.
3 Auf jeden Fall! Ich wäre ja blöd, wenn ich die flexiblen Arbeitszeiten nicht nutzen würde.
4 Ich bin noch unentschlossen. Einerseits ist man sehr flexibel, andererseits braucht man manchmal Hilfe von Kollegen, die noch nicht da sind oder schon weg sind.
5 Da bin ich mir nicht so sicher. Es kann auch sein, dass ich allein im Büro mehr Stress habe.
6 Das ist doch toll! Dann kannst du arbeiten und dich vorher um private Dinge kümmern.

Transkriptionen

▷ 65 **1** Irgendetwas stimmt mit dem neuen Pizza-Käse nicht. Einige Kunden haben sich schon beschwert. Kennst du das Problem?
2 Wie wäre es, wenn wir die nächsten Tage die Gäste immer fragen, wie ihnen die Pizza geschmeckt hat?
3 Lass uns doch lieber dem Küchenchef Bescheid sagen.
4 Ich finde, wir sollten auch mit der Chefin über das Problem sprechen. Was denkst du?

Audioimpressum

Sprecher*innen: Christian Birko-Flemming, Juan Carlos Ixcaraguá Lima, Stefanie Plisch de Vega, Markus Schultz, Sigrun Schumacher, Svetlana Schwandt, Hans-Peter Stoll, Anke Stößer, Sofi Vega, Denis Zheryakov

Tontechnik und Produktion: Top10 Tonstudio, Gunther Pagel, Viernheim
© Ernst Klett Sprachen, 2021
Die Nutzung der Inhalte für Text- und Data-Mining ist ausdrücklich vorbehalten und daher untersagt.

Bildquelle:

S. 95 Getty Images (Thomas Barwick), München